आखिरी किताब
जो आपकी ज़िंदगी बदल दे

पुष्कर राज ठाकुर
लाइफ़ कोच

इनविंसिबल पब्लिशर्स

भारत में वर्ष 2019 को सबसे पहली बार प्रकाशित

ISBN: 978-93-88333-56-6

इनविंसिबल पब्लिशर्स

201A, SAS Tower, Sector 38, Gurgaon-122003

"तुम्हारे सपने इतने बड़े होने चाहिए,
कि आसमान छोटा पड़ जाए,
जो पंछी पिंजरों में रहते हैं,
उन्हें बाज़ नहीं कहते!"

– पुष्कर राज ठाकुर

आपने आज तक जितनी भी किताबें पढ़ी हैं

ये किताब उन सभी में सबसे ज्यादा ताकतवर है।

इस किताब का एक एक पन्ना आपकी ज़िन्दगी में बदलाव लाएगा और

इसे पढ़ने के बाद आप पहले जैसे बिल्कुल भी नहीं रहेंगे!

एक्नॉलेजमेंट

हाँ मैं अपनी ज़िन्दगी में सफल हूँ, हाँ मैं एक शानदार ज़िन्दगी जी रहा हूँ और ठीक वैसी ही जी रहा हूँ जैसी मैने सोची थी। और अगर आज आप इस किताब को पढ़ रहे हैं तो आप भी अपनी ज़िन्दगी में सफलता का स्वाद चखेंगें और ठीक वैसी ही ज़िन्दगी जी पाएंगे जैसी आपने सोची है। अगर आज मैं सफल हूँ तो, इसके पीछे है मेरी इंस्पिरेशन और मेरी मोटिवेशन। आपको अगर अपनी ज़िन्दगी में कुछ भी हासिल करना है तो आपके पास उसका कोई ठोस कारण होना चाहिए। किसी भी चीज को हासिल करने के लिए आपके पास एक मजबूत कारण या यूं कहें कि, "क्यों" होना चाहिए। अगर वह चीज हासिल करने का "क्यों" यानी "कारण" आपको पता है तो वह चीज हासिल करना बहुत ही आसान हो जाता है। तो जो भी चीज आप ज़िन्दगी में हासिल करना चाहते हैं उसके लिए आपको उस "क्यों" को जानना होगा और यही "क्यों" आपका मोटिवेशन है। और उस चीज को हासिल करने के लिए बिना रुके आगे बढ़ना आपकी इंस्पिरेशन है। आप सभी ने सुना ही होगा कि हर सफल आदमी के पीछे किसी महिला का हाथ होता है। तो मैं आपको बता दूँ कि मेरी सफलता की कहानी में एक नहीं बल्कि दो महिलाओं का हाथ है – एक मेरी मोटिवेशन और दूसरी मेरी इंस्पिरेशन।

आज तक मैने जो कुछ भी हासिल किया है वो मैने अपनी ज़िन्दगी के प्यार के लिए किया है। उन्होंने ही मुझे ज़िन्दगी जीना सिखाया है। वो ही हैं जो मुझे हमेशा मेरे गोल्स की तरफ़ बढ़ाती रहती हैं और मुझे नामुनकिन सा काम भी मुमकिन करने के लिए प्रेरित करती हैं। उन्होंने हमेशा ही मेरे अंदर विश्वास दिखाया जैसे उनको हमेशा से ही पता था कि मैं एक दिन कुछ बड़ा करके दिखाऊंगा। मैं जो भी हूँ उन्हीं की वजह से हूँ और मेरी सफलता का सारा श्रेय उन्हीं को जाता है। मेरी सफलता में उनका बहुत ही बड़ा योगदान है और वो ही मेरा "क्यों" हैं।

जहाँ मेरी वाइफ़ मेरी मोटिवेशन हैं वहीं मेरी माँ, मेरी इंस्पिरेशन हैं। मेरी माँ से ज्यादा डेडिकेटेड और सिंसियर इंसान आज तक मैने नहीं देखा। उन्होंने हमारी ज़िन्दगी को बेहतर बनाने के लिए बहुत मेहनत की है। वह मेरे उठने से पहले उठ जाती हैं, मेरे सोने के बाद सोती हैं और मैं निःसंदेह कह सकता हूँ कि वह मुझसे कहीं ज्यादा काम करती हैं और इसमें कोई दो राय नहीं कि वह हमेशा मेरे लिए सबसे बड़ी प्रेरणा रही हैं।

तो मैने आज तक अपनी ज़िन्दगी में जो भी किया है या कमाया वो इन्हीं दो महिलाओं की वजह से है और इन दोनों को ही मेरे ऊपर गर्व है और अब आपको पता चल ही गया है कि ये दो महिलाएं कौन हैं। तो अगली बार आप जब भी मुझसे मिलेंगे तो आपको मुझसे मेरी ज़िन्दगी की सफलता के राज़ के बारे में पूछने की ज़रूरत नहीं पड़ेगी।

टिपः अगर आपने अपने मोटिवेशन और इंस्पिरेशन का पता लगा लिया तो बाकी चीजें अपने आप हो जायेंगी।

विषय सूची

इंट्रोडक्शन

अकसर हम बुद्धिमानी और समझदारी में भेद नहीं कर पाते हैं। तो आइए पहले इनके बीच फर्क को जानते हैं। लोगो को समझना बुद्धिमानी यानी इंटेलिजेंस है और खुद को समझना विज़डम यानी समझदारी है। लोगों के दिमाग को नियंत्रित करना आपका सामर्थ्य है जो एक भौतिक ताकत है लेकिन खुद के मन पर नियंत्रण करना आपकी असली ताकत है जो बाहरी तौर पर दिखाई नहीं देती है। इस पुस्तक के माध्यम से मैं यहाँ आपके सामने इसीलिए उपस्थित हूं ताकि आपको आपकी गुप्त शक्तियों या पॉवर और क्षमता यानी पोटेंशियल के बारे में बता पाऊं। आपको उनका एहसास दिला पाऊँ। क्या अपने कभी सोचा है कि आप क्या हैं और क्या बन सकते हैं? हो सकता है सोचा हो; और हो सकता है कि ना भी सोचा हो। लेकिन मैं आपको बता दूँ कि ये बात बिलकुल सही है। आपके खुद के दो संस्करण यानी वर्ज़न हैं – एक वो जो आप अभी हैं और दूसरे वो जो आप बनना चाहते हैं या बन सकते हैं। इन दोनों के बीच भारी अंतर है।

इसलिए जब हम अपनी क्षमताओं को समझने की बात करते हैं तो हमारा ध्यान इसी चीज़ पर केंद्रित होता है कि कैसे इस अंतर को दूर करें ं। अपनी जिंदगी में मुझे इस अंतर के बारे में बहुत जल्द पता चल गया था और मैंने तभी ठान लिया था कि किसी भी तरह से` मुझे इस अंतर को दूर करना है। इस बात का अहसास होते ही` मैंने एक नयी फील्ड को डिस्कवर किया यानी एक नया क्षेत्र मेरे सामने खुल गया जिसका नाम है पर्सनल मास्टर। हिंदी में बोलें तो निज पर नियंत्रण। इसको समझने की लिए मैंने पिछले 5 सालों में 14000 घंटे खपाए हैं। और आज मैं आपको बता सकता हूँ कि ये फील्ड 8 फंडामेंटल प्रिंसिपल्स यानी कि आठ मूल सिद्धान्तों के ऊपर निर्भर है । 8 ऐसे प्रिंसिपल्स जिन्हें मैं 8 एक्स फैक्टर्स बोलता हूँ।

दरअसल ं आपको लाइफ़ में जहाँ जाना है या जहाँ आप पहुँच सकते हैं वह` सिर्फ इन 8 चीजों पर निर्भर करता है। लेकिन मैं नहीं चाहता कि आप

भी अपने अगले 5 साल इन्हीं चीजों को समझने में बर्बाद कर दें, इसीलिए मैं आपको इनके बारे में सीधे तौर परे बता देता हूँ ताकि आप आज से ही उन पर` काम करना शुरू कर दें और जहाँ भी पहुंचना चाहते हों अगले 5 सालों में वहां पहुँच जाएं`। मेरा इरादा भी यही है । अगर आपने इन 8 फैक्टर्स पर काम कर लिया तो यकीन मानिऐ आपकी जिंदगी पूरी तरह से बदल जाएगी। आपको अपनी लाइफ़ में जो कुछ भी चाहिए, फिर चाहे वो प्यार हो या पैसा या इज्जत शोहरत या कुछ भी, आपको जो चाहिए वही` मिलेगा और उन सभी चीजों को हासिल करने के लिए आपको इन फैक्टर्स के ऊपर काम करना है।

तो इसके लिए आपको क्या करना होगा? मैं इसके बारे में आपको आगे आने वाले 40 अध्यायों में विस्तार से बताने वाला हूँ । लेकिन ध्यान रहे कि ये किताब सबके लिए नहीं है। ये किताब सिर्फ उन लोगों के लिए है जो गंभीरतापूर्वक अपनी जिंदगी में कुछ बड़ा और बेहतर करना चाहते हैं।

इसकी शुरुआत कैसे करेंगें? इसके लिए आप आगे आने वाले अध्यायों को ध्यान से पढें और ज़रूरी पॉइंट्स को नोट भी करें जो आपके सब कॉन्शियस माइंड में रहें। सब कॉन्शियस माइंड सॅयहाँ मतलब अवचेतन दिमाग से है।

क्या आपको पता है कि नॉलेज या ज्ञान या जानने के 3 स्तर या लेवल्स होते हैं? पहला लिसिनिंग यानी कि सुनना, दूसरा थिंकिंग यानी कि जो आपने सुना उस बारे में सोचना, तीसरा यह कि जो भी जो आपने सुना और सोचा उस बात को अपना लेना। तो इसके पहले कि आप शुरुआत करें मैं आपको बता दूँ की जो भी मैं आपको सिखाने वाला हूँ वो 99 प्रतिशत लोगों की सोच से अलग होगा क्योंकि मैंने ये उन 1 प्रतिशत लोगों से सीखा है जो आज सफलता की उंचाईयों पर हैं । मैं इस किताब के जरिये आपको हर वो चीज़ बताऊंगा जो आपको सफलता तक ले जाएगी ।

आगे बढ़ने से पहले मैं आपको बता दूँ कि एक समय में या एक बार में आपको एक ही अध्याय पर फ़ोकस करना है। आप ऐसा न करें कि एक अध्याय को सिर्फ पढ़ें और दूसरे की तरफ़ बढ़ जाएं या फिर एक अध्याय को बीच में छोड कर ही दूसरा पढ़ना शुरु कर दें। आपको एक एक करके अध्याय पढ़ने हैं और जो भी आप पढ़ रहे हैं या सीख रहे हैं आपको उस पर

अमल भी करना है, ना कि अध्याय को पढ क़र छोड़ देना है। मेरी आपको सलाह है कि आप इस किताब को 40 दिन में समाप्त करें। इसके दो कारण हैं। पहला ये कि आपको इस किताब के हर पाठ से कुछ ना कुछ नया सीखने को मिलेगा और जो भी आप सीखेंगे अगर उसे अपनी जिंदगी का हिस्सा बनाते गए तो वो आपके लिए बहुत ही अच्छा होगा। दूसरा ये कि किसी भी आदत को अपनाने के लिए आपको 40 दिन लगते ही हैं, मतलब कि अगर आप कोई काम बिना रुकावट 40 दिन करेंगे तो वह आपकी आदत में शामिल हो जाता है और अगर लगातार आप इस किताब ''आखिरी किताब'' को 40 दिनों तक पढ़ते रहे और इसमें से सीखा हुआ अपने जीवन में उतारते गए मुझे पक्का यकीन है कि अगले 40 दिनों में आप एक बेहतर इंसान बन कर उभरेंगे ।

लेकिन इसके पहले कि मैं इस किताब की शुरुआत करूँ उससे पहले मेरा आपसे एक सवाल है। वो सवाल यह है कि इस किताब से आपकी क्या उम्मीदें हैं? जो कुछ भी आप अपनी जिंदगी. में हासिल करना चाहते हैं, फ़िर वो चाहे धन दौलत हो, व्यवयायिक सफलता हो, निजी जीवन में कुछ पाने की तमन्ना हो या फ़िर कुछ और आप किताब पढ़ने की शुरुआत करने से पहले वो चीजें कहीं लिख लें । मेरा यकीन मानिए कि ये किताब आपको वो सब हासिल में मदद करेगी जो कुछ भी आप चाहते हैं ।

पुष्कर राज ठाकुर

8 x - फैक्टर्स

आने वाले 40 दिनों में इस किताब के अंदर आप 8 फैक्टर्स के ऊपर मास्टरी करने वाले हैं। तो आइए पहले जानते हैं उन फैक्टर्स के बारे में:

1. **कंटिन्यूअस अपलिफ्टिंग थॉट्स** : जब मैने पहली बार 'लॉ ऑफ़ अट्रैक्शन' मूवी देखी थी तब मुझे समझ आ गया था कि हमारी ज़िन्दगी हमारे विचारों का परिणाम है। जैसा भी हम सोचते हैं हमारी लाइफ़ वैसे ही होती चली जाती है। तो अब मेरा सवाल ये है कि कैसे हम हमारे विचारों को कंट्रोल करें? कैसे हमारे दिमाग में ऐसे विचार आएं जिससे कि हम लगातार सफलता की तरफ बढ़ते चले जाएँ? इसके लिए मैने बहुत रिसर्च किया और फिर मुझे इस प्रिंसिपल के बारे में मालूम चला जिसे मैं कंटिन्यूअस अपलिफ्टिंग थॉट्स(CUT) बोलता हूँ। मैं आपको ऐसा माइंडसेट देना चाहता हूँ जिससे आपके दिमाग में ऐसे विचार आएं जो लगातार आपको कामयाबी की तरफ ले जाएँ। कामयाब होने के लिए आपके दिमाग में लगातार पॉजिटिव थॉट्स आने चाहिए। आपके दिमाग में ऐसे थॉट्स आने चाहिए जो आपको ऊपर लेकर जाएँ और आगे बढ़ने के लिए मोटिवेट करे।

2. **5 मॉर्निंग रिचुअल्स** : सुबह का समय पूरे दिन का सबसे अच्छा समय होता है। हम सभी ने ये महसूस किया होगा कि अगर हमारी सुबह की शुरुआत अच्छी होती है तो पूरा दिन अच्छा जाता है। अगर आप अपनी सुबह का सदुपयोग करें और ऐसे काम करने लग जाएँ जो लगभग सभी सफल व्यक्ति करते हैं तो फिर क्या बात हो। आप भी उन लोगों की कैटेगरी में आ जायेंगें और जब आप उनकी कैटेगरी में आयेंगें तो आप उनकी तरह बन जायेंगें। जिन रिचुअल्स के बारे में मैं आपको बताने वाला हूँ, अगर आपने वो करना शुरू कर दिया तो इन्हीं 5 चीजों से आप अपनी ज़िन्दगी बदल सकते हैं। इस फैक्टर में मैं आपको बताऊंगा कि सुबह का जो 5 से 7 बजे के बीच का समय होता है उसको कैसे इस्तेमाल करना है।

3. डेली रुटीन : जॉन सी मैक्सवेल (John C Maxwell) कहते हैं कि अगर आपको किसी भी सफल व्यक्ति की सफलता का राज जानना है तो आप उसके डेली रुटीन फॉलो करें। क्योंकि वो जो जो काम डेली कर रहा है वही उसकी सफलता का राज़ है। तो इस फैक्टर में हम यही सीखेंगें कि अपना डेली रुटीन कैसे बनाएं। डेली रुटीन से यहाँ पर ये मतलब नहीं है कि आपको रोज़ सुबह उठना है फिर वाक के लिए जाना है, फिर जॉब पर जाना है और शाम को सो जाना है। डेली रुटीन से यहाँ मेरा मतलब रुटीन ऑफ़ सक्सेस से है। यहाँ पर हम अपनी हैबिट्स को ठीक करने की बात कर रहे हैं, कि कैसे हम अपने अंदर से बुरी आदतों को निकाल कर अच्छी आदतें अपनाते हैं।

4. इनसेन प्रोडक्टिविटी : हम पूरे महीने काम करते हैं और महीने के अंत में हमको लगता है कि हमने उतने पैसे नहीं कमाए जितने बनते थे। एक स्टूडेंट के हिसाब से सोचें तो हम पूरे साल पढाई करते हैं और जब हमारे मार्क्स आते हैं तो हम उससे संतुष्ट नहीं होते हैं। एक बिज़नेसमैन की तरह सोचें तो जितनी हम सेल्स चाहते थे महीने के अंत तक उतनी नहीं हुई। हम काम तो बहुत करते हैं पर रिज़ल्ट्स बहुत कम आते हैं। मैं आपको ऐसा फार्मूला बताऊंगा जिससे आप कम काम करके ज्यादा रिज़ल्ट्स ला पायेंगें। अगर आपको लगता है की ज्यादा रिज़ल्ट्स लाने के लिए आपको ज्यादा काम करने की जरूरत है तो आप गलत हैं। अगर आपको नहीं लगता कि कम काम करके ज्यादा रिज़ल्ट मिल सकता है तो आप सक्सेसफुल लोगों को देखें। आपने शायद रिचर्ड ब्रैंसन के बारे में सुना होगा। ये 400 से भी ज्यादा कंपनियां संभालते हैं लेकिन काम आपसे और मेरे से भी कम करते हैं। वो अपना पसंदीदा काम हमसे ज्यादा करते हैं, वो अपनी फैमिली को भी हमसे ज्यादा समय देते हैं और इन सबके बाद भी वो ज्यादा सक्सेसफुल हैं। उनकी सक्सेस के कुछ सीक्रेट्स है जो हमें बताते हैं कि कम समय में ज्यादा कैसे अचीव करें जिसके बारे में भी हम जानेंगे।

5. लीडरशिप : इस सदी की जो सबसे इम्पोर्टेन्ट स्किल है वो है– लीडरशिप स्किल। आज के समय में आप किसी भी चीज की बात कर लो फिर चाहें वो पॉलिटिक्स हो या कॉर्पोरेट, हर जगह लीडर्स चाहिए। जब कोई किसी को अपनी कंपनी में रिक्रूट करता है तो देखता है कि क्या ये

आगे चलकर लोगों को लीड कर पाएगा? क्या इसके अंदर वो क्वालिटी है जिससे ये लोगों को सिखा पाए? आने वाले समय में ये बॉस बनेगा या लीडर ? क्योंकि हमें वो लोग नहीं चाहिए जो लोगों को सिर्फ इंस्ट्रक्शंस दें, बल्कि ऐसे लोग चाहिए जो दूसरों के लिए मिसाल बनें। जो लोगों को साथ लेकर चले और उन्हें ऊंचाईयां छूने में मदद करे। और इस फैक्टर में हम इसी के बारे में पढ़ेंगें।

6. पर्सनलिटी अपग्रेडेशन : यहाँ पर हम पर्सनलिटी अपग्रेडेशन की बात कर रहे हैं न कि डिवेलपमेंट की। कई बार हमारे साथ ऐसा होता है कि हम पहली बार किसी से मिलते हैं और मिलते ही उनकी तरफ आकर्षित हो जाते हैं। उनके अंदर वो करिश्मा है कि लोग उनकी तरफ खिचे चले जाते हैं और इस फैक्टर में यही सीखेंगें कि हम उनके जैसे कैसे बनें।

7. वेल्थ क्रिएशन : ये एक ऐसा फैक्टर है जिसके ऊपर हर कोई काम करना चाहता है। लोगों की बड़ी जिज्ञासा होती है कि पैसा कैसे बनाएं, सर। अच्छा, आप मुझे एक बात बताइये कि अगर मैं आपसे पूछता हूँ कि मैं इंजीनियर कैसे बन सकता हूँ? तो आप कहेंगें कि आपको इंजीनियरिंग की पढ़ाई करनी पड़ेगी। तो ठीक वैसे ही अगर आपको अमीर बनाना है तो आपको इसे फैक्टर – वेल्थ क्रिएशन के ऊपर अच्छे से स्टडी करनी पड़ेगी। मैं फिनांशियल एजुकेशन में एक रिवॉल्यूशन लाना चाहता हूँ। वेल्थ क्रिएशन के बारे में हम जो भी सीखें उसे अप्लाई भी करें। मैं नहीं चाहता कि इंडिया में लोग वही माइंडसेट रखें जो उनके एजुकेशन सिस्टम ने उन्हें दिया है बल्कि उसके बाहर भी सोचें। इस दुनिया के एजुकेशन सिस्टम में रिवॉल्यूशन की ज़रूरत है क्योंकि ये आपको फाइनेंशियल एजुकेशन के बारे में नहीं सिखाता। न ही हमको वेल्थ क्रिएशन के बारे में सिखाया जाता है और यही चीज है जिसकी हमें सबसे ज्यादा ज़रूरत होती है, क्योंकि पढाई या यूं कहें कि बेसिक एजुकेशन के बाद हम सभी को इसकी ही सबसे ज्यादा जरूरत है। जब हम स्कूल से या कॉलेज से अपनी पढाई पूरी करके निकलते हैं तो सबसे पहले हमारे दिमाग में यही ख्याल आता है कि पैसे कैसे कमाए जाएँ। वैसे तो पैसे कमाने के कई सारे तरीके हैं जो हमें हमारी सोसाइटी सिखा देती है। लेकिन ये सोसाइटी अपने तरीके कहाँ से लाती है? सालों–साल से या यूं कहें कि सदियों से हमारे यहाँ काम करने की

परंपरा है न कि काम देने की। लोगों को लगता है कि उनको बस एक अच्छी नौकरी कर लेनी चाहिए, लेकिन ये नहीं सोचते कि क्या करके वो अपना खुद का काम कर सकते हैं और पैसे कमा सकते हैं। हमको लीडर बनना नहीं बल्कि फॉलोवर बनना सिखाया जाता है। ये साइकल सोसाइटी ने बनाई है और हम फॉलो कर रहे हैं, सदियों से। हमें इससे बाहर निकलना है और खुद कुछ करके दिखाना है। हमको लीडर बनना है न कि फॉलोवर और अगर मैं और सटीक बोलूं तो हमको फाइनेंशियली फ्री होना है। क्योंकि जब तक इंसान रोज़ की ज़िन्दगी जीने में और नौकरी करके पैसे कमाने में लगा रहेगा, उसको असल ज़िन्दगी का मतलब नहीं समझ आने वाला। इस फैक्टर में हम यही सीखेंगें कि अमीर कैसे बनें।

8. रिलेशनशिप मास्टरी : अब यहाँ पर हमारा मकसद रिलेशनशिप में मास्टरी यानी महारत का है। एक इंसान होने के नाते हम हमेशा लोगों के बीच रहते हैं और उनसे इमोशनली जुड़े हुए होते हैं। और अगर कोई हमें कुछ कह देता है तो हम पूरे दिन उसी के बारे में सोचते रहते हैं। कभी–कभी तो ऐसा होता है कि अगर हमारे रिश्ते किसी व्यक्ति विशेष के साथ खराब हो जाते हैं तो एक दिन, एक महीने, एक साल या कई साल ख़राब हो जाते हैं और हम अपनी ज़िन्दगी में कुछ नहीं कर पाते हैं। मैं चाहता हूँ कि आप इस फ़ील्ड में मास्टर हो जाएँ। सबसे पहले तो आप इस बात को समझें कि जिस भी इंसान के साथ आप रिलेशन में हों तो उन्हें कैसे टैकल करना है। आप जहाँ भी जाएँ तो नए दोस्त कैसे बनाएं। लोग आपके पर्सनलिटी से इतने इम्प्रेस हो जाएँ कि वो खुद आपकी तरफ दोस्ती का हाथ बढ़ाएं। आपके चाहें पर्सनल रिलेशन हों या प्रोफेशनल हों, ये अच्छे होने चाहिए और इन्हीं के बारे में हम इस फैक्टर में पढेंगें।

जैसे ही आप इन सभी फैक्टर्स को अच्छे से समझ लेंगें तो आप अपने गोल्स तक आसानी से पहुँच जाएंगें और आपका गोल है– बेस्ट लाइफ़। यानी अपनी लाइफ़ को बेस्ट बनाना। इस पूरी किताब में हम यही सीखेंगें और मैं आशा करता हूँ कि पूरी किताब पढ़ने के बाद आप वो बन पायेंगें जो आप बनना चाहते हैं।

कंटिन्यूअस अपलिफ्टिंग थॉट्स

अध्याय – 1

सफल मानसिकता को अपनाना

तो इस चैप्टर की शुरुआत हम पहले X – फैक्टर से करते हैं और वो है– कट (CUT), ''कंटिन्यूअस अपलिफ्टमेंट ऑफ़ थॉट्'' ।

ऐसे थॉट्स जो आपको सक्सेस की तरफ लेकर जाते हैं। इस अध्याय का नाम भी मैने ''अडॉप्टिंग अ सक्सेस माइंडसेट'' रखा है। इसका मतलब है– एक सफल मानसिकता को अपनाना आगे हम जो कुछ भी सीखने वाले हैं वो थॉट्स एक्सपीरियंस्ड बेस्ड है। अभी मैं ये नहीं कह सकता कि मैं जो भी मैं कह रहा हूँ वो सही ही है या जो आप सोच रहे हैं या कह रहे हैं वो सही है। इसका फैसला आपको अपने थॉट्स में और भी गहराई में जाकर लेना होगा। आपको खुद को इस चीज का एहसास करना होगा कि क्या सही है और क्या गलत। यहाँ पर वो चीजें सही हैं जो आपको आपके मनचाहे रिज़ल्ट्स देती हैं, आपको सक्सेस की तरफ लेकर जाती हैं और आपको वो सभी काम करने से रोकती हैं जो आपको फेलियर यानी असफलता की तरफ लेकर जाते हैं। जब हम सक्सेस माइंडसेट की बात करते हैं तब हमें ये समझना चाहिए कि जो कुछ भी हमारे आस–पास हो रहा है वो सब सब्जेक्टिव है। यहाँ पर किसी भी तरह की कोई रियलिटी नहीं है और हर चीज इंटरप्रेटेशन के लिए मौजूद है।

हर किसी के लिए जो वास्तविकता होती है वो अलग होती है, चीजों को देखने का सबका तरीका अलग–अलग होता है। आपको

एक उदाहरण देता हूँ –

मैं ग्रीस में एक बीच पर था। वहाँ कई सारी महिलाएं बिकनी में थीं। मेरे साथ मेरा एक दोस्त भी था जो उन लड़कियों को देखकर बहुत खुश हो रहा था और उनसे बात करना चाह रहा था। वहीं एक दूसरे अंकल को

ताज्जुब हो रहा था कि इन लड़कियों को कोई शर्म नहीं है क्या, जो ऐसे ही खुलेआम बीच पर घूम रही हैं। अब आप यहाँ खुद ही देख सकते हैं कि कैसे दो लोगों की सोच और नज़रिया अलग–अलग है। ये सब कुछ बिलीफ़ सिस्टम या धारणा की वज़ह से हो रहा है। जो भी आपके थॉट्स होते हैं ये आपके बिलीफ़ सिस्टम से प्रोसेस होकर निकलते हैं। मैं आपको उदाहरण देता हूँ कि जो कुछ भी हो रहा है वो आपका स्टिमुलस यानी उद्दीपक है, ये आपको हर तरफ से लगातार मिलता रहता अर्थात् रिसीव होता है और जब ये आपको रिसीव होता है तब ये आपके बिलीफ़ सिस्टम यानी धारण ा से गुजर कर विचार में बदल जाता है। यानी आपकी धारणा या बिलीफ़ सिस्टम एक फिल्ट्रेशन प्रोसेस है। अगर आपका बिलीफ़ सिस्टम सक्सेस के तरफ मुड़ा हुआ है तो हर चीज उसी तरफ जाएगी। आपकी सक्सेस को कोई रोक नहीं सकता फिर चाहे कितनी भी रुकावटें क्यों न आ जाएँ।

एक बहुत ही ज्यादा नामी प्रोफेसर थे। एक बार उन्होंने अपने छात्रों से कहा कि वो उन सबको एक वीडियो दिखाएंगें। और फिर कहा कि उस वीडियो को देखने के बाद हर कोई अपना रिस्पॉन्स दे। वीडियो में सभी छात्र समुंदर में उठती हुई तेज लहरें देखते हैं, साथ ही घने काले बादल और कड़कती हुई बिजली। उन्हें एक पानी का जहाज़ आता हुआ दिखता है। वो जहाज़ तूफानी हवा और पानी के बीच से गुज़रता हुआ दिखता है। थोड़े समय बाद वो जहाज डूब जाता है। प्रोफेसर यहाँ पर वीडियो को रोक देते हैं और अपने छात्रों से पूछते हैं कि वीडियो में उन्होंने क्या देखा? कुछ छात्रों ने कहा कि तेज हवा की वज़ह से जहाज डूब गया, वहीं कुछ लोगों ने तेज लहरों को इसका जिम्मेदार ठहराया। प्रोफेसर ने कहा कि अपनी जगह हर कोई सही है कि जहाज़ डूबा। लेकिन वो इसलिए डूबा क्योंकि उसमें पानी भर गया था। इसी तरह आपके आस–पास भी ऐसी ही परिस्थितियां होंगीं। लेकिन आपका जहाज़ भी वहीं डूबेगा जहाँ इसमें पानी भर जाएगा। आपके जहाज़ का पानी निगेटिव थॉट्स यानी नकारात्मक विचार हैं और ये अगर आपके दिमाग में घर करने लगे तो आपको आगे बढ़ने से रोक देंगे।

ऐसा ही कुछ एक बार एक स्कूल जाने वाले लड़के के साथ होता है। एक बार वह अपने स्कूल से घर आ रहा होता है। तभी रास्ते में उसे कुछ लड़के रोकते हैं और उसे खूब पीटते हैं और उससे कहते हैं कि तुम किसी

भी काम के नहीं हो, तुम्हारी कोई भी वैल्यू नहीं है और तुम्हें कोई प्यार भी नहीं करता। तुम इस स्कूल के सबसे बेकार विद्यार्थी हो। जैसे–जैसे ये लड़का बड़ा होता है, वह इन सब बातों को ही सच मानने लगता है। ये सारी बातें उसके दिमाग में घर कर जाती हैं। इस हादसे से पहले वो एक बहुत ही इंटेलिजेंट स्टूडेंट हुआ करता था और पढाई के साथ खेलकूद में भी अच्छा था। लेकिन जब से उसके दिमाग में ये सारी बैठीं तब से उसका कॉन्फिडेंस नीचे गिर गया और साथ ही उसके स्कोर भी। उसने अपने दोस्तों और बाकी लोगों से भी बात करना बंद कर दिया क्योंकि उसे लगने लगा था कि जो भी उससे बोला गया वो सब कुछ सच है। अब आप देख सकते हैं कि कैसे एक बिलीफ़ या धारणा आपकी ज़िन्दगी बदल सकती है।

कुछ लोगों का ऐसा कहना है कि उनकी खुशी कुछ चीजों पर निर्भर करती है लेकिन असल में आपकी ये खुशी अंदर से होती है। बाहर की चीजें कभी भी आपकी खुशी का कारण नहीं हो सकतीं। आप किसी भी समय खुश हो सकते हैं। (आप इस फैक्टर कट (CUT) का प्रयोग कर सकते हैं। अपनी उँगलियों से चुटकी बजाइये और ज़ोर से बोलिये 'कट' और बिना बात के ही खुश हो जाइए। क्योंकि खुश होने के लिए आपको किसी भी रीज़न यानी कारण की ज़रूरत नहीं है। अभी अपनी आँखों को बंद कीजिए और फ़ील कीजिए।) अगर आपने खुश होने के कारणों को खोजना शुरू कर दिया तो यकीन मानिए आप कभी भी खुश नहीं हो पाएंगें। लेकिन हर समय खुश रहना और बिना बात के खुश होना भी एक कला है जो सबको नहीं आती, लेकिन आप कर सकते हैं क्योंकि आप सबसे अलग हैं।

भौतिकवादी चीजें आपको सिर्फ कभी–कभी ही खुश रख सकती हैं न कि हर समय। जो भी मैं आपको कह रहा हूँ वो आपको अपने बिलीफ़ सिस्टम में जाकर देखना पड़ेगा कि क्या आपको खुश करता है और क्या नहीं। तो आपका बिलीफ़ सिस्टम क्या है और कहाँ तक पहुंचा है?

जब हम छोटे से बच्चे होते हैं तब हमारे अंदर ये बिलीफ़ सिस्टम नहीं होता है। तब हम सभी कोरे कागज़ की तरह होते हैं। तो सोचने वाली बात यह है कि ये बनता कैसे है? ये हमारे अंदर हमारे फैमिली से फिर हमारे फ्रैंड सर्कल से और फिर हमारे टीचर्स से बनता है। और यही तीनों हैं जो हमारे बिलीफ़ सिस्टम को सबसे ज्यादा प्रभावित करते हैं। और मुझे ये भी

लगता है कि कई सारे लोग डुअल बिलीफ़ सिस्टम यानी दोहरी धारणा में विश्वास रखते हैं, वे एक से ज्यादा चीजों में बिलीव करते हैं।

एक और उदाहरण लेते हैं–

मेरी माँ एक बार हमारे पड़ोसी से बात कर रहीं थीं और वो एक दूसरे पड़ोसी के बारे में बोल रही थीं कि ये तो उनके करम है जो उनके सामने आ रहे हैं। कुछ दिन बाद वो पड़ोसन हमारे घर आईं और हमें बताने लगीं कि उनको बिज़नेस में घाटा हो गया है और भगवान ने उनके साथ सही नहीं किया। जब वो दूसरों की बुराई कर रही थीं तब उन्हें उनके करम दिख रहे थे और जब उनकी खुद की बारी आयी तो सारा इलजाम भगवान जी के ऊपर। यही परिस्थिती डुअल बिलीफ़ सिस्टम। आपके केस में आपको तय करना है कि आपको कौन सा बिलीफ सिस्टम अपनाना है।

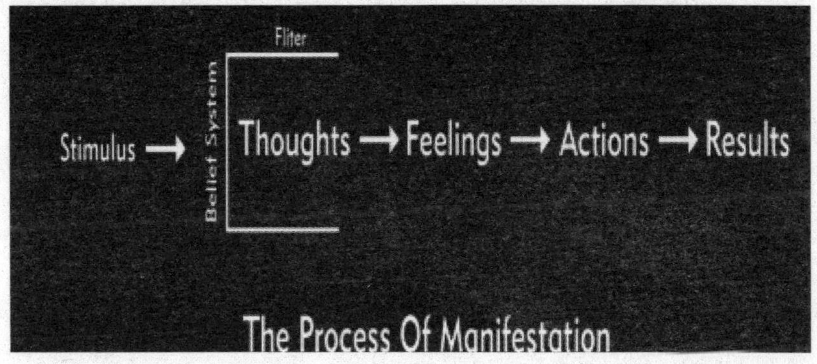

मेरे हिसाब से ये सब करम का फल है। जैसा आप बोएंगें, वैसा ही आप काटेंगे। जो कुछ भी आपको मिलता है वो एक प्रोसेस या प्रक्रिया के तहत मिलता है। इस दुनिया में कुछ भी अचानक नहीं होता और सब कुछ पहले से ही निर्धारित है। इस पूरे प्रोसेस को "प्रोसेस ऑफ़ मैनिफेस्टेशन" भी कहते हैं।

हमारी लाइफ़ में हमें जो भी मिल रहा है वो हमारे ही कर्मों का फल है जिसके लिए हम खुद ही जिम्मेदार हैं। हमें अपनी लाइफ़ में जो कुछ भी मिल रहा है या हम जो भी कर रहे हैं वो सभी हमारे कर्मों का परिणाम है। अब कर्मों से यहाँ मतलब ये है कि जो कुछ भी हम करते हैं या जिस चीज से भी हम गुजरते हैं वो सब हमारे कर्मों का परिणाम है और हमारे कर्म

हमारे ऐक्शन्स हैं। हमारे ऐक्शन्स ही हैं जो रिज़ल्ट्स देते हैं। तो अब अगर हमारे ऐक्शन्स ही रिज़ल्ट्स देते हैं तो लोग गलत ऐक्शन्स क्यों लेते हैं? जब लोगों को पता होता है कि उनको डॉयबिटीज़ है तो वो मीठा क्यों खाते है? जब लोगों को पता होता है कि सुबह जल्दी उठना उनकी सेहत के लिए अच्छा होता है तो फिर क्यों नही उठते हैं? ऐसा वो अपनी बिलीफ़ सिस्टम की वजह से करते हैं। साथ ही हमारे पास हमारे ऐक्शन्स के जस्टिफिकेशन भी होते हैं। यानी उन्हें सही ठहराने के बहाने भी होते हैं।

बिलीफ़ सिस्टम एक दिन में नहीं बदलता, इसमें काफी वक़्त लगता है। समय लगता है। अपने बिलीफ़ सिस्टम को बदलने के लिए हमें हमेशा कुछ बड़ा सोचना या करने की ज़रूरत है। जो कुछ भी हमने पहले किया है, हमें उससे बड़ा सोचने और करने की ज़रूरत है। साथ ही हमेशा ऐसी चीजों से जुड़े रहना है जो हमारे बिलीफ़ सिस्टम को बेहतर होने के लिए बदले। कई लोगों को लगता है कि वे अपनी लाइफ़ में हर अच्छी चीज डिज़र्व नहीं करते।

उदाहरण के लिए –

अगर आपको लगता है कि आपके लिए करोड़पति बनना आसान नहीं है तो आप ऐसे लोगों के बारे में जान सकते हैं या पढ़ सकते हैं जिन्होंने खुद के दम पर कुछ किया हो। अगर आपने लगातार ऐसा करना शुरू कर दिया तो आप खुद के अंदर बदलाव महसूस करेंगें और देखेंगे कि आपका बिलीफ़ सिस्टम बदल रहा है और आप 'न कर पाने' से 'कर पाने' की तरफ़ बढ़ रहे हैं। और आपका यही बिलीफ़ सिस्टम आपके सपनों के लिए नए दरवाजे खोल रहा है।

मैं आपको समझाता हूँ कि सच्चाई और भरोसे में यानी बिलीफ़ सिस्टम में एक बड़ा अंतर होता है। जो सच है वो परमानेंट है स्थायी है और उसको कोई चुनौती नहीं दे सकता। जैसे सूरज पूर्व दिशा में उगता है तो उगता है, आप इसे नहीं बदल सकते, मैं नहीं बदल सकता और आप और मैं क्या, दुनिया का कोई भी इंसान इसे नहीं बदल सकता। लेकिन जब बात बिलीफ़ सिस्टम यानी भरोसे की आती है तो ये किसी इंसान के ऊपर निर्भर करता है। अगर कोई इंसान अपने अंदर कोई बिलीफ़ सिस्टम बना लेता है तो कई सारी चीजों के ऊपर निर्भर करता है और वो उसका खुद का होता है। लोग

इसे सही साबित करने के लिए कुछ भी करते हैं। जैसे अगर हम धर्म की बात करें तो उनका सच से ज्यादा अपने बिलीफ़ सिस्टम से लेना देना है।

कई लोगों को ऐसा लगता है कि वे अपनी ज़िन्दगी में कुछ भी अच्छा डिज़र्व नहीं करते। एक बच्चे को हम अँधेरे में इसलिए नहीं खेलने देते क्योंकि हमें लगता है कि अँधेरे में कहीं उसे चोट न लग जाए। बच्चों को रोकने के लिए उनके माता–पिता उन्हें भूतों की कहानी सुनाते हैं और उनके लिए यही उनका बिलीफ़ सिस्टम बन जाता है। सच और बिलीफ़ यानी भरोसे के बीच अंतर है। मैने ऐसे भी इंटेलिजेंट लोगों को देखा है जिनके पास डाउटफुल बिलीफ़ सिस्टम है। यानी उन्हें अपने ही भरोसे पर भरोसा नहीं है। लेकिन अगर आपके पास स्ट्रांग बिलीफ़ सिस्टम है आपके साथ हर चीज पॉजिटिव होगी। तो ऐसा बिलीफ़ सिस्टम अपनाएं जो आप बनना चाहते हैं।

अगर आप देखेंगे तो जो भी मैने आपको बताया, 99% लोग उसमें विश्वास नहीं करते। केवल 1% लोगों के पास उनका बिलीफ़ सिस्टम होता है जो उन्हें सक्सेसफुल बनाता है और मैं यही चाहता हूँ कि आप भी 1% में आ जाएं। क्या आपको पता है कि इंडिया में 70% प्रॉपर्टी 1% लोगों के पास है और बची हुई 30% बाकी के 99% लोगों के पास है। मैं चाहता हूँ कि आपका माइंडसेट उन 1% लोगों जैसा हो और अपने आपको सक्सेसफुल बनाएं।

वर्कशीट

1. आपके वो पहले 3 बिलीफ्स कौन से हैं जो आपको आगे बढ़ने से रोक रहे हैं?

2. आपके हिसाब से सही बिलीफ़ सिस्टम क्या है? यह कि जो भी कुछ हो रहा है वो आपके कर्मों का फल है या फ़िर उसके लिए ऊपर वाला जिम्मेदार है?

3. एक क्रिएटर होने से आपका क्या मतलब है?

अध्याय – 2

लेसन्स फॉर योर ब्रेन

किताब का यह अध्याय बहुत ही दिलचस्प है, जिसका नाम है–"लेसन फॉर योर ब्रेन"।

यह 8X फैक्टर के पहले फैक्टर 'कट' का ही कंटिन्यूएशन है, जो आपको आपके गोल्स की तरफ लेकर जाता है। पिछले चैप्टर में जो हमने सीखा वो ये सीखा कि आपको अपने बिलीफ़ सिस्टम से स्टिमुलस मिलता है साथ ही हमें थॉट या विचार भी मिलता है। यहाँ कुछ ऐसे लेसन्स के बारे में आप सीखेंगें जो आपको भविष्य की सोचने में या आगे बढ़ने के लिए मजबूर करेंगे और इन लेसन्स को आपको अच्छे से पढ़ना और समझना पड़ेगा। ये कुल मिलकर 5 लेसन्स हैं जिनके बारे में हम नीचे पढ़ने वाले हैं :

1. आप वो बन जाते हैं जिसके बारे में आप ज्यादातर सोचते रहते हैं

अब आप ध्यान से सोचिए कि आप पूरे दिन क्या सोचते हैं? क्या आप पूरे दिन निगेटिव चीजों के बारे में सोचते हैं? क्या आप ये सोचते रहते हैं कि आपके साथ कुछ बुरा हो जाएगा? या ऐसा ही कुछ और? जो कुछ भी आप सोचेंगे आप उसी की तरफ खिंचते चले जायेंगें। आपका जो ब्रेन है वह एक रेडियो की तरह है जो सिग्नल भेजता भी है और रिसीव भी करता है। तो जैसा आप बाहर भेजेंगे वैसा ही अंदर आएगा।

जिस तरह के सिग्नल आप यूनिवर्स को भेजते हैं वैसे ही आपको वापस मिलते हैं। मान लीजिए कि आप रेडियो स्टेशन पर जाते हैं और आप एक फ्रीक्वेंसी सेट करते हैं। मान लीजिए आपने फ्रीक्वेंसी सेट की है 93.5। अब जैसे ही आपने यह फ्रीक्वेंसी सेट की तुरंत एक गाना बजना शुरू हुआ लेकिन अगर आप इस फ्रीक्वेंसी के साथ छेड़छाड़ करते रहेंगे तो आपको

गाना नहीं सुनाई देगा बल्कि आपको अजीबोगरीब आवाज सुनाई देगी। हो सकता है थोड़ी ही देर बाद कोई दूसरा गाना शुरू हो जाए। लेकिन यह सभी एक फ्रिक्वेंसी के ऊपर निर्भर करता है। और ठीक ऐसा ही आपके दिमाग के साथ भी होता है। जो चीजें आप अपने दिमाग में लेकर चलते हैं आपके साथ भी वैसा ही होता है।

आप इस बात को समझिए कि आप जो भी सोच रहे हैं वो बहुत ही पॉवरफुल है। यहाँ पर आपको रुकना है और अच्छा सोचना है। आपको उनके बारे में सोचना है जो पॉजिटिव हैं। आप जिस भी सिचुएशन को लेकर निगेटिव सोचते हैं उनके बारे में अच्छा सोचकर देखिए। जो भी नतीजे आप निगेटिव सोच रहे हैं उसे पॉजिटिव सोचकर देखिए। हमारी सोच हमारे वश में है और हम उन्हें बदल सकते हैं, लेकिन हमें पता होना चाहिए कि हम निगेटिव सोच रहे हैं। आप जैसा सोचेंगे आप वैसे ही बन जाएंगे । इसलिए आप वैसा ही सोचिए जैसा आप बनना चाहते हैं। आपको कोई भी चीज एकदम से पकड़ के नहीं रखनी है, खासकर निगेटिव चीजें। आपको अपने थॉट्स को मॉनिटर करना पड़ेगा कि कहीं आप गलत तो नहीं सोच रहे। यहां पर भी आपको 'कट' का इस्तेमाल करना है। अगर आप कुछ नेगेटिव सोच रहे हैं तो आपको तुरंत उसे पीछे छोड़कर पॉजिटिव सोचना है। आपको अपनी इमैजिनेशन को एक क्रिएटिविटी देनी है। ऐसा करने से अगर कुछ गलत होने वाला होगा तो वह भी पॉजिटिव हो जाएगा।

इस लेसन में हम जो कुछ भी सीखने वाले हैं उसके लिए हमें एक गहरे सपोर्ट की जरूरत है। मैं यह नहीं कहता कि आप हर चीज पर आंख बंद करके भरोसा कर लीजिए या जो भी मैं कह रहा हूं उस पर आंख बंद करके भरोसा कर लीजिए। बल्कि मैं यह कहना चाहता हूं कि जो भी मैं बोल रहा हूं उसके बारे में आप सोचिए, विचारिए और फिर महसूस कीजिए कि आपके लिए कितना सही है और कितना गलत।

2. आप वह सब कुछ कर सकते हैं जो आप सोचते हैं कि आप कर सकते है

आप यहाँ हर वो चीज कर सकते हैं जो आप सोच सकते हैं और आप हर वो चीज सोच सकते हैं जो आपने पहले कभी नहीं सोची। क्योंकि आपकी सोच आपके कंट्रोल में है। आपने आज से पहले नहीं सोचा कि

आपको अमीर बनना है, तो आप आज सोच सकते हैं। आपने नहीं सोचा कि अच्छी बॉडी चाहिए, तो आप आज सोच सकते हैं। नई सोच के साथ आप अपनी नई लाइफ़ की शुरुआत कर सकते हैं। क्या हुआ अगर किसी चीज के बारे में आपने अभी तक नहीं सोचा, अभी भी वक़्त है, आप सोचिये क्योंकि आप वही अचीव करेंगें जो आप सोचेंगें।

आपको यहां पर यह सोचना है कि आपको अपनी ज़िन्दगी में क्या चाहिए। आपको इससे फर्क नहीं पड़ना चाहिए कि वह प्रैक्टिकली पॉसिबल है कि नहीं। कई लोग ऐसे होते हैं जो यह चीज नहीं सोच पाते क्योंकि उनका बिलीफ़ सिस्टम ही वैसा नहीं होता है। आप वो सब कुछ कर सकते हैं जो आप सोच सकते हैं लेकिन ये आपके बिलीफ़ सिस्टम के ऊपर है।

3. जो भी आपका दिमाग सोच सकता है उसे हासिल कर सकता है

क्या एक कुत्ता, हाथी के बच्चे को जन्म दे सकता है? बिल्कुल भी नहीं। एक कुत्ता अपने बच्चे को ही जन्म दे सकता है। लेकिन आपके दिमाग के लिए ऐसा बिल्कुल भी नहीं है। आप जो चाहे वह सोच सकते हैं और जो चाहे वो पा भी सकते हैं। आपके दिमाग के सोचने की शक्ति असीमित है। यह कुछ भी कंसीव कर सकता है, धारण कर सकता है और कुछ भी अचीव कर सकता है। अगर आप कुछ सोच रहे हैं लेकिन आपको लग रहा है कि ऐसा नहीं हो सकता तो आपको अपने बिलीफ़ सिस्टम को बदलने की जरूरत है। आप अपने बिलीफ़ सिस्टम को ज्यादा से ज्यादा एक्सपोजर दीजिए। इसके लिए आप ऐसे लोगों की कहानियां पढ़ सकते हैं या वीडियो देख सकते हैं जिन्होंने नामुमकिन को भी मुमकिन कर दिखाया हो।

आपके दिमाग में आता है कि आपको ₹10,000 कमाने है, तो आप जरुर कमा सकते हैं। ये 10 करोड़ रुपयों के बारे में भी लागू होता है। यहाँ अगर आपको कुछ चाहिए, तो वो है अपने बिलीफ़ सिस्टम को मजबूत बनाना। लेकिन आपका दिमाग वो सभी चीजें सोच सकता है जो वो चाहता है। किसी भी चीज के बारे में सोचो, अपने दिल को समझाओ फिर वो चीज आपको मिल जाएगी। सबसे इम्पोर्टेन्ट चीज है, उस विचार का दिमाग में पनपना।

नेपोलियन हिल के पास एक किताब थी। जिसका नाम था– "थिंक एंड

ग्रो रिच" और वो खुद भी इस बात पर जोर देते हैं। आपको सिर्फ ये सोचने की जरूरत है कि आपकी लाइफ़ अच्छे के लिए बदल सकती है और कुछ भी अचीव कर सकती है। जब मैं 9वीं क्लास में था तब मेरी टीचर ने मुझे एक बहुत ही अच्छी बात सिखाई थी। उन्होंने कहा था कि, "अपने सपनों को आसमान की तरफ फेंको और अब अपने सपनों को कहो कि वो आपको ऊपर की तरफ खींचे। हो सकता है कि आप वहां तक न पहुँच पाएं, जहाँ तक आपके सपने हों पर हाँ आप कम से कम थोड़ा सा ऊपर तो उठ ही जाएंगे।'' तो अब आप थोड़ा ऊपर उठें और अपने सपनों तक पहुँच जाएँ। जितना बड़ा सोच सकते हैं सोचिये और ये भी सोचें कि आप उन्हें पा सकते हैं। हम हमेशा अपने सपनों के साथ समझौता करते हैं।

एक बार एक कैंडिडेट इंटरव्यू के लिए जाता है और कंपनी कहती है कि वह किसी भी कीमत पर उसे हायर करना चाहती हैं। वो कैंडिडेट जॉब ऑफर स्वीकार कर लेता है और बदले में 1 लाख की सैलरी की मांग करता है। कंपनी वाले उसे 60,000 रुपये देने की बात करते हैं। आपको लगता है कि अगले महीने उसे 1 लाख रुपये मिलेंगें? नहीं। ठीक उसी तरह जब भी आप कुछ बड़ा सोचते हैं तो लोग आपको कम में सेटल करने की कोशिश करते हैं। तो आपको अपनी वैल्यू बढ़ानी है। ऐसा सबके साथ होता है, तो ऐसे में आपको खुश रहना है लेकिन संतुष्ट नहीं।

ठीक ऐसे ही जब आप कुछ बड़ा सोचेंगें या करना चाहेंगें तो आपके आस–पास के लोग, आपके परिवार वाले यहाँ तक कि आपका खुद का दिमाग भी आपको आगे बढ़ने से रोकेगा। लोग बोलेंगे कि जितना मिल रहा है उसी में खुश रहो। लोग आपको हतोत्साहित करेंगे, डिस्करेज करेंगे कि ऐसा मत करो या वैसा मत करो। उनके पास पता नहीं कहाँ–कहाँ के उदाहरण आ जाएंगे कि एक आदमी ने ऐसा ही किया था तो उसके साथ ये हो गया या वो हो गया। उन्हें लगेगा कि कहीं कुछ बड़ा करने के चक्कर में उनका नुकसान न हो जाए। लेकिन मैं कहता हूँ कि होना चाहिए। मैं भी अपनी लाइफ़ में फेल हुआ हूँ, लकिन उससे मैने बहुत कुछ सीखा है और मैं लाइफ़ में आगे भी बढ़ा हूँ। मैं एक बार नहीं कई बार फेल हुआ हूँ लेकिन मैने हार नहीं मानी और मैं प्रयास करता चला गया। आज मेरे परिवार के सदस्य एकदम दूसरी तरह से बात करते हैं क्योंकि मैने अपने बारे में उनके

बिलीफ़ सिस्टम को बदल कर रख दिया है।

आपको इतनी सी बात समझनी है कि जो भी लोग सोचते या समझते हैं वो पूरी तरह से उनके अनुभव पर आधारित होता है। हो सकता है कि जो आप करना चाहते हैं उसकी कोशिश वे पहले कर चुके हों लेकिन असफल हो गए हों और इसीलिए आपको मना कर रहे हों। वे नहीं चाहते कि आप भी नाकाम हों और आपको बचाना चाहते हों। लेकिन इन सब के चक्कर में आप भी कम्फर्ट ज़ोन में चले जाते हैं और जब तक आप कम्फर्ट ज़ोन में हैं तब तक आप कामयाब नहीं हो सकते।

ऊपर मैने आपको जो इंटरव्यू वाली कहानी बताई है, उसमें अगर कैंडिडेट 1 लाख रुपये से नीचे काम करने के लिए मना कर देता तो पॉसिबिल्टीज़ थीं कि उसे और ज्यादा का ऑफर दिया जाता। या फिर वह दूसरी जगह नौकरी देखता जहाँ उसे ज्यादा पैसा मिलता।

तो आपको खुद ही अपनी वैल्यू बढ़ानी है। आपको ध्यान रखना है कि जो कुछ भी चीजें आपके माइंड में आती हैं आप वो सब कुछ कर सकते हैं। तो हमेशा ही बड़ा सोचिये और कभी काम के साथ समझौता मत कीजिए। आपको अपनी वैल्यू बनानी है। आपको हमेशा ही खुश रहना है लेकिन संतुष्ट कभी नहीं।

4. आप उन 5 लोगों का ऐवरेज हैं जिनके साथ आप अपना समय बिताते हैं

वो कहावत तो आपने से सुनी ही होगी कि—

"संगत से गुण होत है, संगत से गुण जात"

आप भी उसी तरह हो जाते हैं जिस तरह के लोगों के आस—पास आप रहते हैं। तो उन 5 लोगों के नाम लिखिए जिनके साथ आप सबसे ज्यादा समय बिताते हैं, ये लोग कोई भी हो सकते हैं। उन सभी की इनकम लिखिए और उन को जोड़कर 5 से डिवाइड कीजिए और इसके बाद जो भी अमाउंट आएगा वो आपकी इनकम होगी। इन सभी की हेल्थ कंडीशन के बारे में भी लिखिए, इन कंडीशन को (अच्छा, बुरा, बहुत अच्छा) के टर्म में लिखिए। इनकी हेल्थ का ऐवरेज आपकी हेल्थ होगी।

अगर आप एक आदमी की संगती छोड़ देते हैं और किसी दूसरे के संगती में जाते हैं, जिसकी इनकम पहले वाले से ज्यादा है तो आपकी भी ऐवरेज बढ़ जाएगी। अब आप ये सोचेंगे कि जो लोग पहले से अमीर हैं वो आपके साथ समय क्यों बिताएंगें। क्योंकि ऐसा करने से उनका ऐवरेज तो नीचे गिर जाएगा। वारेन बफेट हर दिन का 200 करोड़ रुपये कमाता है। अगर आप उसके साथ अपना समय बिताते हैं तो आपका ऐवरेज भी दिन का 50 करोड़ हो सकता है।

हम लोग ओस्मोसिस से सीखते हैं। कहीं भी जब दो अलग स्वभाव के इंसान एक दूसरे के साथ कनेक्ट करते हैं तो उन दोनों के बीच इन्फॉर्मेशन का आदान प्रदान होता है। एक इंसान जिसके पास कम नॉलेज होती है वो हमेशा उससे सीखता है, जिसके पास ज्यादा नॉलेज हो। अगर आपको करोड़पति बनना है तो आपको उन लोगों के साथ अपना समय बिताना होगा जो पहले से ही करोड़पति हैं। आपको इसी बात पर फ़ोकस करना है कि हर आने वाला दिन आपका ऐवरेज खराब कर रहा है और इसीलिए आपको अपनी संगत बड़े हिसाब से चूज़ करनी है। आपको हर किसी के साथ दोस्ती नहीं कर लेनी है क्योंकि इससे आपका ऐवरेज खराब हो सकता है। उन लोगों से तो आपको दूर रहना है जो अपनी जिंदगी में बहुत ही निगेटिव हैं। और सिर्फ शिकायत करना जानते हैं। वे दीमक की तरह आपके दिमाग को खा जाएंगे।

मैं यहाँ आपको खुद से जुडी एक बात बताता हूँ। वो बताने से पहले मैं चाहता हूँ कि मेरे पिताजी को ये बात कभी भी न पता चले। लेकिन ये सच है कि मैं अपने पिताजी के साथ टाइम नहीं बिताना चाहता, क्योंकि जब भी हमारी बात होती है तो वो इतनी फालतू बातें करते हैं जिनका मेरे लिए कोई मतलब नहीं होता। उनकी बातें मेरे बिलीफ़ सिस्टम से बिल्कुल भी नहीं मिलतीं। मुझे अपने बिलीफ़ सिस्टम को बनाने में बहुत मेहनत करनी पड़ी है और मैं इसे बेहतर ही करना चाहता हूँ न कि बदतर। तो मैं हमेशा ऐसे लोगों के साथ रहना पसंद करता हूँ जो मुझसे बेहतर हैं। क्योंकि ऐसा करने से मेरा ऐवरेज बेहतर होगा। मैं चाहता हूँ कि आपका भी ऐवरेज बेहतर हो और इसीलिए मैने ये उदाहरण आपको दिया। ऐसा नहीं है कि वे लोग आगे नहीं बढ़ना चाहते। लेकिन बढ़ नहीं पाते क्योंकि उनके अंदर कुछ ऐसा है

जो आपको और उन्हें दोनों को ही आगे बढ़ने से रोकता है और आपको भी नहीं पता चलता कि आप क्या कर सकते हैं।

ऐसा हो सकता है कि कई लोगों को लगे कि मैं गलत बोल रहा हूँ लेकिन मैं तो आपको पहले ही कह चुका हूँ कि जो मैं बोल रहा हूँ वो 99% लोगों से मेल नहीं खाता। लेकिन मुझे इस बात से फ़र्क नहीं पड़ता। क्योंकि मैं सबसे अलग हूँ। मैं इस भीड़ से बाहर हूँ और अपनी किस्मत मैने खुद लिखी है। और आज मेरे पिताजी मुझे देखकर बहुत ही खुश होते हैं। मैं आज पैसे भी कमा रहा हूँ और उनका और अपना नाम भी रोशन कर रहा हूँ। और मुझे लगता है कि मैं एक अच्छा बेटा भी हूँ।

5. आप जिस चीज पर भी फ़ोकस करते हैं वो बढ़ती जाती है

जिस चीज पर भी आप फ़ोकस करते हैं वो बढ़ती जाती है। ये मैग्नीफाइंग ग्लास की तरह काम करती है। जिस तरफ भी आप मैग्नीफाइंग ग्लास लेकर जाते हैं वहां की चीजें बड़ी दिखने लगती हैं। आपका फ़ोकस बिल्कुल कैमरे की तरह होता है। अगर आप अपने कैमरे का एंगल बदलते हैं तो आपको कुछ और दिखने लगता है। तो सबसे पहले आप देखेंगें कि आपका कैमरा जिस चीज पर फ़ोकस करता है उसके आस–पास की चीज धुंधली हो जाती है। इसलिए आपको देखना है कि आपकी लाइफ का फ़ोकस किस तरफ है। आप किस तरफ़ फ़ोकस कर रहे हैं? क्या आप निगेटिविटी की तरफ़ फ़ोकस कर रहे हैं?

मैने बहुत सारे लोगों को देखा है कि जब वो सड़क से जा रहे होते हैं और किसी की लड़ाई हो जाए तो वो ज़रूर रुक कर देखने लगते हैं। शायद यही उनका फ़ोकस होता है। हम आसानी से डिस्ट्रैक्ट हो जाते हैं। हम में से कई लोग अपने फ़ोकस और कंसन्ट्रेशन की पॉवर को खो चुके हैं। कन्सेंट्रेशन या एकाग्रता बिल्कुल हमारी मसल्स या मांसपेशियों की तरह है और अगर हमने इसका इस्तेमाल नहीं किया तो मसल एट्रोफी हो सकती है। अगर आज आपने अपने कंसन्ट्रेशन मसल्स का इस्तेमाल नहीं किया तो कुछ समय बाद इसका कोई इस्तेमाल नहीं रह जाएगा। हम में से कई लोग एक बार में एक काम के ऊपर फ़ोकस नहीं कर पाते और एक चीज से दूसरी चीज के ऊपर कूदते रहते हैं। एक बार में एक काम या कोई भी काम इनसे नहीं होता है। कई लोग एक साथ कई काम करने में विश्वास

रखते हैं और उनको लगता है कि वो कर भी सकते हैं लेकिन ऐसा करने से फ़ोकस डाइवर्ट होता है। और हम एक भी काम ढंग से नहीं कर पाते।

मैं आपको बता दूँ कि मशीन एक साथ कई काम कर सकती हैं पर इंसान नहीं। आप किसी चीज के बारे में जानकारी चाहते हैं और आप सोचते हैं कि आप एक ही साथ किताब पढ़कर और वीडियो देखकर जानकारी हासिल कर लें तो ऐसा नहीं है। एक समय में या तो किताब ही पढ़ सकते हैं या फिर आप वीडियो ही देख सकते हैं। तो एक समय में एक ही काम पर फ़ोकस करें न कि मल्टीटास्किंग पर। मल्टीटास्किंग करना गलत है क्योंकि ऐसा करते समय आप स्विचिंग करते हैं, मतलब बार–बार एक काम को छोड़कर दूसरे पर कूद जाते हैं और ऐसा करने से आपका आईक्यू (IQ) लेवल कम होता है। आप एक समय में एक ही काम कर अपना फ़ोकस इम्प्रूव कर सकते हैं। अगर आप सिर्फ अपने बिज़नेस पर फ़ोकस करते हैं तो आपकी इनकम बढ़ेगी। अपनी पढाई पर फ़ोकस करेंगें तो तो आपके नंबर अच्छे आएंगें। अगर अपने रिलेशन पर फ़ोकस करेंगें तो रिश्ता मजबूत होगा। और अगर आप निगेटिविटी पर फ़ोकस करेंगें तो आपकी समस्याएं बढ़ेंगी।

उदाहरण के लिए–

सालों पहले अगर आपके साथ कुछ हुआ हो और आप आज भी उसी बात से परेशान हैं और लोगों को बता रहे हैं। तो मैं आपको बता दूं कि ऐसा करने से आपकी परेशानियां कम होने के बजाए और भी बढ़ेंगीं। तो आज ही से आप पुरानी बातें भूलकर आगे की तरफ़ बढ़ना शुरू कीजिए। बेहतर फ़ोकस के लिए आप एक लिस्ट बना सकते हैं कि आपकी प्रायोरिटी क्या हैं और आपको किस चीज पर कितना फ़ोकस करना है।

वर्कशीट

1. वो 5 लोग कौन हैं जिनके साथ आप अपना समय बिताना चाहते हैं?

ए

बी.

सी.

डी.

ई.

2. इंसानों के लिए ओस्मोसिस कैसे काम करता है?

3. आपका एमवीपी (MVP) क्या है?

अध्याय – 3

फ़ोकस्ड डे ड्रीमिंग

आज मैं आपको एक सच बताता हूँ कि मुझे आप सभी के लिए किताब लिखते हुए बहुत ही अच्छा लग रहा है। क्योंकि इसके पीछे भी मेरा ही स्वार्थ है। जो भी चीजें मैं आपके साथ शेयर कर रहा हूँ ये मुझे वो सारी चीजें याद दिला रही हैं जो मैने कभी सीखी थीं। मेरे मन में सबसे पहले पॉजिटिव थॉट्स आते हैं और फिर मैं वो आपके साथ शेयर करता हूँ और वो पॉजिटिविटी आप तक ट्रांसफर होती है। मैं ये सभी चीजें बहुत एन्जॉय कर रहा हूँ और आशा करता हूँ कि आप भी कर रहे होंगें।

इस चैप्टर में मैं आपको डे ड्रीमिंग के बारे में बताऊंगा, आप भी थोड़ा तो सोच में पड़ ही गए होंगे। अच्छा आप कल्पना कीजिए कि आप एक बड़े से सेमिनार में गए हैं जहाँ ढेर सारे लोग इकट्ठा हुए हैं और आप उनसे कहते हैं कि चलिए हम डे ड्रीमिंग करते हैं, यानी कि दिन में सपने देखते हैं या खुली आँखों से सपने देखते हैं। तो लोग भी सोचेंगे कि ये क्या बोल रहा है? दरअसल हम सभी डे ड्रीमिंग करते हैं लेकिन जिस डे ड्रीमिंग की बात मैं कर रहा हूँ वो आपके डे ड्रीमिंग से अलग है और दोनों में काफी अंतर भी है।

हमारा जो माइंड है वो अधिकतर अलग–अलग दिशाओं में घूमता रहता है और उसमें एक साथ ही कई सारी चीजें चलती रहती हैं। लेकिन मैं यहाँ "फ़ोकस्ड डे ड्रीमिंग" की बात कर रहा हूँ। हम यहाँ भी दिन में सपने देखेंगे लेकिन फ़ोकस के साथ। अब आप सोचेंगें की इसका मतलब क्या है? तो मैं आपको बता दूँ कि दुनिया में जितने भी अविष्कार या ईजाद हुए हैं वो डे ड्रीमिंग की वजह से ही हुए हैं। आपने आइज़क न्यूटन के बारे में सुना ही होगा। एक बार वह एक पेड़ के नीचे बैठे थे और उनके सर के ऊपर एक सेब गिरा और उन्होंने ग्रेविटी की खोज़ कर डाली। इसके पहले लोगों

को ग्रेविटी के बारे में कुछ भी पता नहीं था। ऐसे ही महान वैज्ञानिक अल्बर्ट आइंस्टीन ने "थ्योरी ऑफ़ रिलेटिविटी" की खोज़ की।

जिस थॉट या थिंकिंग के साथ हम एक्सपेरिमेंट कर रहे हैं उसके साथ वो डेली एक्सपेरिमेंट किया करते थे। मैं ये नहीं कह रहा कि हम सभी उन्हीं की तरह जीनियस हैं। लेकिन उनको फॉलो करके हम लोग उनके कुछ गुण तो हमारे अंदर विकसित कर ही सकते हैं। थॉमस अल्वा एडिसन, एक महान वैज्ञानिक जिसकी वजह से आज दुनिया में रोशनी है। वो भी डे ड्रीमिंग किया करते थे। कई सारे इन्वेंशंस डे ड्रीमिंग की वज़ह से ही मुमकिन हो पाए हैं। तो अब आप बताइये कि आप डे ड्रीमिंग कैसे करेंगे?

अच्छा एक बात बताइये कि जब आप नहाते हैं तो क्या आपके दिमाग में कोई आइडिया या विचार आता है? या फिर कहीं जाते वक्त या कुछ करते समय अचानक से कुछ सूझा है आपको कभी? जी बिल्कुल आपके साथ ऐसा हुआ ही होगा। लगभग सभी लोगों के साथ होता है कि कुछ करते–करते अचानक से दिमाग में आईडिया आ जाता है। लेकिन यहाँ पर डे ड्रीमिंग करते हुए या कुछ काम करते हुए कैसे आईडिया लाना है उसका एक प्रोसेस है। लेकिन उस प्रोसेस के बारे में बताने से पहले मैं आपको माइंडफुलनेस के बारे में बताऊंगा।

यहाँ मैं आपको ये बताना चाहता हूँ कि आपके माइंड के लिए दो चीजें जरूरी हैं – एक तो मेडिटेशन और दूसरी माइंडफुलनेस। यहाँ हम माइंडफुलनेस के बारे में पढेंगें और मेडिटेशन के बारे में आगे सीखेगें। तो अभी हम बात करेंगें माइंडफुलनेस की जो कि एक कला है। जिसकी वज़ह से हम वर्तमान में कोई भी चीज जिसे महसूस कर सकते हैं अपने मन में ध ारण कर सकते हैं। आप जैसे भी हैं वैसे ही चीजों को फील कर रहे हैं। आप अपने पांचों सेंसेस यानी इन्द्रियों से बिना किसी जजमेंट के प्रेजेंट मोमेंट या वर्तमान पल जो भी महसूस कर हैं उसे ही माइंडफुलनेस कहते हैं।

अपने आस–पास की चीजों को आप देखें और जब आप उन्हें एक आर्टिस्ट की तरह देखेंगे तो वे अलग ही तरह की दिखेंगीं। जब आप अपने आस–पास म्यूज़िक सुन रहे हों तो उसे एक म्युज़िशियन की तरह सुनें, जब आपके पास कोई खुशबू आ रही हो तो उसे परफ़्यूमिस्ट की तरह फील करें , कोई खाना टेस्ट करें तो शेफ़ की तरह करें । आप किसी भी समय

कुछ भी कर रहे हों तो अपने सेंसेस से स्टिमुलस ले रहे होते हैं। उन 5 सेंसेस के ज़रिये दिमाग को सिग्नल्स जा रहे होते हैं जिन्हें हम स्टिमुलस कहते हैं और मैं ये चाहता हूँ कि जब वो जाएँ तो वो पॉवरफुल जाएँ और बिना किसी जजमेंट के जाएँ। आप अभी जिस भी जगह पर है या जिस मोमेंट में हैं उसे ही महसूस करें, फील करें। ऐसा करने से आपके माइंड की कैपेसिटी बढ़ जाएगी।

ऐसा करने से आप पुरानी चीजें भूल जाएंगे और सिर्फ वर्तमान में जी रहे होंगे। यकीन मानिए ऐसा करने से आप एकदम से अलग महसूस करेंगे और यहीं आपने खोज की अपनी माइंडफुलनेस और शुरुआत की डे ड्रीमिंग की।

आपका माइंड आपके सेंसेस के जरिये जो भी स्टिमुलस रिसीव करता है, वो बहुत ही स्ट्रांग और पॉवरफुल होना चाहिए। आप अपने आस पास की चीजों को अभी से फील करना शुरू कीजिए। इसके लिए आपको सिर्फ़ 290 सेकंड्स लगेंगें। यानी 5 मिनट से भी कम समय। अगर आपने ऐसा करना शुरू कर दिया तो आप देखेंगे कि आपका माइंड बिल्कुल दूसरी ही तरह से सोच रहा है। और आपको पता है कि जब आप सिर्फ़ प्रेजेंट में जीते हैं तो आप अपने दुःख और तकलीफ से दूर रहते हैं।

अच्छा, अब आप मुझे एक दूसरी बात बताइए कि क्या आपने कभी अपने माइंड के स्ट्रक्चर को पहचाना है? मैं आपको बताता हूँ, अगर आप किसी बर्फ़ के टुकड़े को या ग्लेशियर को पानी में तैरता हुआ देखेंगें, तो आप पाएंगे कि ऊपर वो छोटा सा दिखता है लेकिन पानी के अंदर वो बहुत बड़ा होता है। हमारा माइंड भी ऐसे ही काम करता है और इसके दो पार्ट हैं – एक कॉन्शियस और दूसरा सबकॉन्शियस। हमारा माइंड भी उसी बर्फ़ के टुकड़े जैसा है। जो ऊपर दिखता है, वो कॉन्शियस माइंड है और नीचे वाला सबकॉन्शियस या अनकॉन्शियस जो बहुत बड़ा है। आपके माइंड की कैपेसिटी बहुत ज्यादा है। और अब जब आप माइंडफुलनेस के प्रोसेस से निकल रहे हैं तो आप अपने माइंड को एक डायरेक्शन दें और उस बारे में सीक्वेंस में सोचो। और अब हमारा सबकॉन्शियस माइंड बहुत कुछ कर सकता है। हो सकता है कि गूगल के पास आपके सभी सवालों का जवाब न हो लेकिन आपके माइंड के पास, आपके दिमाग के पास आपके हर सवाल का जवाब है।

आप आज ही से डे ड्रीमिंग पर फ़ोकस करना शुरू कर दें। अपने माइंड को आप एक गोल दें और फिर उसे उस गोल को पूरा करने की तलाश में भटकने दें। आप में से शायद कुछ लोगों ने मोज़ार्ट के बारे में सुना हो। वो एक ऑस्ट्रियन म्युज़िशियन थे। उन्होंने एक बार अपने पिताजी को एक ख़त लिखा था जिसमें उन्होंने लिखा था कि उनके दिमाग में सारे अच्छे आइडियाज़ तभी आते है जब वो रात में सोने से पहले सभी बातें छोड़कर अपने बार में सोचते हैं। यानी सिर्फ़ अपने साथ होते है। यही समय होता है जब वो सबसे अच्छा सोच सकते हैं। आज भी मोज़ार्ट का कोई भी मुकाबला नहीं कर सकता। आप जब भी किसी चीज के बारे में सोचते हैं तो सभी दूसरे विचार अपने से दूर कर दें। खासकर नकारात्मक विचार यानी निगेटिव थॉट्स। और अगर आप निगेटिव सोच रहे हैं तो कट (CUT) फैक्टर का इस्तेमाल कर लें।

अब अगर आप सोच रहे हैं कि डे ड्रीमिंग के लिए सबसे अच्छा समय या जगह क्या हो सकती है? तो आप किसी भी समय या जगह पर डे ड्रीमिंग कर सकते हैं। चलिए इसे थोड़ा सिंपल करता हूँ। मान लीजिए कि आप गाड़ी चला रहे हैं, तो इस समय आपका हाथ बिज़ी हैं लेकिन आपका माइंड फ्री है। आप अपनी कार सबकॉन्शियस माइंड से ड्राइव कर रहे हैं और सभी काम अपने आप हो रहे हैं। अपने आप ब्रेक लग रही है और क्लच भी अपने आप ही काम कर रहा है। कई बार तो ऐसा भी होता होगा कि आप ड्राइव करते चले जा रहे हैं और आपको पता भी नहीं चलता कि कब आपकी मंजिल आ जाती है। मुझे तो ऐसा लगता है कि डे ड्रीमिंग बहुत इम्पोर्टेन्ट है और यहाँ मैं चाहता हूँ आप दो चीजें जान लें और उनका ध्यान रखें । पहली तो ये है कि आप उस भविष्य की कल्पना करें जो आप चाहते हैं। आप इमैजिन करें कि आज से पांच साल बाद मेरे पास क्या होगा। मैं आपको यहाँ एक पॉवरफुल तकनीक दे रहा हूँ जिसे मैं बैकवर्ड विज़न कहता हूँ।

मान लीजिए कि आपको आपको परीक्षा में 100% मार्क्स चाहिए। तो अब एक पेपर पर लिखिए कि आपके एग्ज़ाम कब हैं। जो कुछ भी आपके गोल्स हैं उनके बारे में डिटेल से लिखिए कि ये कब है? आप अपनी तैयारी कब और कैसे करेंगें? आप कितने मार्क्स लायेंगें? नतीजे आने के बाद आप लोगों

से किस तरह की प्रतिक्रियाओं की उम्मीद कर रहे हैं? इत्यादि इत्यादि..। अब ये सोचिये कि आप अपने एग्ज़ाम के एक दिन पहले क्या कर रहे हो, क्या आप क्रिकेट खेल रहे हो? नहीं। आप उसी की तैयारी में बिज़ी हो। आप रिवीज़न कर रहे हो और एग्ज़ाम के लिए अपने आप को मेंटली प्रिपेयर कर रहे हो। हो सकता है कि आप उससे पहले इस किताब को पढ़कर बैकवर्ड विज़न के बार में पढ़ रहे हों। तो जो भी अचीव करना चाहते हैं उसके बारे में रिवर्स आर्डर में प्रिपेयर कीजिए और उसी हिसाब से काम कीजिए। बैकवर्ड विज़न का आपकी लाइफ़ पर बहुत बड़ा प्रभाव पड़ता है और मैं भी उसी कॉन्सेप्ट के साथ अपना काम करता हूँ और अच्छी लाइफ़ जी रहा हूँ। ये हर उस जगह काम करती है जहाँ भी आप कुछ अचीव करना चाहते हैं।

उदाहरण के लिए–

आपको आपके सेल के बिज़नेस में 5 गुना ग्रोथ चाहिए, आपको मिलेगी। बस आपको एक चीज करनी है और वो है बैकवर्ड विज़न, यानी आपको चीजें पीछे की तरफ से सोचनी शुरू करनी हैं। यहाँ पर डिटेल्स की बहुत इम्पोर्टेंस है। मान लीजिए कि आपको एक कार खरीदनी है और आप शोरूम में जाते हैं। वहां आप सेल्समैन को पूरी डिटेल देते हैं कि आपको कौन सी कार चाहिए और किस कलर की और वो सभी डिटेल्स जो उसे चाहिए होती हैं। सिर्फ़ ये सोचने से काम नहीं चलेगा कि आपको कार लेनी है बल्कि इसके लिए आपको स्टेप्स भी लिखने पड़ेंगे। और इसके लिए आपको स्टेप्स रिवर्स आर्डर में लिखने हैं और उसी हिसाब से आपको ऐक्शन्स लेने हैं। याद रखिए कि ऐक्शन ही सुप्रीम है! यानी कर्म ही सर्वोपरि है।

जिस तरह की भी लाइफ़ आप अपने फ़्यूचर में सोच रहे हैं असल में आप उसका रोल प्ले कर रहे हैं। लेकिन हममें से कई लोग इसके बारे में निगेटिव सोचते हैं। हम दोस्तों के साथ गलत करने का सोचते हैं क्योंकि उन्होंने हमारे साथ गलत किया होता है। इसलिए अपने दिन की शुरुआत सिर्फ़ अच्छी चीजों और अच्छी सोच के साथ कीजिए। आपमें से कई लोग ये सोच रहे होंगें कि इस बुक को पढ़ने के बाद वो भी किसी स्टेज पर खड़े होकर लोगों को प्रेजेंटेशन दे रहे होंगें। तो आज से ही आप अपने दिन की शुरुआत इसी सोच के साथ करें।

मैं भी अपने सेमिनारों से पहले डे ड्रीमिंग करता हूँ। मुझे लगता है कि

मैं सेमिनार में प्रेजेंटेशन देने के लिए तैयार हूँ क्योंकि मैं अपने दिमाग में कई बार इस रोल को प्ले कर चुका होता हूँ। मैं कई बार इस चीज की प्रैक्टिस करता हूँ और ऐसा करने से मैं लोगों को वो दे पता हूँ जो मैं देना चाहता हूँ। तो आपको आपके फ़्यूचर और सक्सेस के लिए आज से ही प्रिपेयर करना शुरू कर देना चाहिए।

तो इस कट (CUT) फैक्टर में हमने तीन चीजें सीखीं – पहली तो एक सक्सेस माइंडसेट अडॉप्ट करना यानी सफल मानसिकता को अपनाना और अपने बिलीफ़ को उसी तरफ़ मोड़ना, दूसरी "आपके ब्रेन के लिए लेसन" और तीसरी "डे ड्रीमिंग"। तो कंटिन्युअस अपलिफ्टमेंट थॉट्स फैक्टर की इन तीनों चीजों को सीखिए और इनका अभ्यास कीजिए।

ये जो भी हमने अभी सीखा वो 8 X फैक्टर्स का एक फैक्टर था। मैं उम्मीद करता हूँ कि आपने इससे थोड़ा बहुत तो सीख ही लिया होगा।

वर्कशीट

1. 15 मिनट के लिए माइंडफुलनेस तकनीक का इस्तेमाल कीजिए।

2. अपने किसी भी गोल को पूरा करने के लिए बैकवर्ड विज़न तकनीक का इस्तेमाल कीजिए। अपने गोल और प्लान ऑफ़ ऐक्शन को रिवर्स आर्डर में लिखिए।

3. 5 मॉर्निंग रिचुअल्स

अध्याय – 4

सुबह के समय रिफ्रेश्ड कैसे उठें

पहले फैक्टर में हमने कंटिन्यूअस अपलिफ्टिंग थॉट्स के बारे में पढ़ा। ऐसे थॉट्स जो लगातार आपको आगे बढ़ने के लिए मोटिवेट करेंगें। अब हम नए डोमेन की शुरुआत करने वाले हैं जिसका नाम है – 5 मॉर्निंग रिचुअल्स, जो आपको अपनी जिंदगी में अपनाने हैं।

उनमें से पहला है कि आप सुबह जल्दी कैसे उठें और आपके अंदर फुर्ती भी हो। मैने देखा है कि लोग जब सुबह उठते हैं तो आलस से भरे होते हैं और थके होते हैं। फिर चाहें वो 10 घंटे ही क्यों न सोये हों। वे अपने शरीर में वो एनर्जी फील नहीं करते जो सुबह उठने के बाद होनी चाहिए। ऐसा क्यों होता है? आज इस चैप्टर में यही सीखेंगे कि सुबह जल्दी कैसे उठ सकते हैं और कैसे फ्रेश फील कर सकते हैं। कई लोग सुबह देर से उठते हैं और सुबह के सुनहरे समय को गँवा देते हैं। सुबह का समय हमेशा ही बहुत ही महत्वपूर्ण होता है और में इसे 'गोल्डन टाइम' कहता हूँ। ये टाइम सुबह 4 से 6 बजे के बीच का होता है।

तो सवाल ये नहीं है कि सुबह कितनी ज़ल्दी उठें बल्कि सवाल ये है कि सुबह किस समय उठें? मैं सुबह 4 बजे उठता हूँ, शुरू में मुझे लगता था कि सुबह 4 बजे सोकर उठना मेरे लिए मुश्किल है लेकिन मेरी डिक्शनरी में "मुश्किल" शब्द अब है ही नहीं और मैं आसानी से सुबह 4 बजे उठ सकता हूँ क्योंकिहम सभी को पता है कि हमें हर दिन 6–8 घंटे की नींद लेनी ही चाहिए। इसलिए अगर मुझे सुबह 4 बजे उठना है तो मुझे रात में 10 बजे तक सो जाना चाहिए। अगर मैं देरी से सोकर सुबह ज़ल्दी उठने की कोशिश करूंगा तो मेरा माइंड मुझे बोलेगा कि मुझे पूरी नींद नहीं मिली है और वो उतना फ्रेश नहीं फील करेगा जितना करना चाहिए। इसलिए सुबह ज़ल्दी और फ्रेश उठने के लिए आपको अपने सोने का एक नियम बनाना

पड़ेगा और इस बात का भी आप सुबह कितने बजे उठना चाहते हैं।

ज्यादातर लोग सुबह 8 बजे उठते हैं और जिस गोल्डन टाइम पीरियड की मैं बात कर रहा था वो सुबह 5–8 के बीच में है। ये वो जादुई तीन घंटे हैं कि अगर लोग इनका सही इस्तेमाल कर लें तो वो वर्ल्ड के टॉप के 1% लोगों में शामिल हो जाएंगे। अगर आप 7 बजे भी उठते हैं तो भी आप 90% लोगों को एक घंटा पीछे छोड़ते हैं। ऐसे ही अगर आप 6 बजे उठते है तो आप लोगों को दो घंटे पीछे छोड़ते हैं और सुबह 4 बजे उठते हैं तो उन लोगों से 4 घंटे आगे होते हैं।

अगर आप सक्सेसफुल लोगों की कहानियां पढेंगें तो आपको पता चलेगा कि वो सभी सुबह 4–6 के बीच उठते हैं और फ्रेश फील करते हैं। वो कुछ मॉर्निंग रिचुअल्स फॉलो करते हैं। तो आप कैसे सुबह जल्दी उठकर फ्रेश फील कर सकते हैं? आप नीचे लिखे टिप्स पढ़कर फॉलो कर सकते हैं :

1. सोने की तैयारी करें

जैसे आप जिम जाने के लिए या योग करने के लिए तैयार होते हैं, जिसमें आप ज़रूरी कपडे पहनते हैं या ज़रूरी डाइट लेते हैं इत्यादि इत्यादि.. करते हैं, ठीक उसी तरह खुद को सोने के लिए भी तैयार करें, जो बहुत लोग नहीं कर पाते हैं और जब सुबह उठते हैं तो आलस से भरे होते हैं। कई लोगों को तो ढंग से नींद भी नहीं आती और नींद आने के लिए उनको शराब या दवाईयों का सहारा लेना पड़ता है।

क्या वो लोग सुबह रिफ्रेश्ड दिखते हैं?

बिल्कुल भी नहीं। तो आप अच्छी नींद लेने के लिए तैयारी कैसे करेंगें? कई सारे लोग ऐसे होते हैं जो ऑफिस से घर आते ही टीवी देखने लगते हैं और उनके दिमाग में कई सारी चीजें स्टोर होने लगती हैं। जो अधिकतर निगेटिव होती हैं और हमारा माइंड ज्यादातर उसी तरफ़ जाता है। ये सभी चीजें हमारे सबकॉन्शियस माइंड में जाकर स्टोर होती हैं। जो भी टीवी शोज़ हम भारत में देखते हैं उनसे हमें कोई फायदा भी नहीं पहुँचता है और बहुत ही कम ऐसे हैं जो हमको मोटिवेट करते हैं। तो सोने से पहले जो सबसे बुरा काम आप करते हैं वो है – टीवी देखना।

हमारे देश के युवा भी हमेशा सोशल मीडिया पर बिज़ी रहते हैं और उनका माइंड भी अच्छी चीजों की तरफ़ नहीं जाता जो उनकी लाइफ़ में वैल्यू ऐड करे। मैं भी पहले ऐसा ही था लेकिन मुझे एहसास हुआ कि ये मेरे लिए सही नहीं है और मैने वो आदत छोड़ दी। आपका बेडरूम आपके रिलैक्स करने की जगह होनी चाहिए और वहां कोई भी डिस्ट्रैक्शन नहीं होना चाहिए और आप वहां सिर्फ़ अपने बॉडी और माइंड को रिलैक्स करें। अच्छी नींद लेने की तैयारियों में आपको जो सबसे पहला काम करना है वो ये है कि अपने बेडरूम में कोई टीवी नहीं रखना है। दूसरा ये कि सोने से 15 मिनट पहले अपना फ़ोन भी आप अपने से दूर कर दें। अगर आप 6 घंटे की नींद लेकर सुबह 5 बजे जागना चाहते हैं, तो अपना फोन 10:45 पर ही अपने से दूर कर दें। अपना फोन तकिये के नीचे या साइड वाले टेबल पर न रखें क्योंकि इसके रेडिएशंस खतरनाक होते हैं।

2. पॉजिटिव चीजें पढ़ें

पॉजिटिविटी में ध्यान लगाएं, अच्छी किताबें पढ़ें, आर्टिकल्स पढ़ें। अगर आप रात में सोने से पहले अच्छी चीजें पढेंगें तो वे आपके सबकॉन्शियस माइंड में स्टोर होंगी और रात में आपके दिमाग में फीड होंगी। ये चीजें आपको आपकी अगली सुबह के लिए पॉजिटिविटी देंगीं। आपको इस बात का भी ध्यान रखना है कि क्या पढ़ना है। आप नोवेल्स न पढ़ें बल्कि सक्सेफुल लोगों की जीवनियां पढ़ें। सेल्फ इम्प्रूवमेंट के ऊपर किताब पढ़ें क्योंकि ऐसी चीजें आपको मोटिवेट भी करेंगी। जैसे हर दिन सुबह नहाना और खाना ज़रूरी है बिल्कुल वैसे ही लाइफ़ में डेली बेसिस पर मोटिवेशन भी ज़रूरी है।

3. समय पर सो जाएँ

अगर मुझे एक बहुत ही ज़रूरी फैमिली फंक्शन अटेंड करना है तो भी मैं रात के 8 बजे जाकर 9 बजे तक वापस आ जाऊँगा और 9.30 बजे तक सो जाऊँगा। क्योंकि मुझे सुबह ज़ल्दी उठना है। अगर मैने अपनी ये आदत एक बार तोड़ दी तो मैं सुबह फ्रेश माइंड के साथ नहीं उठ पाऊंगा और मैं इसके साथ कोई समझौता नहीं कर सकता। इसलिए रात में सोने का एक टाइम फिक्स कर लें और उसे उतनी ही इम्पोर्टेंस दें जितनी आप दूसरी चीजों को देते हैं। मोबाइल की लाइट आपके स्लीपिंग पैटर्न को ख़राब

करती है और आपको और बेवकूफ बनाती है कि अभी रात नहीं हुई है। कई लोग ऐसी शिकायत करते हैं कि उन्हें रात में नींद नहीं आती। और अगर आप उनसे पूछेंगे कि वो क्या करते हैं तो कहेंगें कि अपने फोन पर लगे रहते हैं। अब आप ही बताइए कि जब तक आपको समझ ही नहीं आएगा कि अब सोना है तो आप कैसे सोयेंगें? इसलिए सोने से पहले मोबाईल का इस्तेमाल न के बराबर करें।

आपने वो इंग्लिश में भी सुना होगा कि, "Early to bed and early to rise, keeps a man healthy, wealthy and wise." तो आप अगर सुबह एक घंटे भी पहले उठते हैं तो आप अन्य सामान्य लोगों से साल में 365 घंटे आगे चल रहे होते हैं। लेकिन ये ट्रिक सिर्फ़ सुबह के लिए ही है, रात में एक घंटा ज्यादा जागकर कोई फायदा नहीं है। हो सकता है कि रात को आपको कोई कॉल या मेसेज कर ले। लेकिन सुबह के समय कोई भी डिस्ट्रैक्शन नहीं होती और इंसान शांति से अपना कम कर सकता है।

उदाहरण के लिए–

मान लीजिए कि आप एक स्टूडेंट हैं और सुबह का एक घंटा आप अपनी पढाई में लगा रहे हैं। इस तरह जब आपके एग्ज़ाम आएंगे तो आपके पास सबसे ज्यादा नॉलेज होगी। लोगों को लगेगा कि आपके पास कोई जादुई शक्ति है जिससे आपको इतना सारा ज्ञान मिला है। तब आप गर्व के साथ कह सकते हैं कि, ''बिल्कुल, क्योंकि मैने 'सफल ज़िन्दगी के लिए आखिरी किताब' पढ़ी है।''

इस रणनीति को आप जीवन के हर क्षेत्र में अपना सकते हैं। जहाँ आप जो चाहे वो कर सकते हैं। और सोचिये कि अगर आप इस टाइम पीरियड को तीन गुना कर दें तो क्या होगा? सोचना क्या है, बेशक आप बहुत ही आगे निकल जाएंगें।

4. पॉजिटिव सोचें और लिखें

जब आप हमेशा अच्छा सोचेंगे तो आपके साथ अच्छा होगा और आप चीजों को एन्जॉय कर पाएंगें और ये आपको ब्लेसिंग जैसी लगेंगी। आपने पूरे दिन में जो भी अच्छी चीजें की हैं उनके बारे में सोचें, वो कुछ भी हो सकती हैं। जैसे आपने किसी की मदद की हो, पढ़ाई की हो या फिर कुछ

और। सोने के लिए जाने से पहले इसे लिख लें। ऐसा करने से आपके शरीर में पॉजिटिव हॉर्मोन्स रिलीज़ होंगे जिसकी वज़ह से आपके ब्लड में डोपामाइन रिलीज़ होगा और जब आप सुबह सोकर उठेंगे तो एकदम फ्रेश माइंड होंगे। जो कुछ भी आप पूरे दिन में कर रहे हैं आप उसे कहीं नोट कर लें। आप तारीख के हिसाब से भी नोट्स बना सकते हैं और फिर उसे कभी भी पढ़ सकते हैं। ऐसा करने से आपको मोटिवेशन मिलती रहेगा और आप अपनी ज़िन्दगी को बेहतर बनाते रहेंगे। लेकिन इन सबके साथ आपको खुद की अपने अच्छे कामों के लिए तारीफ करनी है। आपको एक ऐसा इंसान बनना है जिस पर हर कोई गर्व कर सके।

5. बिना आलस किये बेड से नीचे उतरें

हमने पहले भी बात की है कि सोने के लिए जाने से पहले अपना फोन खुद से दूर रखें। अलार्म क्लॉक में अलार्म लगाएं और उसे अपने पास रखें, और जैसे ही सुबह का अलार्म बजे तुरंत ही बिना आलस किये उठ जाएँ। अलार्म को स्नूज़ पर न रखें और एक बार आप उठ गए तो दुबारा न सोएं। आप इस आदत को रोज अपनाएं। आप तुरंत उठते ही एनर्जेटिक नहीं फील करेंगे लेकिन धीरे–धीरे आपको अच्छा लगेगा और धीरे–धीरे ये आपकी आदत बन जाएगी। अपने स्लीपिंग टाइम को एडजस्ट करके आप अपना बॉडी साइकिल चेंज कर सकते हैं। आप अगर ज़ल्दी सोयेंगे तो आप ज्यादा नींद भी ले सकते हैं।

6. एक्सरसाइज़ करें

आप सुबह ज़ल्दी उठकर एक्सरसाइज़ कर सकते हैं। एक्सरसाइज़ करने के लिए आप बाहर भी जा सकते हैं या फिर अपने बेडरूम में भी कर सकते हैं। बाहर जाकर आप जॉगिंग कर सकते हैं या फिर घर में ही वर्कआउट कर सकते हैं। जब मैं सुबह उठता हूँ तो मैं 10 मिनट के अंदर जाकर नहा लेता हूँ क्योंकि जब ठंडा ठंडा पानी आपके शरीर पर पड़ता है तो आपका शरीर ऐक्टिव हो जाता है। इसके बाद मैं एक्सरसाइज़ करता हूँ, योगासन करता हूँ और मेडिटेशन भी करता हूँ। और दिन की शुरुआत करने के लिए स्ट्रेचर सबसे बढ़िया चीज है। हमारे कल्चर में या यूं कहें कि हमारी संस्कृति में मेडिटेशन की बहुत इम्पोर्टेंस है लेकिन जैसे–जैसे हम मॉडर्नाइज़ेशन की तरफ़ बढ़ते जा रहे हैं हम मेडिटेशन से दूर जा रहे हैं।

मेडिटेशन का हमारे ऊपर बहुत ही पॉजिटिव असर पढता है। मेडिटेशन के बारे में हम और बातें अगले अध्याय में पढेंगे।

जो भी पॉइंट्स मैने आपको बताए हैं उनमें से पहले 4, आपको सोने से पहले फॉलो करने हैं और बाकी के 2, सुबह उठने के बाद। आप ऊपर के टिप्स फॉलो करके एक फ्रेश और अच्छे दिन की शुरुआत कर सकते हैं। एक चीज जो लोग अक्सर सुबह उठते ही करते हैं वो है– चाय पीना। सुबह के समय दूध वाली चाय नुकसान पहुंचाती है और आपके नर्वस सिस्टम को डैमेज करती है। हो सके तो सुबह उठकर हल्का सा गर्म पानी पियें या फिर ग्रीन टी लें। ऐसा करने से आप एनर्जेटिक फील करेंगे जो फीलिंग आपको नार्मल टी या कॉफी नहीं देगी।

मैं यकीन के साथ कह सकता हूँ कि अगर आपने ऊपर के टिप्स फॉलो कर लिये और इन आदतों को अपने जीवन में उतार लिया तो आपके अंदर बहुत सारे पॉजिटिव चेंजेस आयेंगे और लोग आपसे इंस्पायर भी होंगे। मैं आपको सिर्फ सलाह दे सकता हूँ, मानना या न मानना आपके हाथ में है।

वर्कशीट

1. रात में सोने से पहले आप कितनी देर तक टीवी देखते हैं?

2. आज के बाद, रात में सोने से पहले आप क्या पढ़ना पसंद करेंगे?

3. आप सुबह उठकर कौन सी 5 एक्सरसाइजेस करने वाले हैं?

ए.

बी.

सी.

डी.

ई.

4. आपको कैफीन क्यों नहीं लेनी चाहिए?

5. अगर आप हर दिन बाकी लोगों से एक घंटे ज्यादा का इस्तेमाल करते हैं तो आप क्या रिजल्ट्स दे सकते हैं? आप इस घंटे का इस्तेमाल कहाँ करना चाहेंगे?

अध्याय – 5

मेडिटेशन कैसे करें

मॉर्निंग के 5 रिचुअल्स की इम्पोर्टेन्ट ऐक्टिविटीज़ में से एक है– मेडिटेशन।

मेडिटेशन हम सभी को रोज़ाना करनी चाहिए। ये एक ऐसी स्टेज होती हैं जहाँ आपका माइंड एकदम क्लियर होता है और इमोशंस एकदम शांत। मेडिटेशन करके आप अपनी कॉन्शियसनेस और अवेयरनेस भी बढ़ा सकते हैं। और फिर आप अपने माइंड को और भी अच्छी से यूज़ कर सकते हैं। मैं आपको हाई मेडिटेशन लेवल पर पहुँचने का एक आसान सा रास्ता बताऊंगा। ऐसा करने से आप अपने आपको एकदम से शांत पाएंगे और हर टेंशन से दूर भी।

मैं आपको प्राणायाम के बारे में बताने वाला हूँ। अगर आप बैठे हैं तो आराम से बैठें और अपने दाहिने हाथ की दो उँगलियों को अपने माथे पर रखें और उसी हाथ के अंगूठे से अपने नाक को एक तरफ़ से बंद करें (ऐसा करते हुए आपकी दो उंगलियां आपके माथे पर ही होनी चाहियें)। एक तरफ़ से सास ले और दूसरी तरफ़ से निकालें। अपने बाएं हाथ के अंगूठे और तर्जनी उंगली को जोड़कर 'O' शेप बनाएं और बाकी की उँगलियों को बाहर की तरफ़ रखें। अपने बाएं हाथ को इसी तरीके से अपने घुटने के ऊपर रखें। आपको सिर्फ़ अपनी ब्रीदिंग पर फ़ोकस करना है। आप एक नॉस्ट्रिल से सांस अंदर लेकर दूसरे से बाहर निकालेंगे और फिर उसी से फिर से सांस अंदर लेंगें। अपने आँखें बंद रखें और ऐसा 5 मिनट तक करते रहे। आप महसूस करेंगे कि आपका माइंड एकदम क्लियर हो चुका है और आप अच्छा महसूस कर रहे हैं। आप रिफ्रेश्ड फील कर रहे हैं। आप ऐसा रोज़ करें और धीरे–धीरे इसका टाइम पीरियड बढ़ाएं। एक बात ध्यान रखें कि जब आप सांस बाहर निकालते हैं तो सांस अंदर लेने की तुलना में थोड़ा सा धीरे निकालें।

आप इसको एक दूसरे तरीके से भी कर सकते हैं। आप इसे आँखें खोलकर भी कर सकते है। नीचे बैठ जाएँ और सीधे देखें और अपने हाथ अपने दोनों पैरों के ऊपर रखें और हथेलियों को ऊपर की तरफ़ करें। अपनी आँखों से सिर्फ़ एक तरफ़ देखें और अपने आस–पास की चीजों को बिना किसी जजमेंट के फील करें। अपने माइंड में अपना नाम लें और बार–बार लें।

जैसे मेरा नाम है– "पुष्कर राज ठाकुर"। तो बार–बार अपने माइंड में "मैं पुष्कर राज ठाकुर हूँ" बोलें। ऐसा करते हुए शांति से सांस लें। इसके बाद सिर्फ़ अपना पहला नाम लें और उसी तरह से सांस लें। अब अपना पहला नाम भी हटा दें और सिर्फ़ "मैं" बोलें या "ऊँ" बोलें। इसको अपने माइंड में बोलें। अपने आस–पास की चीजों पर फ़ोकस करते रहे और अपने अंदर की एनर्जी को फील करें। आप देखेंगे कि आप एकदम अलग महसूस कर रहे हैं और आपके माइंड में कुछ भी नहीं है। वो एकदम से खाली है।

यहाँ मैने आपको मेडिटेशन के दो तरीके बताए जिसमें एक आँख खोलकर करना है और दूसरा बंद करके। आप इसे 5 मिनट 10 मिनट या कितनी भी देर तक कर सकते हैं। जितना ज्यादा करेंगे आपका दिमाग उतना ही शांत होगा और आप दिन की शुरुआत बेहतर तरीके से कर पाएंगे।

वर्कशीट

1. कहीं भी किसी शांत स्थान पर बैठ जाइये और प्राणायाम करते हुए 10 मिनट का मेडिटेशन कीजिए।

2. कहीं भी किसी शांत स्थान पर बैठ जाइए और और अपना नाम बार बार लेते हुए मेडिटेशन वाली तकनीक से मेडिटेशन कीजिए।

3. दोनों में से मेडिटेशन के लिए आपको जो भी तकनीक पसंद हो आप उसी का इस्तेमाल करते हुए मेडिटेशन कीजिए और उसे अपना रुटीन बना लीजिए। आपको हर रोज़ दिन में कम से कम 10 मिनट मेडिटेशन करना ही है।

अध्याय – 6

हर दिन का गोल सेट करने का रुटीन बनाएं

इस चैप्टर में आप जो कुछ भी सीखने वाले हैं वो मॉर्निंग रिचुअल्स में सबसे ज्यादा महत्वपूर्ण है। यह बहुत ही इम्पोर्टेन्ट फैक्टर है और हर सक्सेसफुल आदमी इसे फॉलो करता है। आपको भी अगर सक्सेसफुल होना है तो ये आपकी भी दिनचर्या में शामिल होना चाहिए।

ये है– अपने गोल्स सेट करना।

गोल्स सेट करने को लेकर आपने पहले जो कुछ भी सीखा है और आप जो अब सीखेंगे, उन दोनों में अंतर है। आज जो आप सीखेंगे वो पहले वाले का अडवांस्ड वर्ज़न या उन्नत संस्करण है। ये शुरू में आपको थोड़ा सा अजीब लगेगा लेकिन इसे फॉलो करने के बाद आप और भी ज्यादा इफेक्टिव हो जायेंगे। तो पहले मैं आपको बताता हूँ कि हमारी लाइफ़ में दो तरह के गोल्स होते हैं –

1. **ईगो गोल्स, और**
2. **मास्टरी गोल्स।**

इन दोनों के बीच अंतर क्या है?

अगर आपके गोल्स गाड़ी खरीदना, नया घर खरीदना, पैसे कमाना, छुट्टियां बिताने जाना इत्यादि हैं, तो ये सब ईगो गोल्स में आते हैं। हमारे ऐसे गोल्स इसलिए होते हैं क्योंकि हम सामाजिक प्राणी हैं और दूसरों के सामने दिखावा करना हमें भाता है। हम चाहते हैं कि लोग हमारी तारीफ़ करें और अक्सर हम अपने ईगो गोल्स पूरे भी कर लेते हैं। लेकिन इस बुक में हम पर्सनल मास्टरी की बात कर रहे हैं। यहाँ हम दूसरे गोल्स की बात करेंगे।

मान लीजिए आप सोचते हैं कि अगले 5 सालों में आप एक ऑडी

खरीद लेंगे लेकिन इसकी क्या गारंटी है कि वो ऑडी आपके पास हमेशा रहेगी। यहाँ ईगो गोल्स और मास्टरी गोल्स में सबसे बड़ा अंतर ये है कि अगर ईगो गोल्स आप अचीव भी कर लेते हैं तो उनके हमेशा टिके रहने की कोई गारंटी नहीं होती। लेकिन अगर मास्टरी गोल्स अचीव कर लिया तो वे हमेशा आपके पास रहेंगें।

आपको वही मिलता है जो आप डिज़र्व करते हैं, न कि वह जो आप चाहते हैं। आपको जो कुछ भी मिलता है वो आपको उसी अनुपात में मिलता है जिस अनुपात में आप सोसाइटी में डिलीवर करते हैं। लेकिन ध्यान रहे कि आप जो कुछ डिज़र्व करते हैं वो आपको ज़रूर मिलेगा। लेकिन सक्सेसफुल होने से पहले आपको अपनी वैल्यू क्रीऐट करनी पड़ेगी। ईगो गोल्स हमेशा ऑब्जेक्टिव होते हैं, वहीं मास्टरी गोल्स सेल्फ इम्प्रूवमेंट के ऊपर केंद्रित होते हैं। आप जिस फ़ील्ड में भी हैं अगर आप उसमे बेस्ट होना चाहते हैं तो आपको इस बात पर फ़ोकस करना चाहिए कि आप बेस्ट होने के लिए क्या अचीव कर सकते हैं।

उदाहरण के लिए–

मैं बोलचाल से सम्बंधित काम में माहिर हूँ तो मैं ज्यादा से ज्यादा लोगों को अपनी बातचीत से कैसे प्रभावित या इन्फ़्लुएंस कर सकता हूँ? मैं अपनी नॉलेज और कम्युनिकेशन को कैसे बेहतर कर सकता हूँ? मैं अपनी इनकम कैसे बढ़ा सकता हूँ? इन्हीं चीजों पर फ़ोकस करना और इनको इम्प्रूव करना मास्टरी गोल्स के अंदर आता है।

वैसे देखा जाए तो ज़िन्दगी में दोनों ही गोल्स इम्पोर्टेन्ट हैं लेकिन मास्टरी गोल्स पर फ़ोकस करना ज्यादा बेहतर है। अगर आपने अपनी फ़ील्ड में मास्टरी कर ली तो अपनी स्किल्स से आप पैसे कमा पाएंगें और अपने ईगो गोल्स को भी अचीव कर पाएंगें। अगर आप मास्टरी गोल्स पर काम करेंगें तो वो हमेशा आपके साथ रहेंगे और जो कुछ भी आप डिज़र्व करते हैं वो सब आपको मिलेगा। लेकिन अगर आप अपने ईगो गोल्स अचीव करने में लगे रहेंगे तो कोई भरोसा नहीं है कि वो चीजें कब तक आपके साथ रहेंगी। अगर केबीसी (KBC) के किसी कंटेस्टेंट ने 5 लाख रुपये जीते हैं तो वो अपने ईगो गोल्स अचीव कर सकता है लेकिन उसे मेंटेन करने के लिए आपको मास्टरी गोल्स अचीव करने पड़ेंगे। अगर आपके अंदर स्किल्स

हैं तो आपको अपने ईगो गोल्स अचीव करने में भी मदद मिलेगी।

आपके गोल्स अपने आप को मास्टर करने के लिए होने चाहिए। आपको आपके फ़ील्ड में माहिर होना है फिर चाहे वो पर्सनल हो या फिर प्रोफेशनल। हर दिन की शुरुआत के साथ आपको खुद को बेहतर बनाना है और अगर आप ऐसा करते हैं तो आप खुद ही सोचिये कि आपकी लाइफ़ कहाँ से कहाँ पहुँच जाएगी? और अगर आप हर दिन अपने आपको इम्प्रूव करने के लिए काम कर रहे हैं तो आप खुद ही अच्छा महसूस करेंगे और आप और भी मोटिवेटेड होंगे। अहंकार की पूर्ति करने वाले लक्ष्य स्थायी नहीं होते, लेकिन मास्टरी गोल्स हमेशा साथ रहते हैं और आपकी वैल्यू बढ़ाते हैं। एक रिसर्च के अनुसार, हर नए साल की शुरुआत में हम न्यू यीयर रेजूलेशन लेते हैं और बाद में जब हमें वो मुश्किल लगने लगते हैं और हम उन्हें छोड़ देते हैं। ज्यादातर लोग यही करते हैं।

उदाहरण के लिए–

मान लीजिए हमने एक गोल सेट किया है कि हमें S – class मर्सिडीज़ खरीदनी है। कुछ दिनों में आपको ये भान होता है कि यार, ये तो थोड़ा मुश्किल है। और धीरे– धीरे ये E-class हो जाएगी। आपको लगेगा कि दोनों में ज्यादा अंतर तो है नहीं। तो एक ग्रेड कम लेने में क्या जा रहा है और कुछ समय बाद ये C-class हो जाएगी और फिर वही कि क्या फर्क पड़ता है, चाहे S हो या E हो या C हो, है तो मर्सिडीज़ ही न। और अंत में आप अपने गोल्स छोड़ देते हैं। मान लीजिए आप एक फोटोग्राफर हैं और आपको लगता है कि आपको अपने स्किल्स और निखारने की ज़रूरत है। तो आप किस बात पर फ़ोकस करेंगे और कैसे करेंगे? इसे समझने के लिए आप नीचे लिखे स्टेप्स फॉलो कर सकते हैं :

- कौन? मतलब इम्प्रूवमेंट की शुरुआत किससे होती है। तो शुरुआत आपसे होती है और अपने इस मास्टरी गोल के लिए आप खुद रिस्पॉन्सि. बल हैं।
- क्यों? आप बेस्ट क्यों होना चाहते हैं ये आपको लिखना है और कैसे बनना है वो अपने आप हो जाएगा। क्योंकि जिस स्टेज पर अभी आप हैं आपको हर चीज का उत्तर नहीं पता है। दो साल पहले आपको चीजों के बारे में इतना नहीं पता था जितना आज पता है। ठीक वैरो ही दो साल

बाद आपके पास आज से ज्यादा नॉलेज होगी। यहाँ पर अगर आपने "क्यों" का पता कर लिया तो "कैसे" अपने आप हो जाएगा। इसलिए आपको "क्यों" पर ज्यादा फ़ोकस करना है। अगर उस काम को करने के लिए आपके अंदर स्ट्रांग इमोशंस हैं तो फिर फ़र्क नहीं पड़ता कि वो कैसे होगा।

➢ क्या? इसके लिए आपको क्या करना होगा? उसका प्रोसेस क्या होगा? ये सब कहीं लिख लीजिए और ये आपके सबकॉन्शियस माइंड में स्टोर हो जाएगा।

➢ कहाँ से? इसकी शुरुआत कहाँ से होगी? जब मैने मेरा बिज़नेस शुरू किया, तब मेरे मेंटर ने मुझे मेरे कब? क्यों? कैसे? के बारे में बताया कि ये बहुत ही इम्पोर्टेन्ट चीजें हैं।

➢ कब? अगर आपका बिज़नेस सीज़न ओरिएंटेड है यानी मौसमी का. रोबार है और सीज़न अभी है तो अभी अपने बिज़नेस की शुरुआत करें।

आपने जो मास्टरी गोल्स बनाए हैं उन्हें अभी पूरा करें। माइकल जैक्सन घंटों शीशे के सामने खड़ा होकर डांस की प्रैक्टिस किया करता था। उसे जितनी भी तारीफें मिलती हैं वो सब, वो डिज़र्व करता है। तेंदुलकर घंटों तक नेट पर प्रैक्टिस किया करता था । उनके पास फ़रारी इसीलिए है क्योंकि वह अपने फ़ील्ड के मास्टर हैं और वो ये सब सक्सेस डिज़र्व करते हैं।

लेकिन हर कोई अपने फ़ील्ड का मास्टर नहीं हो सकता क्योंकि सभी की कोई न कोई सीमा होती है। लेकिन हमेशा दो चीजें होती हैं, एक तो वो कि हम बेस्ट या सबसे अच्छा क्या कर सकते हैं और दूसरी वो कि हम क्या–क्या कर सकते हैं। जब मैने मेरे वर्कआउट की शुरुआत की थी तो मैं 20–25 पुशअप ही कर पाता था। हो सकता है कि आपके साथ भी ऐसा ही होता हो। उस समय मेरे लिए वही बेस्ट था। फिर मैने खुद से पूछा कि क्या यही मेरा बेस्ट है? और इसका उत्तर था– नहीं, अगर मैं थोड़ा सा रेस्ट कर लूँ तो मैं और कर सकता हूँ। तो मैने दो मिनट का रेस्ट लिया और फिर 20 पुशअप और किये। और फिर थोड़ा रेस्ट और फिर पुशअप। ऐसा मैं तब तक करता रहा जब तक मैंने ढेर सारे पुशअप नहीं कर लिये। शुरू में मेरी पुशअप की लिमिट 20 थी लेकिन फिर मैने इसे बढ़ाने के ऊपर फ़ोकस किया और मेरी लिमिट बढ़ी भी और मैं 80 पुशअप करने लगा। ऐसा आपके

बिज़नेस, इनकम, नॉलेज किसी भी चीज के साथ हो सकता है। आपको एक बिलीफ़ सिस्टम बनाने की जरूरत है कि आपको सिर्फ़ अपना बेस्ट ही नहीं देना है। वो सब कुछ करना है जो आप कर सकते हैं। आप खुद का ही बेस्ट बर्ज़न बन सकते हैं।

हम में से ज्यादातर लोग जब अपने गोल्स की बात करते हैं तो हम उन्हें बहुत बड़ा बना देते हैं। लेकिन मुझे लगता है कि जब आप बड़े गोल्स रखेंगे तभी तो बड़ा मोटिवेशन मिलेगा और बड़े मोटिवेशन्स से आप बड़े कदम भी लेंगे और परिणाम भी अच्छे ही मिलेंगे। इसलिए बड़े रिज़ल्ट्स अचीव करने के लिए आपके सपने भी बड़े होने चाहिए। सपने हमेशा बड़े होने चाहिए लेकिन इन्हें पूरा करने के लिए आपको जो स्टेप्स लेने हैं वो छोटे होने चाहिए। चलिए मैं इस बात को उदाहरण देकर समझाता हूँ। मान लीजिए कि मैं एक दिन में 100 पुशअप करना चाहता हूँ, हो सकता है कि मैं कर भी लूँ। लेकिन फिर अगले दिन मेरे शरीर में बहुत दर्द होगा और हो सकता है कि मैं न कर पाऊं। तो ऐसे में मैं दिन के 20 पुश अप्स से शुरुआत करूंगा और फिर थोड़ा थोड़ा रेस्ट लेकर आगे बढूंगा। अगले दिन मैं 60 पर पहुँच जाउँगा और ऐसे ही धीरे–धीरे करके मैं 100 तक पहुँच जाऊँगा। तो अगर आप एक कंटिन्युअस प्रोसेस में हैं तो आपको वो चीज हर दिन करनी है जो आपको बेस्ट तक ले जाए। आपको ये चीजें लगातार करनी हैं क्योंकि इसी से आप मास्टर बनेंगे। अपनी लिमिट को हर दिन थोड़ा–थोड़ा करके बढ़ाएं और फिर देखें कि क्या होता है।

हमें अपने स्टेप्स को भी प्रायोरिटाइज़ करने की ज़रूरत है। अगर आपके पास 5 गोल्स हैं तो आपको देखना है की सबसे पहले कौन सा पूरा करना है। अगर आप ऐसा करते हैं तभी आप इन्हें अचीव कर पायेंगें। कई लोग कहते हैं कि अपने काम से प्यार करो, आप जो भी कर रहे हो उसमें अपनी खुशी ढूंढो। मैने भी ऐसा करना शुरू किया। मैने जो काम किया वो तब तक किया जब तक मैने उस काम से प्यार किया और उसे एन्जॉय किया। फिर जब मुझे मेरे काम में मज़ा नहीं आया तो मैने उसे वहीं बंद कर दिया। मुझे किताबें पढ़ना पसंद है लेकिन सिर्फ तब तक, जब तक मुझे अच्छा लग रहा है या मैं एन्जॉय कर रहा हूँ और मेरा मन नहीं करेगा तो मैं पढ़ना बंद कर दूंगा।

मुझे कुछ काम करके जो रिज़ल्ट चाहिए वो अगर नहीं मिलेगा तो मैं काम करना बंद कर दूंगा। तो सभी को रिज़ल्ट पसंद आना चाहिए न कि काम। मोहम्मद अली ने एक बार कहा था कि उनको प्रैक्टिस और ट्रेनिंग करना पसंद नहीं है लेकिन जब वो जीतते हैं तो उन्हें बड़ा मज़ा आता है। मैं तो ये मानता हूँ कि काम से ज्यादा हमें परिणाम से प्यार करना चाहिए। अगर आप सेल्स में हैं और आपको बात करना पसंद नहीं है फिर भी आप कीजिए क्योंकि आपको रिज़ल्ट्स चाहिए। सुबह जल्दी उठने की आदत डालिए क्योंकि आपको रिज़ल्ट्स चाहिए। आपका फ़ोकस सिर्फ रिज़ल्ट्स पर होना चाहिए।

हमेशा ध्यान रखें कि अगर आप ऐसा कुछ करते हैं जो आपको पसंद नहीं है तो आपको हमेशा वो मिलेगा जो आपको पसंद आएगा। और अगर आप कुछ ऐसा करेंगे जो आपको पसंद है तो जो रिज़ल्ट मिलेगा वो आपको बिल्कुल भी पसंद नहीं होगा। तो उन चीजों के ऊपर फ़ोकस कीजिए जो आपको पसंद नहीं क्योंकि ऐसा करने से ही आपको आपकी मनपसंद ज़िन्दगी मिलेगी।

जब भी आपको आपके द्वारा किये गए काम के रिज़ल्ट्स मिलेंगे तो वो पॉजिटिव या निगेटिव कुछ भी हो सकते हैं। और ज्यादातर रिज़ल्ट्स फेल या निगेटिव ही होते हैं। महान साइंटिस्ट एडिसन भी कई बार फेल हुए थे। लेकिन उन्होंने कभी भी उम्मीद नहीं छोड़ी। उन्होंने कभी नहीं कहा कि वो फेल हुए और हर बार वो नयी सीख के साथ अपने एक्सपेरिमेंट करते गए। अगर आप अपने बिज़नेस में फेल होते हैं तो ये फेलियर नहीं है बल्कि एक एक्सपेरिमेंट है और आप इससे कुछ सीख ही रहे हैं। एक साइंटिस्ट एक ही रिज़ल्ट पाने के लिए पता नहीं कितने दिन एक्सपेरिमेंट करता है और हर फेलियर के बाद उसे नया लेसन मिलता है। आप भी घबराएं नहीं और अपने गोल्स सेट करें और उनमें मास्टरी करें और हर दिन कुछ नया सीखना एक रिचुअल की तरह है।

ये सीखने के बाद आपको क्या करना है कि अपने लिए ऐक्शन प्लान्स बनाने हैं और मास्टरी गोल्स को अचीव करना है। आप अपनी आदत बना लीजिए कि जब भी सुबह अपने दिन की शुरुआत करेंगें तो एक पेन और पेपर लेकर बैठेंगे और उन सभी गोल्स की लिस्ट बनायेंगे जो आप अचीव करना चाहते हैं।

वर्कशीट

1. आपके मास्टरी गोल्स क्या हैं?

2. अपने मास्टरी गोल्स के अचीव करने के ऐक्शन प्लान स्टेप बाय स्टेप एक पेपर पर लिखें।

अध्याय – 7

ये आदत आपकी ज़िन्दगी बदल देगी

इस चैप्टर का टॉपिक एक गेम चेंजर जैसा है, जिसका नाम है– हर दिन कुछ नया सीखने की आदत।

मॉर्निंग के जिन 5 रिचुअल्स की बात हमने की है, उनमें सबसे ज्यादा महत्वपूर्ण और सबसे जरूरी है– हर रोज़ कुछ नया सीखने की आदत। ये आदत बहुत ही अच्छी है और ये आपको आपके आस पास, आपके दोस्तों के बीच, आपके बिज़नेस और आपकी लाइफ़ के और भी फ़ील्ड में कॉम्पिटिटिव अडवांटेज देगी। एकदम सिंपल भाषा में आप दूसरे लोगों से बेहतर बन जाएंगे। आपके आस–पास कई सारे लोग होते हैं जो हर दिन कुछ नया नहीं सीखते लेकिन आप ऐसे नहीं हैं और हर दिन कुछ नया सीखकर अपने थॉट्स को और भी पॉलिश करते हैं। आप लगातार नयी और पॉजिटिव चीजों को अपने माइंड में ला रहे हैं जिसकी वजह से आपका माइंड और शार्प तथा अपडेट हो रहा है। इसलिए हर सुबह जब आप उठते हैं तो आप पिछले दिन से बेहतर होते हैं।

आपने पूरे साल यही प्रैक्टिस की तो क्या आपको अंदाजा है कि आपका माइंड किस लेवल पर होगा? आप दूसरों से बहुत आगे निकल चुके होंगे और आपका माइंड दूसरे ही लेवल पर डेवलप हो चुका होगा। मैं यही कम्पाउंडिंग इफेक्ट आपकी लाइफ़ में लाना चाहता हूँ और मैं आपको बताऊंगा कि आप हर दिन नयी चीज कैसे सीख सकते हैं।

1. 60 मिनट स्टडी

यहाँ पर मैने 60 मिनट रीडिंग और लर्निंग की बात नहीं की है बल्कि स्टडी की बात की है। अब हो सकता है कि आप सोच रहे हों कि स्टडी क्या है? तो स्टडी, रीडिंग और लर्निंग का डीपर वर्ज़न यानी गहन संस्करण

है। आप जो कुछ भी कर रहे हैं कीजिए, लेकिन हर दिन 60 मिनट का समय निकालकर कुछ न कुछ स्टडी ज़रूर कीजिए। मैने जब इस चीज को शुरू किया था तब से इसने मेरी लाइफ़ में बहुत ही अच्छा असर डाला। तो कोशिश करें कि हर दिन सुबह के समय थोड़ी फुर्सत निकालकर अपने आपको समय दें और हर दिन आप कुछ स्टडी करें। एक साल में आपके पास बहुत सारी नॉलेज आ जाएगी। अगर आप हर दिन ऐसा करेंगे तो आप दूसरों से बहुत आगे निकल जाएंगे क्योंकि ज्यादातर लोग ऐसा नहीं करते इसलिए उनकी नॉलेज भी अपग्रेड नहीं होती है। एक स्टूडेंट के तौर पर आपका कंम्पिटिशन बढ़ता है और आपका रिज़ल्ट ही दिखाता है कि आपने क्या किया है और कितना किया है। अगर आप एक बिज़नेसमैन हैं तो आपकी उस फील्ड में नॉलेज बहुत ही ज्यादा होनी चाहिए।

एक बार मैं अपने एक दोस्त के साथ था और हम दोनों बिज़नेस मॉडल डिसकस कर रहे थे। उसने मुझसे कहा कि काम तो हो सकता है लेकिन इसके लिए हमें पैसों की ज़रूरत पड़ेगी। मैने उससे पूछा, "सच में"? मैने कहा कि मान लो कि किसी बिज़नेस को शुरू करने के लिए तुम्हारे पास 100 करोड़ रुपये हैं, अब तुम बताओ कि क्या तुम इसे 1,000 करोड़ बना सकते हो? मैने कहा कि ये सिर्फ पैसों की बात नहीं है, कुछ शुरू करने के लिए हमें नॉलेज भी उतनी ही चाहिए। वारेन बफेट, नवीन जैन और अजीत जैन जैसे लोगों के पास ये ज्ञान है कि पैसे कैसे बनाते हैं। जो ज्ञान इनके पास है वो हमारे पास नहीं है। तो पैसे बनाने के लिए भी ज्ञान जरुरी होता है।

2. क्या पढ़ें

अब सवाल ये है कि क्या पढ़ें तो मैं आपको बता दूँ कि आपकी टेक्स्टबुक या पाठ्य पुस्तिकाएं बिल्कुल भी मैटर नहीं करतीं। जब न्यूटन ने ग्रैविटी की खोज की थी तो इसे उसने स्कूल के असाइनमेंट या किसी कोर्स को पूरा करने के लिए नहीं की थी। बल्कि उसकी जिज्ञासा थी। E = mc2 भी स्कूल का दिया हुआ होमवर्क नहीं था, जो आइंस्टाइन ने पूरा किया। पिकासो से किसी ने आर्टिस्ट बनने को नहीं कहा था या फिर कोहली को बैट्समैन बनना है ये कोई कम्पल्शन नहीं था। लेकिन ये सभी अपनी फ़ील्ड के मास्टर बनना चाहते थे। इस दुनिया में बहुत सारी चीजें हैं सीखने के

लिए लेकिन इसके लिए आपमें सीखने की भूख होनी चाहिए और थोड़ा खाली समय भी। आप हर दिन कुछ नया सीख सकते हैं और खुद को बेहतर बनाने के लिए अपने ऊपर काम कर सकते हैं। आप जिस फील्ड में हैं उस फील्ड के बारे में ज़्यादा से ज़्यादा जानने की क्यूरियोसिटी डेवलप करें। आपको एक गोल सेट करना है कि आपकी फील्ड में आपको कितना आगे जाना है और उसके लिए जो हो सकता है वो करें।

3. दूसरों को सिखाने के लिए सीखें

मैं दूसरों को सिखाने और प्रशिक्षण देने के लिए स्टडी करता हूँ। जब मैं जिम में होता हूँ और मेरा जिम ट्रेनर मेरे ऊपर किसी चीज के लिए चिल्लाता है तो मैं उसे ध्यान से सुनता हूँ, मैं कोई भी चीज मिस नहीं करना चाहता इसलिए मैं अपना पूरा फ़ोकस उस चीज पर देता हूँ। क्या आप भी ऐसे ही स्टडी करते हैं? अगर आप बैडमिंटन में बेस्ट होना चाहते हैं तो आपको किसी बैडमिंटन के प्लेयर से बात करनी पड़ेगी और वो आपको बातएंगा कि आपको क्या सीखना चाहिए।

आप मुझे बताइये कि आप किस फील्ड में मास्टर हैं? अगर मैं खाना बनाना सीख रहा हूँ तो मैं इस तरह से सीखूंगा कि मैं दूसरों को भी सिखा सकूं। सीखते हुए मैं कोई भी डिटेल्स नहीं मिस करूंगा ताकि मैं दूसरों को अच्छे से सिखा सकूं। मुझे ये भी ध्यान से देखना पड़ेगा कि जो डिश मैं बनाना सीख रहा हूँ उसमें क्या कुछ पड़ रहा है। साथ ही कितने लोगों के लिए ये कितने देर में तैयार हो सकती है। मुझे छोटी बड़ी हर डिटेल के ऊपर ध्यान रखना पड़ेगा।

क्या आप इस बुक को ऐसे ही स्टडी कर रहे हैं जैसे आप किसी को सिखाना चाहते हैं?

मैं कई सारे मोटिवेशनल स्पीकर्स के वीडियो देखता हूँ और जब मैं उनसे सीखता हूँ तो देखता हूँ कि वो कहानियां सुनाते हैं। मोटिवेशनल स्पीकर्स जब भी बोलते हैं तो उनके पास कोई न कोई टॉपिक होता है और जब मैं उनको सुनता हूँ तो इस बात पर ध्यान देता हूँ कि वो क्या टॉपिक ले रहे हैं या मान लीजिये कि एक सेशन में वो किसी टॉपिक के 3 सब टॉपिक लेते हैं। फिर मैं ये देखता हूँ कि उन सब टॉपिक्स में वो कितने

सबपॉइंट्स ले रहे हैं। दूसरे सब टॉपिक में वो 2 सबपॉइंट्स मेंशन करते हैं और तीसरे सब टॉपिक में 4 सबपॉइंट्स मेंशन करते हैं। मैं ये सभी चीजें अपने ध्यान में रखता हूँ और डाइग्राम बनाता जाता हूँ। ऐसा करने से मुझे चीजें आसानी से समझ आ जाती हैं और मेरे पास प्रॉपर नोट्स और डायग्राम होते हैं। ऐसा करने से मैं दूसरों को भी सिखा सकता हूँ। ऐसा अगर आप रोज़ करते हैं तो आपका माइंड डेवलप होता है। इसलिए अपने माइंड को ऐसे ट्रेन्ड करें जैसे आपको किसी और को ट्रेन्ड करना है।

हर इंसान के सिखाने का अपना अलग ही तरीका होता है। मैं दूसरों को सिखाने के लिए सीखता हूँ इसलिए मेरी नॉलेज काफी स्ट्रांग है। एक मास्टर हमेशा अपनी मास्टरी के ऊपर फ़ोकस करता है। जब आप ड्राइविंग सीखते हैं तो आपको ये ऐसे सीखना है कि अगर किसी और को सिखाने की जरूरत पड़े तो आप दूसरों को भी सिखा सकें। आपको ऐसे सीखना है जैसे आपको पहले ही पता हो कि आपको सिखाना है। कई सारी चीजें ऐसी हैं जो आपने भी गलत सीखी होंगी। तो आपको उन्हें फ़िर से सीखना है। अगर आप किसी डिश को गलत तरीके से बनाते थे तो आपको इसे सही तरीके से बनाना सीखना है।

4. जो भी स्टडी करें उसकी प्रैक्टिस करें

जब भी आप कुछ सीखते हैं तो उसे आप दोबारा सीखने के लिए तैयार रहें। आपने जो सीखा है अगर आप उसकी प्रैक्टिस नहीं करेंगें तो पूरी संभावना है कि आप उसे भूल जाएं। मान लीजिये कि आपने कोई डिश यानी व्यंजन बनाना सीखा और बनाया भी लेकिन वो उस तरह नहीं बना जैसा आपको चाहिए था, तो आप क्या करेंगें? आप उस रेसिपी पर वापस जायेंगे या फिर वीडियो देखेंगे और फिर से सीखेंगे। लेकिन अगर आप प्रैक्टिस नहीं करेंगें तो आप इसे भूल जायेंगे। इसमें मास्टर होने के लिए आपको ये डिश बार–बार बनाने की ज़रूरत है ताकि आप इसे भूलें नहीं। जब आप किसी शॉट की प्रैक्टिस करते हैं और मैच खेलते हैं तो हर आने वाले मैच में आप इसे बेटर खेल पाते हैं। जब आप कोई फार्मूला प्रैक्टिस करते हैं तो आप इसे नहीं भूलते। पेन और पेपर आपके दोस्त की तरह होते हैं, मुझे तो ये बहुत पसंद हैं क्योंकि मैं इन पर जो चाहूँ लिख सकता हूँ। इसलिए, जितनी हो सके उतनी प्रैक्टिस कीजिये।

5. फ़ास्ट रीडिंग

मुझे किताबें पढ़ना कभी पसंद नहीं था लेकिन मैने इसे अपनी हैबिट बनाया साथ ही मैंने फ़ास्ट रीडिंग की हैबिट भी बनाई। क्योंकि मेरे पास ज्यादा समय नहीं होता था। जब मैं स्कूल में था तो अपने एग्जाम से आधे घंटे पहले मैं अपना फोन स्विच ऑफ करके वो सभी चीजें पढता था जो मुझे लगता था कि जरूरी है। मैं एकदम दुनिया से दूर, उन्हीं चीजों पर फ़ोकस करता था जो मेरे हिसाब से जरूरी थीं। मैंने जो कुछ भी पहले नहीं पढ़ा होता था फटाफट उन चीजों को पढ़ता था। ऐसा मैं इसलिए कर पाता था क्योंकि मैं फोकस्ड था, मेरा दिमाग अब वो सब कुछ सीख सकता है जो मुझे कुछ दिन पहले तक नामुमकिन लगता था। ठीक ऐसा ही कई सारे स्टूडेंट्स के साथ होता है और आप तो जानते ही हैं कि लास्ट मिनट का पढ़ना कैसे रिज़ल्ट्स दे सकता है।

इसी तरह मुझे ये भी पता है कि मुझे क्या सिखाना है। हम हर चीज में पढ़ते हैं, न सीखते हैं और न ही सिखाते हैं। जब पढ़ने की बात होती है तो हम वही पढ़ते हैं जो जरूरी होता है। फ़ास्ट रीडिंग आप तब कर पायेंगें जब आप स्टॉप वॉच लेकर बैठेंगे। आप अपने माइंड में रीड कर रहे होंगे और इसे सब–वोकॅलाइज़ेशन कहते हैं। हमें वो चीज पकड़नी है जो इम्पोर्टेन्ट है। यकीन मानिये अगर आपने ऐसा कर लिया तो फ़ास्ट रीडिंग के साथ अंडरस्टैंड भी कर पायेंगें।

डेली रीडिंग और स्टडी करने की आदत डालें और फ़ोकस्ड रहे। आपके आस–पास बहुत सारी डिस्ट्रैक्शंस हैं, लेकिन आपको फ़ोकस्ड होकर काम करना है। ये आदत आपकी वैल्यू भी बढ़ाएगी। आप अपनी लाइफ़ में कितने भी बिज़ी क्यों न हों, 60 मिनट का टाइम निकल कर कुछ न कुछ स्टडी ज़रूर कर लें। ऐसा करने से पहले सोने की सोचें भी नहीं। आप किसी भी मोटिवेशनल स्पीकर को सुनें, यकीन मानिये, आप खुद में बदलाव देखेंगें। आप खुद के ही बेटर वर्ज़न बनेंगे।

वर्कशीट

1. अगले 5 सालों में आप खुद को कहाँ देखते हैं?

2. वहां तक पहुँचने के लिए आपको अपने अंदर कौन सी स्किल्स डेवलप या इम्प्रूव करनी है?

3. अपनी स्किल्स को इम्प्रूव करने या डेवलप करने के लिए आपको क्या सीखने की जरूरत है?

अध्याय – 8

फिट और ऐक्टिव कैसे रहें?

इस चैप्टर में मैं जिस रिचुअल की बात कर रहा हूँ वो मुझे हर दिन ढेर सारी एनर्जी देती है। मैं हर सुबह और हर दिन बहुत ही ज्यादा ऐक्टिव और एनर्जेटिक फील करता हूँ। वो रिचुअल है– डेली एक्सरसाइज़।

एक्सरसाइज़ करने की आदत मुझे बचपन से नहीं थी और मैंने ये जानबूझ कर अपनाई है। और मैं चाहता हूँ कि आप लोग भी इसे जानबूझ कर ही अपनाओ। क्योंकि एक्सरसाइज़ करना एक ऐसी आदत है जो अन्य सारी बुरी आदतों को आपसे दूर रखती है। इससे आप अपनी हेल्थ को भी इम्प्रूव कर सकते हैं और खुद को फिट और ऐक्टिव भी रख सकते हैं।

ऐसा कहा जाता है कि एक स्वस्थ शरीर में स्वस्थ दिमाग रहता है। मुझे लगा कि मुझे भी इस पर ध्यान देना चाहिए। मैंने बचपन से सुना था कि हमारे अंदर भगवान रहते हैं, लेकिन वो तो मंदिर में भी रहते हैं। फिर मुझे एहसास हुआ कि हमारा शरीर या बॉडी भी मंदिर की तरह है और मैंने डिसाइड किया कि मुझे इसका ख्याल रखना है। जैसे हम मंदिर का ख्याल रखते हैं और वहां की साफ–सफाई का ध्यान रखते हैं। ठीक उसी तरह हमें अपनी बॉडी का भी ख्याल रखना चाहिए। कई सारी धार्मिक किताबों में लिखा है कि आपका जो शरीर है वो ऊपर वाले की देन है और आप इसके साथ कुछ गलत नहीं कर सकते। कोई भी ऐसा काम जो आपके शरीर के लिए नुक़सानदायक है, आपको नहीं करना चाहिए। आपकी शरीर या बॉडी ही वो मंदिर है जहाँ भगवान रहेंगे। इसलिए हमें हर दिन एक्सरसाइज़ करने, अच्छा खाने और अपनी बॉडी को मेंटेन करने की आदत डालनी चाहिए।

जब भी आप सुबह सोकर उठते हैं (जितनी जल्दी हो सके उतनी जल्दी कोशिश कीजिये), तो जो सबसे पहला काम आपको करना है वो है– नहाना। आप बिना पानी या फ्लूड के पिछले 6–7 घंटों से सो रहे होते हैं,

इसलिए नहाना जरूरी होता है। और अगर आप रोज सुबह गर्म पानी पीने की आदत डालते हैं, तो उससे अच्छा कुछ हो ही नहीं सकता। क्या आपको पता है कि जापानी लोग वर्ल्ड के हैल्दीएस्ट लोगों में से हैं और वे सभी गर्म पानी पीते हैं। जब आप ठंडा पानी पीते हैं तो आपकी बॉडी उस पानी के तापमान को बॉडी के तापमान तक लाने के लिए एनर्जी का इस्तेमाल करेगी, जो वेस्ट हो जाती है। गर्म पानी पीने से हमारी बॉडी हाइड्रेट होती है और साथ ही डिटॉक्सीफाई भी होती है।

आप अपनी बॉडी को और भी डिटॉक्सीफाई करने के लिए मेडिटेशन कर सकते हैं और साथ ही नेचुरल साइट्रस जूस भी पी सकते हैं। आजकल हम जो भी खाते हैं, उसमें केमिकल पड़े होते हैं, इसलिए हमें अपनी बॉडी को डिटॉक्सीफाई करना बहुत जरूरी है। इसे अगर आप सुबह के समय करते हैं तो और भी अच्छी बात है। साथ ही आपको ऐसे फ्रूट्स खाने हैं जो आपका मेटाबॉलिज़्म बढ़ाएं। आपको सुबह के समय ब्रेकफास्ट ज़रूर लेना है। सुबह 8 बजे तक आपको ब्रेकफास्ट कर ही लेना चाहिए । लेकिन ज्यादातर लोग 8 बजे तक सोकर ही उठते हैं तो उनके लिए ये मुमकिन नहीं होता। मान लीजिये कि आप सुबह 5 बजे सोकर उठ रहे हैं और आपको बॉडी डिटॉक्सीफाई करनी है। तो इसके लिए आपको एक्सरसाइज़ करने की ज़रूरत है। एक्सरसाइज़ की शुरुआत आप स्ट्रेचिंग से करें। फिर 20 20 के 5 सेट्स पुशअप करें। उसके बाद ही सूर्य नमस्कार करें। पुशअप न सिर्फ़ आपके सीने को , बल्कि आपके पेट को भी मजबूत बनाता है। मुझे तो लगता है कि सूर्य नमस्कार सबसे बढ़िया एक्सरसाइज़ है, इसलिए इसके भी 5 सेट्स करें। आपका फिटनेस लेवल एकदम ऊपर चला जाएगा। अगर आप एक बार में एक्सरसाइज़ नहीं कर पाते हैं तो आप उसे दो पार्ट्स में डिवाइड कर लें और थोड़ी सुबह करें और थोड़ी शाम को। ठीक इसी तरह पूरे दिन थोड़ा–थोड़ा खाना खाया करें, ऐसा नहीं कि एक ही बार में तो ढेर सारा खा लिया और बाकी दिन भर भूखे रहे।

एक बार किसी ने मुझसे कहा था कि, "डाइबबिटीज़ सबसे अच्छी बीमारी है क्योंकि इसके होने के बाद अब मैं रोज़ एक्सरसाइज़ करता हूँ जिससे मेरा शुगर लेवल कम रहता है। इससे पहले मैंने कभी भी एक्सरसाइज़ नहीं किया, लेकिन अब मुझे इसमें बहुत मज़ा आ रहा है।" फिर मैंने उनसे कहा

कि अगर यही काम आप पहले करते तो शायद आपको आज डाइबिटीज़ ही नहीं होती।

मुझे पता है कि जो कुछ भी मैं आपको बता रहा हूँ वो लाइफ़ चेंजिंग है। अगर आप एक टाइम में वर्कआउट नहीं कर सकते तो उसे सुबह और शाम में बांट कर सकते हैं। ठीक इसी तरह एक बार में ढेर सारा न खाएं बल्कि थोड़ा–थोड़ा करके कई बार खाएं।

फिट रहने के लिए ज़िम जाना भी जरूरी है और जब आप वेट लिफ्ट करते हैं, तो अपनी मसल्स पर स्ट्रेस डालते हैं और जब इन पर स्ट्रेस पड़ता है तो ये टूटती हैं और फिर आप इन मसल्स को प्रोटीन लेकर फिर से बना सकते हैं। जब ये मसल्स फिर से बनती हैं तो ये और भी ज्यादा स्ट्रांग होती हैं। आपको एक्सरसाइज़ को अपने डेली रुटीन मे लाना है और ज़रूरी नहीं कि ये ज़िम जाकर ही किया जाए, आप घर में भी एक्सरसाइज कर सकते हैं। अगर आप अपने मसल्स रिबिल्ड नहीं करते तो आपको मसल एट्रोफी हो जाएगी। जिस चीज का भी आप इस्तेमाल नहीं करते वो वेस्ट होनी शुरू हो जाती है। अगर आप मसल्स का इस्तेमाल नहीं करते हैं तो फैट जमा होगा जिसकी वजह से आपको दिक्कतें आएंगी। आपकी बॉडी रेस्ट करने के लिए नहीं बनी है और इसे हमेशा ही कुछ न कुछ करते रहना चाहिए। अगर आप इसको चलाएंगे नहीं तो ये पीछे की तरफ ही जाएगी। यानी नष्ट होती जाएगी।

अगर आप इसे डेवलप नहीं करेंगें तो ये बेकार हो जाएगी। अगर आप सोचें कि आपकी बॉडी सारी लाइफ़ बिल्कुल इसी तरह की रहे तो ये मुमकिन नहीं है। या तो ये बेहतर होगी या बदतर। अब फैसला आपके हाथों में है। जैसे हम एक पौधे को देखते हैं कि जब वो पनपता नहीं या बड़ा नहीं होता तो मुरझाने लगता है। ठीक उसी तरह हमारी बॉडी यानी शरीर है। अब ये आपके ऊपर निर्भर करता है कि आपको क्या करना है। आप मसल्स को डेवलप नहीं करेंगें तो मसल एट्रोफी हो जाएगी और मसल्स पर चर्बी जम जाएगी। और अगर मसल्स नहीं बचेंगी तो आप काम नहीं कर पायेंगें। आपने देखा होगा कि बहुत सारे लोग बोलते हैं कि वो जल्दी थक जाते हैं, क्या आपको पता है कि ऐसा क्यों है? क्योंकि उनकी बॉडी में मसल्स की जगह फैट होता है। इसलिए आपको फैट नहीं मसल्स बनानी है। आप चाहें

किसी भी उम्र के क्यों न हों आप मसल्स बनाइये क्योंकि वही हेल्दी बॉडी है।

तो आप सुबह जल्दी उठें और मॉर्निंग रिचुअल्स करें। समय से उठें और रिफ्रेश्ड उठें, अपनी बॉडी को डिटॉक्स करें और एक्सरसाइज़ करें । याद रखें कि मेडिटेशन भी करना बहुत ज़रूरी है। अपने पूरे दिन का स्केड्यूल बनाएं और उसे पूरा करें । लाइफ़ में आगे बढ़ने के लिए लक्ष्य का होना बहुत ही ज़रूरी है। एक्सरसाइज़ करने के लिए भी गोल्स सेट करें । किसी फिटनेस ट्रेनर से कंसल्ट करें और पता करें कि फिट रहने के लिए आपको क्या करना है या फिर आप कोई ऐप भी डाउनलोड कर सकते हैं, जो आपको आपकी फिटनेस के बारे में गाइड करेगा। प्रतिदिन के किए गए छोटे–छोटे ऐक्शन्स एक दिन बड़ा रिजल्ट देंगे।

वर्कशीट

फिट और ऐक्टिव रहने के लिए आप क्या स्टेप्स लेने वाले हैं?

डेली रुटीन

अध्याय – 9

सफल लोगों की दिनचर्या

ज़िन्दगी जीने के लिए आप जिन चीजों का चुनाव करते हैं, असल में आपकी ज़िन्दगी उन्हीं चीज़ों पर निर्भर करती है। आज मैं आपको सिखाऊंगा कि आप अपना रुटीन कैसे ठीक रखें। आज हम 8 X फैक्टर्स के एक दूसरे फैक्टर के बारे में बात करने वाले हैं जिसका नाम है – "गेट योर रुटीन राइट"।

इसका मतलब है, अपना रुटीन सही रखें। आज मैं आपको एक अलग माइंडसेट देने वाला हूँ। आपमें से कई लोग होंगें जो आज तक अपनी कुछ आदतों की वज़ह से अपना समय बर्बाद कर रहे थे। लेकिन इस चैप्टर को पढ़ने के बाद आप अपने–आप में सुधार महसूस करेंगे। आप अपनी लाइफ़ का कंट्रोल अपने हाथ में ले लेंगे। मैं आपको इस चैप्टर में इन्वेस्टर्स वाला माइंडससेट देने वाला हूँ। एक इन्वेस्टर वो होता है जो किसी चीज पर इन्वेस्ट यानी निवेश करता है। लेकिन क्या उसे उसका रिटर्न तुरंत या उसी दिन मिल जाता है? नहीं, उसे उसका रिटर्न धीरे–धीरे मिलता है और वो यह भी चाहता है कि उसका इन्वेस्टमेंट ग्रो करे, मतलब जितना उसने इन्वेस्ट किया है उससे ज्यादा उसे वापस मिले।

आपको आज से एक इन्वेस्टर का माइंडसेट रखना है। मान लीजिये कि आप एक डिनर पार्टी में जाते हैं जहाँ बुफ़े में पेस्ट्री और फ्रूट सलाद भी रखा है। अब ये आपकी चॉइस है कि आपको किस चीज पर इन्वेस्ट करना है, यहाँ इन्वेस्टमेंट आपकी फूड चॉइस का है। मान लीजिए कि आप फ्रूट सलाद पर इन्वेस्ट कर रहे हैं , तो आपने अपनी हेल्थ पर इन्वेस्ट किया है। आपको इसका रिटर्न तुरंत नहीं मिलेगा। लेकिन फ्यूचर में आप ज़रूर इसका असर देख पाएंगे । लेकिन अगर आपने पेस्ट्री पर इन्वेस्ट किया होता, तो वो गलत चॉइस होती। आपको इस बात पर ध्यान देना है कि आपको किस समय किस चीज पर इन्वेस्ट करना है, जो आपको पॉजिटिव रिज़ल्ट दे।

जैसे आपके पास पेस्ट्री और फ्रूट–सलाद के बीच चॉइस थी। वैसे ही आपके अगर आपके पास किसी बिल्डिंग के फ़िफ़्थ फ्लोर पर जाने के लिए लिफ्ट और स्टेयर्स दोनों की चॉइस हो तो आप क्या प्रिफर करेंगे? अगर आप यहाँ सीढ़ियों से जाना पसंद करेंगे और यही है– स्मार्ट इन्वेस्टमेंट। आपके पास खाली समय में एक दूसरी किताब पढ़ने का ऑप्शन है, जो रोमांटिक है और दूसरा वो किताब पढ़ने का ऑप्शन है जो आपको आपके स्किल्स में ही मास्टरी दे। तो आप ये किताब प्रिफर करेंगें।

यही है – पॉजिटिव इन्वेस्टमेंट।

अगर आपने ऐसी आदतें अपना लीं तो ये आपको एक बेहतर इंसान बनाएंगी और 5 साल बाद आप हर फील्ड में सक्सेफुल होंगें, फिर चाहे वो आपकी हेल्थ हो या आपका काम हो या फिर वेल्थ। अगर आप किसी और काम में अपना समय बर्बाद कर रहे हैं तो न करें और अपने आप पर कंट्रोल करें और एक इन्वेस्टर का माइंडसेट रखें। आपको पता ही होना चाहिए कि आपके लिए क्या सही है और क्या गलत और हमेशा वही काम करने की कोशिश करें जिसमें आपके समय का सदुपयोग हो।

जिस चीज में भी आप इन्वेस्ट कर रहे हैं वो कम्पाउंडेड हो रही है, जो कुछ भी आप आज करेंगे उसका रिज़ल्ट आपको फ़्यूचर में ज़रूर मिलेगा। जब भी हम किसी फाइनेंशियल प्लानिंग के लिए इन्वेस्ट करते हैं। जैसे कि इक्विटी या एसआईपी (SIP)। इस पर हमें जो रेट ऑफ़ इंटरेस्ट मिलता है, वो कम्पाउंडेड होता है। मतलब इंटरेस्ट के ऊपर इंटरेस्ट मिलता है। ठीक उसी तरह जो कुछ भी हम करते हैं उसका रिज़ल्ट हमें कम्पाउंडेड मिलता है। आपका एक छोटा सा ऐक्शन आपको बड़ा रिज़ल्ट देता है। अगर आप चाय या कॉफी की जगह सुबह–सुबह गर्म पानी पीना पसंद करते हैं या फिर समोसे के बदले कुछ हेल्दी खाना पसंद करते हैं तो जो रिजल्ट्स आपकी हेल्थ पर दिखेगा वो कम्पाउंडेड होगा। अगर कोई आपसे आगे निकल रहा है तो वो उसके डेली रुटीन और सही चॉइस के फैसलों का असर है।

जब आप अपना रुटीन सही कर लेंगे तो जो चीजें आपने पहले से स्केड्यूल की हुई हैं आप वही काम कर पायेंगें। अगर आपको ट्रेन पकड़नी है तो आप ट्रेन ही पकड़ेंगे। अगर आपके स्केड्यूल में पार्टी में जाना लिखा है तो आप पार्टी में जायेंगे। जो भी आप स्केड्यूल में रखेंगे वो काम आप

कर लेंगे। लेकिन हम में से ज्यादातर लोगों को यही पता नहीं होता है कि स्केड्यूल कैसे बनाना है। आपकी लाइफ़, बिना किसी स्केड्यूल के बस चलती रहती है। जब लोग किसी स्केड्यूल के साथ काम करते हैं तो उन्हें रिज़ल्ट्स भी अच्छे मिलते हैं। तो आपको भी एक स्केड्यूल बनाना है और चीजों को अपने कंट्रोल में लेना है। आप भी स्केड्यूल बनाइये और इसके लिए आप कहीं पर नोट कीजिये कि पिछले दिन आपने क्या किया।

आप कितने बजे सोकर उठे और फिर तब से लेकर रात को सोने के बीच वाले समय में आपने क्या किया। आपको अपने पूरे दिन में किये गए कार्यों की लिस्ट बनानी है और फिर देखना है कि जो भी काम आपने पूरे दिन में किये उसमें से कौन से काम या टास्क से आपको पॉजिटिव रिज़ल्ट्स मिले और कौन से ऐसे काम थे जो सिर्फ़ कर दिए। कल के दिन में आपने जो कुछ भी किया उसका हर आधे घंटे का हिसाब अपने पास रखिये। आप ये भी लिखें कि आपने कितने घंटे तक ट्रेवेलिंग की, क्योंकि हम सभी लोग ट्रेवलिंग में ढेर सारा समय बर्बाद करते हैं।

आप उस टाइम में कोई बुक पढ़ सकते हैं जो आपको नॉलेज देगी। आप ये भी लिखें कि पूरे दिन में वो कौन सा समय होता है जब आप सबसे ज्यादा काम कर सकते हैं। जैसे ज्यादातर लोगों के लिए ये सुबह का समय होता है क्योंकि सुबह का समय एकदम शांत होता है और हर कोई अपने कामों में बिज़ी रहता है। अगर आपने ध्यान दिया हो तो पाएंगे कि आपका जो अभी तक का स्केड्यूल था वो रिएक्टिव था। आप बस काम कर रहे थे। जो भी सामने आ रहा था बस करते जा रहे थे। मेरे साथ भी कई बार ऐसा ही हुआ है कि मैं सुबह सोकर उठा और मुझे लगा कि मुझे कुछ करना है, लेकिन मेरे पास कोई काम नहीं था करने के लिए और पूरा दिन ऐसे ही निकल गया। लेकिन आपको ऐसा नहीं करना है, आपको अपना स्केड्यूल बनाना है और उसे फॉलो करना है।

क्या आपके पता है कि आप सिर्फ़ 25% टाइम में अपना 100% काम कर सकते हैं। कुछ लोग ऐसे होते हैं कि उनके पास स्केड्यूल बनाने का समय ही नहीं होता। एक बार जॉगिंग करते हुए मैं एक आदमी से मिला जो साइकिल लेकर दौड़ रहा था। मैंने उससे पूछा कि आप ऐसे क्यों दौड़ रहे हो, कम से कम इसके ऊपर तो बैठ जाओ। तो उसने बोला कि वो

बहुत जल्दी में है। अब आप ही सोचिये कि अगर आपकी लाइफ़ भी ऐसी ही बिज़ी हो तो? हम में से कई लोग ऐसे हैं जो अपनी लाइफ़ में इसी तरह भाग रहे हैं। लेकिन हमें इस बात का एहसास नहीं है कि उस साइकिल पर बैठकर हम और भी तेज भाग सकते हैं और हमारी प्रोडक्टिविटी भी बढ़ सकती है। ऐसा करने से आप बहुत कुछ अचीव कर सकते हैं। तो इसलिए अपना स्केड्यूल लिखना न भूलें।

अगर आपने अपने अल्टीमेट ड्रीम्स लिखे हुए हैं, तो वो आपके लांग टर्म विज़न हैं। लेकिन हमारे पास शार्ट–टर्म टास्क्स भी बहुत हैं और हम अपना ज्यादातर समय शार्ट–टर्म टास्क को ही पूरा करने में खपा देते हैं। आपके पास भले ही बहुत सारे शार्ट–टर्म टास्क्स हों, लेकिन आपके पास लांग–टर्म विज़न होने ही चाहिए। और आपको आपके अल्टीमेट गोल्स अचीव करने के लिए उनको छोटे–छोटे पार्ट्स में डिवाइड करना है। जो टास्कस सबसे छोटे हैं उनको पहले पूरा करें। इससे आप अपने गोल्स तक जल्दी पहुँच पाएंगे। लेकिन हम ज्यादातर ऐसे कामों में अपना समय बर्बाद कर देते हैं जिनका हमारे जीवन में कोई महत्त्व नहीं होता। आप अपना स्केड्यूल बनाएं और उसे 30 मिनट से डिवाइड करें , अपने स्केड्यूल पर नज़र रखें । मेरे फ़ोन का वॉलपेपर भी मेरा स्केड्यूल ही है। मैंने अपने स्केड्यूल में कुछ खाली स्लॉट्स भी रखे हैं ताकि कभी कोई अनएक्सपेक्टेड काम आ जाये तो मैं उसी टाइम फ्रेम में उस काम को निपटा लूँ। और अगर मैं अपने स्केड्यूल में काम खत्म न कर पाऊँ, तो मैं अपने लांग–टर्म विज़न अचीव नहीं कर सकता।

आपको अपने पर्सनल गोल्स का पता होना चाहिए साथ ही बाकी के लोग आपसे क्या एक्सपेक्ट करते हैं, वो भी। आप कुछ कर रहे हैं और कोई और आकर बीच में आपसे दूसरा कुछ करने को बोले तो आप उसे कह सकते हैं कि आप अभी बिज़ी हैं। अगर आपने अपने स्केड्यूल के हिसाब से काम किया तो अपने आपको रिवॉर्ड दीजिये। स्केड्यूल बनाकर अपनी लाइफ़ को कंट्रोल में लीजिये और अगर आप अपने स्केड्यूल पर अड़े रहे तो आप अपनी ज़िन्दगी का असली मज़ा लेंगे। आप एक शानदार ज़िन्दगी जियेंगे। हमेशा इस बात का ध्यान रखें कि अपने स्केड्यूल के हिसाब से काम करें। जो भी बातें मैंने आपको बतायी है उसने मेरी लाइफ़ में तो बहुत चीजें बदली हैं, उम्मीद है कि आपकी भी बदलेंगी।

वर्कशीट

1. अपने लिए एक ऐसा स्केड्यूल बनाएं जो आपको आपके सपनों तक लेकर जाए।

2. अपने उस स्केड्यूल का स्क्रीनशॉट लें और उसे अपने फ़ोन का वॉलपेपर बनाएं।

3. अपने स्केड्यूल के हिसाब से काम करें।

अध्याय – 10

प्लान योर प्लान

इसके पहले कि मैं इस चैप्टर की शुरुआत करूँ, मेरे पास आपसे पूछने के लिए एक सवाल है। मेरा सवाल है कि, "सक्सेस यानी सफलता क्या है?"

अगर आप सोचते हैं कि आप अपनी लाइफ़ में जो चाहते हैं अगर वो मिल जाता है तो आप सक्सेसफुल हो जाते हैं। तो फिर सक्सेस और अचीवमेंट में क्या अंतर है? ज्यादातर लोग अचीवर होने के बारे में बात करते हैं जो अच्छा भी है। लेकिन अचीवमेंट जो है वो वन टाइम अचीवमेंट है। जैसे अगर आप अपने एग्ज़ाम में टॉप करते हैं तो वो आपकी वन टाइम अचीवमेंट है। वहीं सक्सेस वन टाइम अचीवमेंट नहीं होती और वह हर दिन बढ़ती रहती है।

सक्सेस एक जर्नी की तरह है जो रुकती नहीं है। मान लीजिये कि आज आप पॉइंट A पर खड़े हैं और कुछ महीनों बाद आप पॉइंट B पर पहुँच जाते हैं। तो यह आपकी अचीवमेंट है। लेकिन आप पॉइंट C पर पहुँचते हैं तो ये एक जर्नी है जो प्रोग्रेस है। एक इंसान जब अपनी ज़िन्दगी में आगे बढ़ता है तो उसे खुशी होती है। तो आप बताइये कि आपकी प्रोग्रेस क्या है? प्रोग्रेस कभी भी रुकनी नहीं चाहिए और चलती रहनी चाहिए। कई बार ऐसा भी देखा गया है कि लोग दोस्तों को खूब मोटिवेट करते हैं लेकिन एजुकेट नहीं करते। दोनों साथ में करना बहुत ज़रूरी है। अगर मैं किसी मूर्ख आदमी को बिना एजुकेट किये मोटिवेट करूंगा तो उसे मोटिवेशन भी वैसा ही मिलेगा। आप लाइफ़ में तभी ग्रो करेंगे जब आपके पास नॉलेज के साथ मोटिवेशन होगा। इसलिए सक्सेस पर कभी रोक नहीं लगनी चाहिए। चैलेंजेस को समझने की कोशिश करें और जो भी आपने सीखा है उसे इम्प्लीमेंट करें।

जब हम सुबह सोकर उठते हैं तो हमारी बैटरी चार्ज होती है और हम

एनर्जेटिक होते हैं। लेकिन जैसे–जैसे दिन बीतता है हमारी बैटरी खत्म होने लगती है और इसे फिर चार्ज़ करने की ज़रूरत होती है। आपको खुद को रिचार्ज करने के लिए खाना खाना, आराम करना और सोने की ज़रूरत होती है। जैसे–जैसे दिन बीतता है आपकी बैटरी ड्रेन होते है और आपकी प्रोडक्टिविटी कम होती जाती है, इसीलिए कहते हैं कि दिन के जरूरी काम ज़ल्दी खत्म कर लेने चाहिए। लेकिन, यहाँ मैं आपसे ये पूछना चाहता हूँ कि अगर आपकी बैटरी लिमिटेड है तो कहाँ ख़र्च हो रही है? आप अपनी पूरी ताकत कहाँ लगा रहे हैं? आप कह सकते हैं कि बॉडी बैटरी की तरह ही रीचार्ज़ भी हो सकती है। तो यहाँ दो चीजें हैं – पहली ये कि बैटरी की तरह हमारी बॉडी के भी लिमिटेड रिचार्जेज हैं और एक दिन ऐसा आएगा कि हम इसे रीचार्ज़ नहीं कर पायेंगें। और दूसरा ये कि आपको पूरा रीचार्ज़ करने के लिए पूरे दिन की ज़रूरत होती है।

आपके उस दिन को वैल्यू करने की ज़रूरत है। आपने शायद देखा होगा कि कोई आदमी है जो अपनी मौत के करीब है लेकिन उसके घर वाले यह पता होते हुए भी कि वो बचने वाले नहीं हैं उन्हें एक दिन जिन्दा रखने के लिए लाखों ख़र्च कर देते हैं। तो अपने उस एक दिन की वैल्यू करें और मैक्सिमम प्रोग्रेस के लिए अपनी एनर्जी लगाएं। आप अपनी एनर्जी से कुछ भी बदल सकते हैं।

आज मैं आपके एक मैजिक ट्रिक दूंगा इससे जो मैंने ऊपर कहा है आपको उसका एक्स्प्लेनेशन मिल जाएगा और आप हर दिन प्रोग्रेस करेंगें। अपने 30 दिन के प्लान एक साथ बना एडवांस में बना लें। अगर आप अपनी लाइफ़ में कुछ करना चाहते हैं, कहीं पहुंचना चाहते हैं तो आपको एडवांस में प्लानिंग करनी पड़ेगी। अगर हमें मीटिंग करनी है तो उसके लिए भी एडवांस में प्लानिंग करनी पड़ेगी। अगर आप बैंक्वेट हॉल बुक करेंगे तो देखेंगे कि उनके पास भी एक रजिस्टर होता है जिसमें वो पूरा डेटा मेंटेन रखते हैं और यही चीज उन्हें पूरे महीने आसानी से काम करने में मदद करती है और ऐसे ही वो सस्टेन कर पाते हैं। अगर कोई चीज प्रोफ़ेशनल तरीके से हो रही है तो समझ लीजिए कि उसकी प्लानिंग एडवांस में की गयी है। अगर मुझे कोई कंपनी अपने एम्प्लॉईज़ को मोटिवेट करने के लिए बुलाती है तो मैं 30 दिन पहले से ही उसकी प्लानिंग करना शुरू करता हूँ।

मुझे मेरे A से B तक के पहुँचने का तरीका और रास्ता अच्छे से पता है। हम सभी के पास हमारे फोन में कैलेंडर होते हैं लेकिन आप उसे पेपर पर लाएं। मेरे घर में जो कैलेंडर है उस पर आपको बड़े–बड़े ब्लॉक्स देखने को मिलेंगे क्योंकि उन पर मैंने अपनी प्लानिंग मार्क करके रखी हुई है। मेरे जर्नल्स में आपको मेरे 30 दिन का रिकॉर्ड मिल जाएगा। मैं जितना लिखता हूँ, मेरी चीजें उतनी क्लियर होती हैं। आप जो भी कर रहे हैं उसमें आपको क्लैरिटी होनी ही चाहिए।

मैं अब आपको अपने बेस्ट फ्रेंड के बारे में बताऊंगा जिसके साथ मैं अपना बहुत सारा टाइम स्पेंड करता हूँ। और जब हम साथ होते हैं और बात करते हैं तो मेरे थॉट्स चेंज होते हैं, अगर मेरे माइंड में कोई कोई निगेटिव थॉट्स भी होते हैं तो वो भी निकल जाते हैं। जब भी हम एक दूसरे के साथ होते हैं और एक दूसरे से बात करते हैं तो हमारे माइंड में क्लैरिटी होती है। मैं चाहता हूँ कि जो मेरा बेस्ट फ्रेंड है उसे आप भी अपना बेस्ट फ्रेंड बना लें। अब अगर आप सोच रहे होंगे कि मेरे बेस्ट फ्रेंड को आप अपना बेस्ट फ्रेंड कैसे बना सकते हैं तो आप बिल्कुल ऐसा कर सकते हैं क्योंकि मेरा बेस्ट फ्रेंड कोई और नहीं ब्लैंक पेजेज़ यानी खाली पन्ने हैं।

मैं इन खाली पन्नों से जब बात करता हूँ तो वो सारे चीजें कह जाता हूँ जो मैं शायद किसी और से नहीं कह सकता। मेरे जो भी थॉट्स हैं वो इन पन्नों पर एकदम स्मूथली निकलते हैं और इनको रोकने वाला भी कोई नहीं होता। ये खाली पानी मेरे बेस्ट फ्रेंड्स हैं और आप भी इन्हें अपना बेस्ट फ्रेंड बना सकते हैं। जब आपके थॉट्स पेपर पर आएंगे तो आपको क्लैरिटी मिलेगी और जब आप चीजों के लिए क्लियर होंगे तो आपको भी अच्छा लगेगा। तो अपने टास्क्स को एडवांस में प्लान करें और उनको लिख लें।

अपनी टास्क्स को एडवांस में 30 दिन पहले लिख लें। ऐसा करने से आप हर दिन आगे बढ़ेंगें। और मुझे विश्वास है कि अगर आपने ऐसा किया तो 30 दिन बाद आप लाइफ़ में ऐसी जगह होंगे जहाँ आप होना चाहते थे। आपका गोल आगे बढ़ने की तरफ होना चाहिए न कि एन्जॉयमेंट की तरफ क्योंकि सबसे ज्यादा एन्जॉयमेंट हमें पॉजिटिव रिजल्ट्स में मिलता है और मैं आपको इसी के लिए सिखा रहा हूँ। मैं चाहता हूँ कि आप अपने माइंड में पॉजिटिव थॉट्स डालें और उसे पोषित करते रहें। अपने पर्सनल मास्टरी

के ऊपर 30 मिनट जरूर दें । अपने प्लान्स पहले से ही प्लान करें। अगर आपने सोचा है कि एक वीडियो आप सुबह 6 बजे देखेंगे, तो देखना है और नहीं देख पाते हैं तो शाम को समय निकलकर देखिये, लेकिन देखिये ज़रूर। अपने पास 30 मिनट कैलेंडर रखिये और उसका हिसाब भी। आपको पता होना चाहिए कि आप हर 30 मिनट में क्या कर रहे हैं। जो लोग अपने टाइम की वैल्यू करते हैं वो उसका हिसाब भी रखते हैं। अपना टाइम ऐसे मैनेज करें कि बीच में कोई दूसरा काम भी आ जाए तो वो भी हो जाए। अब आपको पता है कि 30 दिन का कैलेंडर एडवांस में कैसे बनाना है। मैंने ऐसा किया है और मुझे इसके रिज़ल्ट्स भी मिले हैं। तो आप भी ऐसा करके अच्छे रिज़ल्ट्स पा सकते हैं।

जो लीडर्स होते हैं वो सबको साथ में लेकर चलते हैं और तभी वो आगे भी बढ़ते हैं। मैं चाहता हूँ कि आप भी ऐसा ही करें। दूसरों को मोटिवेट करें क्योंकि शायद हर किसी के पास इतना समय नहीं है कि वो वीडियो देखे या ये किताब पढ़े। क्योंकि हर किसी के लिए इतने समय तक कंसट्रेशन बना कर रखना आसान बात नहीं है। इस सोसाइटी में हर किसी का कंट्रीब्यूशन है फिर चाहे वो पॉजिटिव हो या निगेटिव। तो आपको आज से पॉजिटिव कंट्रीब्यूशन करना है इसलिए जो कुछ भी आप सीख रहे हैं वह दूसरों को भी सिखाएं।

वर्कशीट

1. अपने घर में ऐसा कैलेंडर लगाएं जिसमें ज्यादा स्पेस हो और आप उसके ब्लॉक्स में लिख सकें।

2. अपने कैलेंडर को ऐसी जगह लटकाएं जहाँ आपकी नज़र सबसे ज्यादा जाती हो और और उसमें अपने ऐक्शन्स प्लान्स लिखें।

3. एक साल तक आप लगातार इस कैलेंडर को मेंटेन करते रहें।

अध्याय – 11

हैबिट्स

इस चैप्टर को शुरू करने से पहले मैं आपसे यह जानना चाहता हूँ कि आप अब तक सिर्फ पन्ने पलटते हुए यहां तक पहुंचे हैं या आपने सारे चैप्टर्स पढ़े भी हैं? अगर आप गंभीरता से सब कुछ समझते हुए यहां तक पहुंचे हैं तो क्या आपने पिछले कुछ दिनों में अपने अंदर कुछ बदलाव महसूस किया है?

मुझे पता है कि आपके अंदर जो भी बदलाव आये हैं वो भविष्य में आपके के लिए बेहतर साबित होंगे। आगे भी जो होगा वो आपके भले के लिए ही होगा और आप एक गेम चेंजर भी साबित होंगे। मैं यकीन के साथ कह सकता हूँ कि अगर आपने इस किताब को अच्छे से पढ़ा होगा और इसमें कही गई बातों को अपने जीवन में फॉलो किया होगा, तो आपके आस–पास के लोग ज़रूर आपके अंदर कुछ बदलाव देख पाये होंगे। मैं ये नहीं कह रहा कि आप अपनी पुरानी आदतों को छोड़ दीजिये और नयी आदतों को अपनाएं, लेकिन मैं आपको नयी आदतों को सीखने के दूसरे लेवल पर ले जा रहा हूँ। उसके लिए आप नीचे लिखे हुए स्टेप्स को फॉलो कर सकते हैं –

1. यह 40 दिनों का गेम है

अब आप सोचेंगे कि 40 दिन ही क्यों? क्योंकि किसी भी आदत को बनने में 40 दिन लगते हैं। लेकिन कुछ चीजें आप पर भी निर्भर करती हैं। हो सकता है कि आप ज़ल्दी ही अपनी आदतों को बदल लें। कोई आदमी तभी सफल हो पाता है जब उसकी आदतें आगे बढ़ने वाली होती हैं। वहीं दूसरा आदमी इसीलिए असफल होता है क्योंकि उसकी आदतें भी वैसी होती हैं। एक फिट पर्सन इसलिए फिट क्योंकि उसकी हैबिट ही ऐसी है। एक बच्चा इसलिए टॉपर है क्योंकि उसे टॉप करने की आदत है। अलबत्ता , हर कोई अपनी आदतों को बदल सकता है। इसे बदलने में ज्यादा समय नहीं लगता, सिर्फ 40 दिन लगते हैं।

2. आप क्या चाहते हैं? आप खुद को कहाँ देखते हैं?

आपको अपनी जरूरतों को समझने की ज़रूरत है। मैं खुद से ये सवाल हमेशा पूछता हूँ ताकि मुझे ये क्लियर रहे कि मैं क्या चाहता हूँ। क्या आपको पता है कि अगले 5 से 10 सालों में आपको कहाँ पहुंचना है? मुझे पता है कि मुझे अपने जीवन में कहां तक का सफर तय करना है। आप सेल्फ इंट्रोस्पेक्शन कीजिये। आप खुद से इस बारे में सोचिये कि आप अपने आप को एक निश्चित समय में कहाँ देखना चाहते हैं? इसके लिए आपको कौन सी आदतें अपनानी है, जिसके सहारे आप गोल को अचीव कर पाएं ।

3. कौन सी आदतें अपनाएं?

अगर आपको एक म्युज़िशियन बनना है तो आपको रोज़ाना इसके लिए प्रैक्टिस करनी चाहिए। आपको अपने फील्ड के बेस्ट टीचर्स से ट्रेनिंग लेनी चाहिए। आपको हेल्थी होने के लिए संतुलित डाइट लेनी चाहिए, न कि आप रोड के किनारे खड़े होकर नूडल्स या समोसे खा रहे हों। अगर अपने आप को सक्सेसफुल देखना है तो आपको इस बात का ध्यान रखना पड़ेगा कि आप कौन सी आदतें अपना रहे हैं। आप ही सोचिये कि अगर आपको अपने हेल्थ का ख्याल है तो आपको रोड साइड खड़े होकर नूडल्स नहीं खाने चाहिए।

अब यह आपके हाथों में है कि अगर आपको फिटनेस इंडस्ट्री में बेस्ट होना है तो इसके लिए आपको क्या करना पड़ेगा। आपको इसके लिए कौन सी आदतें अपनानी हैं। आप जंक फूड्स खाना पसंद करेंगे या एक्सरसाइज़ करना पसंद करेंगे? आपको ये देखना है कि आप क्या ऐक्शन ले रहे हैं या क्या चॉइस बना रहे हैं। अगर आपकी आदतें अच्छी हैं तो शायद आपको इसके बारे में पता भी न चले कि आप सक्सेसफुल होते चले जा रहे हैं।

4. बुरी आदतों को कैसे दूर करें?

अगर आप अच्छी आदतें अपना लेंगे तो आपके अंदर की बुरी आदतों का आपके ऊपर कोई असर नहीं पड़ेगा। अगर आपके अंदर अच्छी आदतें होंगी तो निश्चित तौर पर आप एक सफल व्यक्ति बनेंगे। जैसे कई लोगों के अंदर सुबह ज़ल्दी उठने की आदत होती है और कई लोगों के अंदर देर से उठने की आदत होती है। जो लोग सुबह ज़ल्दी उठते हैं वो अपने सारे काम

भी समय पर अच्छे से निपटा लेते हैं और पूरे दिन फ्रेश भी फील करते हैं। वहीं देर से उठने वालों का दिन बर्बाद हो जाता है। आपको ये देखना है कि आपके अंदर कौन सी बुरी आदतें हैं और आपको उन्हें कैसे बदलना है?

5. आप एक पेड़ नहीं हैं

इस बात से मेरा मतलब यह है कि एक पेड़ जैसा होता है वैसा ही रहता है। वो अपने अंदर कोई बदलाव नहीं कर सकता है। मुझे समझ नहीं आता कि लोग ऐसा क्यों सोचते हैं कि अब वो कुछ भी नहीं कर सकते हैं। लोग कहते हैं कि उनके पास जो भी है वो उसी से संतुष्ट हैं और अब आगे जीवन में उन्हें कुछ नहीं चाहिए। लेकिन ऐसा नहीं है। हम लोग अपनी जरूरतों को खुद पूरा कर सकते हैं। एक जगह से दूसरी जगह आसानी से जा सकते हैं। आज अगर शाहरुख़ खान एक सफल अभिनेता है तो वो इसलिए क्योंकि वो दिल्ली से मुंबई आसानी से आ–जा सकता था और उसे पता था कि उसे अपने जीवन में क्या करना है और कहाँ तक पहुंचना है। आप भी अपने कम्फर्ट ज़ोन से बाहर आएं और वो करके दिखाएं जो आप असल में करना चाहते हैं। आपको समझना है कि आपके अंदर कुछ भी करने की ताकत है और आप खुद को बेहतर करने के लिए हरसंभव प्रयास कर सकते हैं। आप अपने माइंडसेट और बिलीफ़ सिस्टम पर काम कर रहे हैं। इसलिए, आप थोड़ा "आउट ऑफ़ द बॉक्स" सोचिये। मैंने भी एक बार सोचा था कि जो लाइफ़ मैं आज जी रहा हूँ मुझे इसे बदलना है। और मैंने इस पर मेहनत करके इसे बदला भी। मैंने पर्सनल मास्टरी सीखी और अपनी लाइफ़ को बदला। आप भी समझिये कि आप सिर्फ एक पेड़ नहीं है बल्कि जीते जागते इंसान हैं। आप जो चाहें वो कर सकते हैं। आपको उन चीजों का सपना देखना हैं जो आप अपनी ज़िन्दगी में चाहते हैं या फिर होना चाहते हैं। आपके लिए कोई कुछ नहीं करने वाला बल्कि आपको खुद से ही सब कुछ बदलना है। मैं पहले जिस तरह की ज़िन्दगी जी रहा था, मैं वैसी ज़िन्दगी नहीं चाहता था इसलिए मैंने उसे अपने हिसाब से बदला। इसलिए आपको अपनी ज़िन्दगी अपनी शर्तों और तरीकों से जीना है, न कि दूसरों के तरीकों और शर्तों से।

6. आप जो चाहें वो कर सकते हैं

हम सभी को अच्छी और बुरी आदतों के बारे में सब कुछ पता है। हर इंसान अच्छा ही होता है। कोई भी व्यक्ति बुरा या गलत नहीं होता है। अगर कोई है भी तो हो सकता है कि उसके आस–पास का माहौल ऐसा हो या फिर उसकी परिस्थितियों ने उसे ऐसा बना दिया हो। नैतिक तौर पर हमें पता है कि क्या सही है और क्या गलत। आपके अंदर काफी नॉलेज है, आपको सिर्फ खुद को पहचानने की ज़रूरत है। आपको उस इंसान को सुनना है जो आपके अंदर है। मैं पुष्कर राज ठाकुर हूँ। तो मैं पुष्कर को सुनूंगा। वैसे ही आपको भी करना है। मैं इसी प्रयास में हूँ कि आप अपने अंदर के इंसान को समझें , उसे बाहर आने दें । फिर आप मेरा यकीन मानिए कि एक दिन आप एक ऊंचाई पर पहुंचेंगे और दूसरे लोगों को भी मोटिवेट करेंगे। दूसरों के लिए रोल मॉडल बनिए, आइकॉन बनिए और एग्जाम्पल बनिए।

वर्कशीट

1. आप कौन सी नयी आदतों को अपनाने वाले हैं?

2. आप खुद से ही इसे कई बार लिखें कि – "मैं पेड़ नहीं हूँ"

इनसेन प्रोडक्टिविटी

अध्याय – 12

डिस्ट्रैक्शंस को कैसे कम करें?

इस अध्याय से हम एक नए फैक्टर की शुरुआत करने वाले हैं जिसे हम कहते हैं

– इनसेन प्रोडक्टिविटी।

इनसेन प्रोडक्टिविटी का मतलब है कि आप अपने काम में इतने पागल हो जाओ कि बस रिज़ल्ट्स ही रिज़ल्ट्स दिखें। कई बार ऐसा होता है कि हम पागलों की तरह काम करते हैं, ढेर सारी मेहनत करते हैं लेकिन हमारी प्रोडक्टिविटी नहीं दिखती है या हम जितने रिज़ल्ट्स की उम्मीद करते हैं हमें उतना नहीं मिल पाता है। हमें कम टाइम में और थोड़े से एफर्ट्स में मैक्सिमम रिज़ल्ट्स चाहिए होते हैं, लेकिन ऐसा हो नहीं पाता।

इनसेन प्रोडक्टिविटी के लिए हमें सबसे पहले अपने आस–पास के डिस्ट्रैक्शंस को कम करना पड़ेगा। हमारे आस–पास बहुत सारी चीजें या बातें ऐसी होती हैं जो हमारा ध्यान भटकाती हैं। सबसे पहले हमें उन्हें ही कम करना है।

एक लेटेस्ट रिसर्च के अनुसार, हमें किसी चीज पर फ़ोकस करने के लिए 30 मिनट लगते हैं लेकिन ध्यान भटकाने के लिए सिर्फ 3 मिनट ही काफी हैं। हमारी फ़ोकस करने की क्षमता बहुत ही कमजोर होती है। हम अपने किसी भी काम के ऊपर 3 मिनट से ज्यादा फ़ोकस नहीं कर सकते। फिर हम अपना ध्यान भटका लेते हैं, फिर चाहें हम किसी से बात करने लग जाते हैं या फिर अपने फोन के नोटिफिकेशन चेक करने लग जाते हैं। इसलिए अगर आपको अपने जीवन में सफल होना है और आगे बढ़ना है, तो अपने आस–पास के डिस्ट्रैक्शंस को कम करना होगा।

अब सवाल ये उठता है कि इन्हें कम कैसे करेंगें?

तो इसके लिए आप नीचे लिखे हुए स्टेप्स या टिप्स फॉलो कर सकते हैं–

1. सोशल मीडिया

आज कल हम सभी अपना ज्यादा से ज्यादा समय सोशल मीडिया पर बर्बाद करते हैं। सभी के फोन में आजकल व्हाट्सऐप नोटिफिकेशन ऑन ही रहता है तो मैसेज आते ही रहते हैं। हम हमेशा अपना फोन चेक करते रहते हैं कि किसने हमें क्या मेसेज किया है। हर 3 मिनट में हमारा हाथ फोन पर चला जाता है और हम नोटिफिकेशन चेक करने लग जाते हैं। हमारा माइंड खुद ही डिस्ट्रैक्ट होने लगता है। जब हम अपने माइंड को किसी चीज पर फ़ोकस करते हैं तो उसके ऊपर स्ट्रेस पड़ता है और हमें ये पसंद नहीं होता। ये हर उस चीज को देखना चाहता है जो हमें भटकाती हैं। किसी के दिमाग पर ड्रग्स से भी ज्यादा बुरा असर डिस्ट्रैक्शंस का ही पड़ता है।

इससे कैसे निपटें?

इसके लिए आप उन लोगों के नंबर या चैट म्यूट कर सकते हैं जो आपको सबसे ज्यादा मेसेज या नोटिफिकेशन भेजते हैं। जब आप ऐसा काम करने जा रहे है जिसमें फ़ोकस की ज़रूरत है तो अपने फोन के सेटिंग्स में जाकर सभी नोटिफिकेशन को म्यूट कर दें। अपने आपको बार–बार याद दिलाते रहें कि आपको फोन नहीं छूना है। ऐसा आप सभी सोशल मीडिया के लिए करें। कई बार तो ऐसा भी होता है कि आप बिना नोटिफिकेशन के भी अपना फ़ोन चेक करने लगते हैं और बिना किसी कारण स्क्रॉल करते रहते हैं। ऐसा दिन में कई बार होता है। इस आदत पर भी अपना नियंत्रण रखने की कोशिश करें और हो सके तो ऐसा न करें।

अगर आप ऐसा करने में सफल हो जाते हैं तो आपका ध्यान नहीं भटकेगा और आप वो कर पायेंगें जो आपके लिए फोन से भी ज्यादा जरूरी है।

क्या आपको खेलना पसंद है?

मैं यहाँ कैंडी क्रश की बात नहीं कर रहा बल्कि आउटडोर स्पोर्ट्स की बात कर रहा हूँ। ऐसा करने से आप फिज़िकली फिट और ऐक्टिव रहेंगें।

वहीं वर्चुअल गेमिंग की वजह से हम अपनी लाइफ़ से दूर होते चले जा रहे हैं।

अगर हम यूट्यूब की बात करें तो कई बार हम फालतू के चैनल्स सब्स्क्राइब कर लेते हैं और ऐसी चीजें देखते रहते हैं जिसका कोई मतलब या फ़ायदा नहीं होता है। अगर एवरेज देखें तो एक आदमी जब एक बार यूट्यूब ऑन करता है तो उसमें अपनी ज़िन्दगी के कम से कम 45 कीमती मिनट स्पेंड कर देता है। यूट्यूब पर आप जिस तरह की वीडियो देखते हैं, आपको वैसी ही रिकमंडेशंस भी मिलती हैं।

आपको इन डिस्ट्रैक्शंस से बाहर आना है। मैं सिर्फ आपको गाइड कर सकता हूँ, डिसीज़न तो आपको ही लेना है। मैं ये नहीं कहता कि सोशल मीडिया पर ऐक्टिव रहना गलत है, लेकिन आप उसको पोस्ट करने के लिए इस्तेमाल करो ना कि ब्राउज करने के लिए। मैं एकबार यूट्यूब के एक इवेंट पर गया था जहाँ मुझे कई सारे लोग मिले थे। वहां मैं उस इंसान को नहीं पहचान पाया जिसके चैनल के 2 मिलियन सब्सक्राइबर्स थे। मैं उनको इसलिए नहीं पहचान पाया क्योंकि मैंने उनकी वीडियो नहीं देखी थी। मैंने कभी ऐसा सर्च ही नहीं किया कि उनकी वीडियो का रिकमेंडेशन मुझे मिलता । क्योंकि मुझे कभी ऐसा लगा ही नहीं कि मुझे भविष्य में उससे कुछ फायदा होगा। हमने घरों में भी देखा है कि लोग अपने–अपने फोन पर व्यस्त रहते हैं और एक दूसरे से सिर्फ उतनी ही बातचीत करते हैं जितने की ज़रूरत है। मेरे पिताजी ने मुझे सिखाया है कि परिवार सबसे बड़ा और महत्वपूर्ण होता है, इसलिए उसका ध्यान रखना जरूरी है। लोग आजकल अपने परिवार के ऊपर सिर्फ इसलिए ध्यान नहीं दे पाते हैं क्योंकि वो सोशल मिडिया में व्यस्त रहते हैं। इसलिए, अपने फोन को खुद से दूर रखिये और अपना ज्यादा समय अपने परिवार को दीजिये।

2. टेलीविज़न

मेरी माँ हॉउसवाईफ हैं और घर पर रहती हैं। वो अपना टाइम पास करने के लिए टीवी पर सास–बहू वाले शोज़ देखती हैं। लेकिन जब मैं घर पर होता हूँ तो मैं टीवी बंद कर देता हूँ और उन्हें भी नहीं देखने देता क्योंकि मैं नहीं चाहता कि मेरे अंदर कोई निगेटिविटी आये। एक इंसान के तौर पर हम इन चीजों से ज़ल्दी इन्फ़्लुएंस हो जाते हैं। आपने भी शायद

देखा होगा कि जब सड़क पर कोई ऐक्सिडेंट होता है तो वहां भीड़ इकट्ठी हो जाती है। वो इसलिए नहीं कि उन्हें दुर्घटनाग्रस्त आदमी की मदद करनी है, बल्कि इसलिए क्योंकि उनको उसमें से कुछ मसाला या यूं कहें कि निगेटिविटी चाहिए होती है। कई बार किसी के घर से तेज आवाजें आती हैं तो हम अपने कान लगाने की कोशिश करते हैं कि क्या बात है। दूसरों की बुराई हमें अच्छी लगती है जो कि बहुत ही गलत बात है।

मैं अगर कहीं जा रहा हूँ तो मैं सिर्फ़ अच्छी चीजें देखने पर विश्वास करूंगा। यही पॉजिटिविटी है जो मेरे माइंड और बॉडी दोनों को रिफ्रेश करेगी। जैसे एक बार मैं शाम को बाहर गया था और मुझे सूरज डूबता हुआ दिख रहा था। मैं थोड़ी देर वहां रुका और वो नज़ारा देखने लगा। लेकिन ज्यादातर लोग ऐसा नहीं करते हैं। पता है क्यों?

क्योंकि उनको सिर्फ निगेटिविटी देखनी होती है। हम टीवी पर अगर न्यूज़ भी देख लें तो भी कोई नॉलेज नहीं मिलती बल्कि इससे फ़ालतू की चीजें ही माइंड में जाती हैं। अगर आप ये सोचते हैं कि पूरे दिन के काम के बाद आप टीवी देखकर अपने माइंड को रिलैक्स कर रहे हैं तो आप गलत हैं। आप टीवी पर कोई पिक्चर या कुछ और देख सकते हैं जहाँ से आपको कुछ सीखने को मिले। मैं ये नहीं कह रहा कि आप टीवी देखें ही नहीं, बल्कि ये कह रहा हूँ कि जो भी देखें, सेलेक्टिव देखें। मैं यहाँ सिर्फ कुछ लोगों की बात कर रहा हूँ जो मेरी बातें सुनेंगें और उस पर ध्यान देंगें। अगर आप लोगों ने मेरी बातों पर ध्यान दिया तो आपको भी सफल होने से कोई नहीं रोक सकता।

3. दोस्त और परिवार

तो आप बताइये कि आप कैसे लोगों की संगति में हैं? क्या उनके अंदर कोई बुरी आदतें हैं? मैं अगर मेरे स्कूल फ्रेंड्स की बात करूँ तो वो मेरे फ्रेंड्स नहीं हैं बल्कि मेरे पुराने क्लास मेट्स हैं। क्योंकि मैं उस तरह से नहीं सोचता या लाइफ़ को वैसे नहीं देखता जैसे वो देखते हैं। अगर मैं कॉलेज फ्रेंड्स की बात करूँ तो एक या दो लोग ही मेरे फ्रेंड्स हैं। मेरे जो भी फ्रेंड्स हैं वो मुझसे बड़े हैं और अपनी लाइफ़ में कुछ न कुछ कर रहे हैं। मेरे सभी फ्रेंड्स अच्छे होने चाहिए और फ्रेंडशिप करते हुए मैं इस चीज का पूरा ध्यान रखता हूँ।

अब आपके दिमाग में ये आ सकता है कि 'क्या मैं अपने दोस्तों से दूर हो जाऊँ'?

तो ऐसा मत कीजिये, थोड़ा सा समय दीजिये और वो खुद ही आपसे दूर चले जायेंगें। मेरा यकीन मानिये कि जैसा मैं कहता हूँ अगर आप वैसा ही करते हैं तो आपके आस–पास जितने भी निगेटिव लोग हैं वो सब आपसे दूर चले जायेंगे। आपके साथ सिर्फ वो लोग ही रुकेंगे जो आप जैसा सोचते हैं। जितने भी लोग अपनी लाइफ़ में सक्सेसफुल होते हैं उनकी फ्रेंडलिस्ट छोटी होती है। लेकिन उनके साथ जो लोग भी होते हैं वो सक्सेस पाने में उनकी मदद करते हैं। आपकी लाइफ़ में आपके पेरेंट्स के अलावा आपके फ्रेंड्स का भी पार्टिसिपेशन होता है।

एक कहावत भी है कि–

"पैर की चोट और छोटी सोच इंसान को कभी आगे नहीं बढ़ने देती"।

आपको अपने आस–पास के लोगों के थॉट प्रोसेस को भी समझना है। मेरे पिताजी को पहले मुझ पर और मेरी सोच पर भरोसा नहीं था। लेकिन आज जब वो मुझे देखते हैं तो मुझ पर गर्व करते हैं। आप ही हैं जो अपने परिवार का नाम रोशन करते हैं। सिर्फ दोस्त ही नहीं बल्कि आपको अपने उन फैमिली मेंबर्स और रिश्तेदारों को भी दूर करना पड़ेगा जिनकी सोच आपसे नहीं मिलती है। एक बिज़नेसमेन ने मुझे एक बार कहा था कि अगर मुझे मेरे काम में फायदा नहीं हो रहा है और फिर भी लोग कह रहे हैं कि तू काम कर, तो समझ जाना कि कहीं न कहीं तो प्रॉफिट है ही। क्योंकि अगर प्रॉफिट नहीं है तो लॉस ही होगा।

4. ओकेज़न्स या अवसर

आपके पास कई पारिवारिक समारोहों, पार्टियों और जलसों के बुलावे आते ही होंगे। लेकिन आप इन्हें तभी अटेंड करें अगर ये आपके बिना नहीं हो सकते। अगर आपका जाना एक फॉर्मेलिटी है तो नहीं जाएँ। यहाँ आप देर रात पार्टी या फंक्शन अटेंड करते हैं और खाने के ऊपर टूट पड़ते हैं। इससे आप अपने आपको बिल्कुल भी फायदा नहीं पहुंचा रहे हैं बल्कि अपने डाइजेस्टिव सिस्टम को नुकसान ही पहुंचाते हैं। क्योंकि अगर आप जायेंगें तो आपका समय बर्बाद होगा और कोई फायदा भी नहीं होगा। लेकिन अगर

आप एन्जॉयमेंट और थोड़े से चेंज के लिए जाना चाहते हैं तो बिल्कुल जाएँ। पर ध्यान रखें कि कोई भी ज़रूरी काम बीच में छोड़कर पार्टी या फंक्शन अटेंड करने न जाएँ। कई बार ऐसा भी सुनने को मिलता हैं कि दूसरों के यहाँ नहीं जाओगे तो तुम्हारे यहाँ कोई नहीं आएगा। अगर कोई ऐसा बोलता है तो उन्हें बोलने दें, क्योंकि आपने अगर वो हर चीज हासिल कर ली जो आपको चाहिए थी तो लोग अपने आप आपके पास आने लगेंगे।

आपका समय इम्पोर्टेन्ट है इसलिए उसकी वैल्यू करें और जहाँ जाना ज़रूरी है वहीं अपना समय इन्वेस्ट करें। अगर आप किसी पार्टी या फंक्शन में नहीं जायेंगें तो मेरा यकीन मानिये कि उनमें से 90 : लोगों को फर्क नहीं पड़ेगा और यहाँ जाने से आपको भी कोई फायदा नहीं मिलेगा।

इस चैप्टर में मैंने जो भी आपको बताया है अगर आपने वो फॉलो कर लिया तो आपके पास बहुत सारा खाली समय होगा। आपको प्रोडक्टिव रहना है न कि बिज़ी। इसलिए, अपने समय का ऐसे सदुपयोग करें जिससे आप अपना समय बचा पाएं और उन सभी को दे पाएं जिन्हें वास्तव में इसकी ज़रूरत है। ऐसा करने से आपको सफल होने से कोई भी नहीं रोक सकता।

वर्कशीट

1. क्या आप खुद को डिस्ट्रैक्ट न होने के लिए अपने फ़ोन की सभी नोटिफिकेशन को बंद करते हैं?

2. क्या आप अपने सोशल मिडिया एकाउंट्स पर जो भी ग्रुप हैं या डिस्टर्बिंग लोग हैं उन सभी को ब्लॉक या म्यूट करते हैं?

3. क्या आप किसी के भी कॉल को अटेंड करने से पहले खुद से पूछते हैं कि, "क्या ये कॉल अटेंड करना इम्पोर्टेंट है या मैं इससे भी ज्यादा ज़रूरी कुछ और कर सकता/सकती हूँ?"

अध्याय – 13

अपने टाइम की वैल्यू बढ़ाएं

इस अध्याय में हम बहुत ही इम्पोर्टेन्ट चीज सीखने वाले हैं। इसके पहले हमने इनसेन प्रोडक्टविटी की बात की थी और अगर आपने इसके ऊपर काम करना शुरू कर दिया है तो आपको कोई भी पीछे नहीं खींच पायेगा।

इनसेन प्रोडक्टिविटी के लिए आपको चाहिए – टाइम।

इस अध्याय में हम इसी के बारे में बात करने वाले हैं कि अपने टाइम की वैल्यू यानी कीमत कैसे बढ़ाएं।

अगर आपको खास होना है तो आपको काम भी वैसा ही करना पड़ेगा। आपने कई बार लोगों को दूसरों के लिए बोलते हुए सुना होगा कि 'अरे, उसका समय बहुत कीमती है'। तो ऐसे लोगों का टाइम हमें आसानी से नहीं मिलता है। आपके साथ भी ऐसा हो सकता है। इसके लिए सबसे पहले आपको खुद के टाइम की वैल्यू को समझनी पड़ेगी। एक आम आदमी दिन के 10 घंटे काम करता है और अगर वो एक सप्ताह में 5 दिन काम करे तो इसमें कुल 50 घंटे होते हैं। और हर साल के अगर 50 सप्ताह का हिसाब करें तो एक इंसान हर साल 2,500 घंटे काम करता है।

मान लीजिये कि आप एक कंपनी में काम कर रहे हैं जहाँ आपकी महीने की सैलरी 30,000 रुपये है। तो आप अपनी कंपनी को एवरेज 3 लाख रुपये कमा के दे रहे हैं। मतलब आपकी कंपनी आपके जरिये 3 लाख रुपये कमा रही है। और एक साल में आप 12 महीने काम कर रहे हैं तो इस हिसाब से आप एक साल में कंपनी को 36 लाख रूपये कमा कर दे रहे हैं। तो इस हिसाब से आपके एक घंटे की कीमत 1,440 रुपये होती है और एक दिन की कीमत 14,400 रुपये होती है।

अगर आप इस चैप्टर को पढ़ रहे हैं और आपकी आँखों में बड़े सपने

हैं तो एक घंटे के 1,440 रुपये की जगह और भी ज्यादा कमाना चाहेंगें। तो ज्यादा पैसा कमाने के लिए आपको अपने टाइम की वैल्यू बढ़ानी पड़ेगी। अगर आज आपकी वैल्यू 14,400 रुपये है तो फिर आप खुद ही सोचिये कि आप क्या कर रहे हैं और आपको क्या करना चाहिए।

मान लीजिये कि आपके टाइम की वैल्यू प्रति घंटे 1,440 रुपये की है और आज आपने अपनी कार को साफ करने का सोचा जिसमें आपको एक घंटा लगने वाला है। तो आप अपनी ज़ेब से 1,440 रुपये निकालिये और फाड़ कर फेंक दीजिये। या कोई दूसरा काम करने की सोच रहे हैं जिसमें 2 घंटे लगने वाले हैं तो 2,880 रुपये फाड़ कर फेंक दीजिये क्योंकि इन कामों में आपने अपना समय बर्बाद करने वाले हैं। हो सकता है कि ये काम कोई और 50 या 100 रुपये में कर लेता। यहाँ आपने अपने टाइम की वैल्यू को कम कर दिया। आपको आगे से ऐसा नहीं करना है।

मेरा यकीन कीजिए कि इस बुक को पढ़ने के बाद आपकी वैल्यू 1,440 रुपये नहीं रह जाएगी बल्कि और बढ़ जाएगी। अगर आप करोड़ों में कमाना चाहते हैं तो आपके हर दिन की कीमत लाखों में होनी चाहिए। अपने काम दूसरों से कराने के लिए आपको उन चीजों पर ध्यान लगाने की जरूरत है जो आपके टाइम की वैल्यू को बढ़ाएं। अगर आप इस बुक को कंसन्ट्रेशन के साथ पढ़ रहे हैं तो आप अपना टाइम अपनी वैल्यू बढ़ाने में इन्वेस्ट कर रहे हैं।

आप इन चैप्टर्स को पढ़कर और मोटिवेशनल वीडियो देखकर अपने मन को डेवलप कर रहे हैं, जिससे आपकी वैल्यू और इनकम दोनों बढ़ रही है। इसलिए, आज से ही अपने टाइम की वैल्यू बढ़ाने की कोशिश कीजिए और फ़ालतू की चीजों से अपना ध्यान हटाकर अच्छी चीज़ों पर लगाने की कोशिश कीजिए।

अपने टाइम की वैल्यू बढ़ाने के लिए आप नीचे लिखे स्टेप्स फॉलो कर सकते हैं–

1. लोगों को काम सौंपें

अगर आपको लगता है कि आपका कुछ काम कोई दूसरा भी कर सकता है, जो थोड़े कम पैसे लेकर उसे कर देगा तो अपना काम उसे सौंप दें।

अगर आपको कोई मिल जाए जो पैसे लेकर आपके लिए काम कर सके तो आप ऐसा कीजिये कि आप लोगों को काम दीजिये और उसके लिए उन्हें पैसे भी दीजिए। आप सारे काम खुद नहीं कर सकते। आप वही काम कीजिये जो आपके लिए बहुत ही ज़रूरी हैं। अगर आपके पास आपका काम का कोई दूसरा ऑप्शन है तो उसे दे दो और अगर नहीं है तो उस काम के लिए किसी को ढूंढो और काम उसे सौंप दो।

सारे काम अगर आप खुद करने बैठ गए तो आप कभी भी अमीर या बड़े आदमी नहीं बन सकते। आप सिर्फ वो काम करें जो आपके सिवा कोई और नहीं कर सकता या वैसा काम करो जो बहुत ही ज्यादा इम्पोर्टेन्ट है। आपको सोचना है कि आपको क्या काम करना है और कौन सा काम दूसरों से करवाना है।

2. न कहना सीखें

बचपन से लेकर अब तक हमने कई सारी डिस्ट्रैक्शंस फेस की हैं। जब हम छोटे बच्चे थे तो हमारे पैरेंट्स ने हमें सिखाया कि हमें सबकी बात माननी है और किसी को ना नहीं कहना है और हमें भी ये चीज अच्छी नहीं लगती थी। आपको लगता था कि आप मना करेंगे तो किसी को बुरा न लगे। इसलिए, आज तक आप किसी को 'ना' कहने की हिम्मत नहीं कर पाते। अब क्योंकि आपको 'ना' कहने की आदत नहीं है तो आप अपनी ज़िन्दगी में कई सारे ऐसे काम करते रहते हैं जो आपको नहीं करने चाहिए और ऐसा करने से खाली आपका टाइम वेस्ट हो जाता है जिससे आपकी वैल्यू कम हो जाती है।

मुझे पता है कि हम सभी बहुत ही अच्छे लोग हैं जो किसी को 'ना' नहीं कहना चाहते। कई बार मेरे साथ ऐसा हुआ है कि मैंने किसी को कुछ करने के लिए कहा, तो सामने वाले ने सीधे तौर पर मना कर दिया है। वहां पर मुझे ऐसा लगा कि मेरी इंसल्ट हुई है लेकिन वो सही थे। मुझे थोड़ा बुरा जरूर लगा कि उसने मुझे 'न' कैसे बोल दिया, पर उसे कोई फर्क नहीं पड़ा क्योंकि उसे पता था कि उसे क्या करना है और क्या नहीं।

मैं यहाँ आपको एक उदाहरण देता हूँ–

मैं एक दिन अपने ऑफिस से घर आता हूँ और मेरी मम्मी कहती हैं

कि बेटा मुझे उस दुकान से कुछ काम है तो तुम कर के आ जाओ। तो मैं अपनी मम्मी को साफ तौर पर मना कर देता हूँ कि मम्मी मैं नहीं कर पाऊँगा। धीरे–धीरे उन्हें भी समझ आ जाता है कि ये इस काम को नहीं करेगा क्योंकि इसे दूसरा काम करना है। आपको भी बहुत सारे ऐसे काम बोले जाते हैं लेकिन आपको इसके लिए 'ना' कहना सीखना होगा। क्योंकि एक ज्यादा इम्पोर्टेन्ट काम छोड़कर अगर आप कोई दूसरा काम कर रहे हैं, तो आप आपने टाइम की वैल्यू को कम कर रहे हैं। अगर आपको अपने टाइम की वैल्यू को बढ़ाना है तो आपको 'नहीं' बोलना सीखना ही पड़ेगा। अब आपको शांत दिमाग से सोचना है कि आपको कौन सा काम करना है और कौन सा काम नहीं करना है।

3. ये काम मेरे बिना कैसे हो सकता है?

इस चैप्टर को पढ़ने के बाद आपको ये सवाल खुद से करना है कि ये काम मेरे बिना कैसे हो सकता है? ये ऐसा अकेला सवाल है जिसने दुनिया के सबसे अमीर आदमी प्रोड्यूस किये हैं। अब मैं आपको एक कहानी सुनाऊंगा जिसके बाद आपको खुद ही ये समझ आ जायेगा कि ये सवाल आपको अमीर कैसे बनाएगा।

एक बार एक गरीब आदमी ने भगवान जी से बहुत सारी शिकायतें की– कि तुम ऐसे हो, तुम वैसे हो, तुम गरीबों के बारे में नहीं सोचते, सिर्फ़ अमीरों का ही ख्याल रखते हो और बहुत कुछ।

वह आदमी भगवान को जितना कुछ सुना सकता था उसने सुना दिया। इतना सुनकर भगवान उसके सामने आये और बोले कि 'भाई, तुझे परेशानी क्या है?' वो आदमी थोड़ा चुप होकर बोलता है कि 'भगवान मैं गरीब था और गरीब ही रह गया। मेरे घर परिवार, खानदान और आस–पड़ोस सब गरीब हैं और आपको क्या पता कि मैं अपना जीवन कैसे काट रहा हूँ। जहाँ मैं काम करता हूँ वो लोग कितने अमीर हैं, वो लोग खुश भी रहते हैं। आप उनको सारा पैसा दे रहे हो, जो कुछ भी उनको चाहिए उन्हें सब मिल रहा है। आप गरीबों के साथ गलत कर रहे हो।'

इस पर भगवान कहते हैं कि 'अगर ऐसी बात है तो मैं अभी तुरंत तेरे मालिक को गरीब कर देता हूँ, उसका सारा पैसा ले लेता हूँ। लेकिन तुम

देखना वो फिर एक दिन अमीर बन जायेगा।' भगवान तुरंत ही उस अमीर आदमी का सब कुछ छीन लेते हैं। वो उस गरीब आदमी से कहते हैं कि 'अब तुम दोनों बराबर हो गए हो तो अब अपना अपना देख लो कि तुम्हें क्या करना है।' इतना कहकर भगवान अंतरध्यान हो जाते हैं।

गरीब इंसान बड़ा खुश हुआ कि 'ये भी गरीब हो गया'। एक बार दोनों एक साथ ही थे तो अमीर ने इंसान बोला कि 'हमारे पास कुछ भी नही बचा है। हमारा परिवार है और उसे हम भूखा नहीं रख सकते तो चलो कुछ काम करके पैसे कमाते हैं।'

उसकी इस बात पर गरीब आदमी सहमती में हाँ बोलता है और दोनों मछली पकड़ने निकल जाते हैं। दोनों, पास के तालाब में गए जहाँ उन्होंने मछली पकड़ी, बाज़ार में बेची और जो भी पैसे मिले उसे लेकर अपने–अपने घर चले आए। अब जो गरीब इंसान था उसने अपने परिवार को खूब अच्छे से खाना खिलाया जिसमें तरह–तरह के पकवान थे। ऐसा लग रहा था कि वो दावत दे रहा है। लेकिन अमीर इंसान को 400 रुपये मिले थे, जिसमें उसने परिवार के खाने के ऊपर सिर्फ़ 100 रुपये ही खर्च किये और बाकी के पैसे बचा लिये । अगले दिन वो दोबारा मछली पकड़ने गए और दोनों ने फिर उतने ही पैसे कमाए और फिर गरीब आदमी ने परिवार को सारे पैसे खर्च कर अच्छे से भोजन कराया और अमीर आदमी ने 100 रुपये ही ख़र्चे और परिवार वालों को दाल रोटी खिलाई। ऐसा एक हफ्ते तक होता चला गया।

अब अमीर आदमी ने खुद से सवाल किया कि ये काम मेरे बिना कैसे हो सकता है?

अब उस अमीर आदमी ने अपने पड़ोस के आदमी को पकड़ा और बोला कि अगर तू मेरे साथ मछली पकड़ने चलेगा तो मैं तुझे दिन के 200 रुपये दूंगा। उसने सोचा कि मेरे पास कुछ पैसे रखे भी हुए हैं तो मैं इसे आसानी से दे सकता हूँ। दोनों गए और दोनों ने मिलकर मछली पकड़ी। वहीं गरीब इंसान अकेले मछली पकड़ रहा था। अमीर आदमी ने उस दिन 800 रुपये की मछली बेची और दूसरे आदमी को 200 रुपये भी दे दिए। वहीं गरीब फिर 400 रुपये ही कमा पाया। आज अमीर आदमी ने 500 रुपये बचाए, जो पहले 300 रुपये बचता था।

उस अमीर आदमी ने फिर खुद से वही सवाल पूछा कि ये काम मेरे बिना कैसे हो सकता है? फिर अगले दिन वो मछली पकड़ने के लिए 3 लोगों को लेकर गया। फिर 6 लोग, फिर 10 लोग..। ऐसा करते–करते महीने के अंत में उसके पास 20 लोग थे मछली पकड़ने के लिए और वो गरीब आदमी आज भी अकेला ही था।

एक साल के बाद उस आदमी ने उस पूरे एरिया में मछली पकड़ने के लिए पूरी टीम बना ली और धीरे–धीरे दोबारा पैसे कमाने लगा। दो साल के बाद मछली पकड़ने वाले दिग्गजों में इस आदमी का नाम आने लगा और 5 सालों में वो पूरे देश में मछली पकड़ने वाली सबसे बड़ी कंपनियों में से एक का मालिक बन गया।

उसका सिर्फ एक सवाल था कि– ये मेरे बिना कैसे हो सकता है?

अगर आप भी ऐसे ही सवाल करते हैं कि ये आपके बिना कैसे हो सकता है? तो आप अपने टाइम की वैल्यू बढ़ा रहे हैं। आपके टाइम की वैल्यू 1,440 भी हो सकती है और 14 लाख भी हो सकती है। इसी सवाल के कारण वारेन बफेट दिन के 250 करोड़ रुपये कमाता है।

अब आपकी बारी है।

अब आपको भी अमीर बनने का सीक्रेट पता चल गया। तो अब अगर आप खुद से भी ये सवाल पूछने लगें कि ये आपके बिना कैसे हो सकता है, तो आप आपने टाइम की वैल्यू बढ़ायेंगे और आपको अमीर बनने से कोई नहीं रोक पाएगा है।

वर्कशीट

1. आप अपने टाइम की वैल्यू को बढ़ने के लिए क्या स्टेप्स लेने वाले हैं?

2. आप दिन भर में जो कुछ भी करते हैं उसके लिए रात में खुद से पूछिए कि जो कुछ भी काम आज आपने किये उसमें से कौन सा ऐसा काम था जो आपके बिना भी हो सकता था?

अध्याय – 14

जैम सेशन

आज का जो टॉपिक है वो मेरा फेवरेट टॉपिक है। मैं इसे हर दिन अपनी लाइफ़ में अप्लाई करता हूँ। जब से मैंने इस पर काम करना शुरू किया है, तब से मेरी लाइफ़ में प्रोडक्टिविटी 10 गुना बढ़ गई है। अगर आप भी अपना बिज़नेस, वेल्थ, हेल्थ या कुछ और बढ़ाना चाहते हैं तो ये चैप्टर आपके लिए है।

इंटरनेट पर आपको एक रिसर्च मिल जायेगी जिसका टॉपिक है – "फॉर्च्यून 500" कंपनी के सीईओ कितने घंटे प्रोडक्टिव काम करते हैं?

रिसर्च से यह बात सामने आई कि उनके सीईओ दिन के सिर्फ़ 90 मिनट ही प्रोडक्टिव काम करते हैं, जो उन्हें ऐक्चुअल रिजल्ट देते हैं। आप सोच रहे होंगे कि हम लोग तो दिन के 9–10 घंटे काम करते हैं लेकिन हमें सक्सेस नहीं मिलती। और ये सिर्फ 90 मिनट काम करके इतना कुछ अचीव कर लेते हैं।

ये 90 मिनट जैम सेशन कहलाता हैं। और बाकी का टाइम जो हम दूसरे काम करने में उपयोग करते हैं वो ऑर्गेनाइजेशन के लिए काम के हो सकते हैं और नहीं भी। मैं आपको बताता हूँ कि आप चाहें कोई भी क्यों न हों, चाहें आप स्टूडेंट हों या बिज़नेसमेन या कुछ और, आपके पास ये 90 मिनट का जैम सेशन होना चाहिए जो अभी नहीं है।

आपके पास हर दिन एक लिस्ट होनी ही चाहिए जिसमें आपने लिखा हो कि आप आज के दिन में क्या करने वाले हैं। आपको पता होना चाहिए कि आपके पास क्या काम है और उसमें से कौन कौन से काम आपको प्रायोरिटी पर करने हैं। ध्यान रहे कि इन कामों को आप फ़ोकस के साथ करें। हम जो भी काम कर रहे हैं उस पर हमें पूरा फ़ोकस करके उसे अपना 100% देना चाहिए।

उदाहरण के लिए–

एक दिन में हमें इस बुक के 5 चैप्टर्स पढ़ने हैं। तो इसके लिए आपको एक जैम सेशन असाइन करना पड़ेगा। ध्यान रहे कि उस दौरान आप दूसरी सारी चीजों से दूर रहें। ये सेशन कम से कम 30 मिनट का होना ही चाहिए। हर किसी को अटेंशन चाहिए , यहाँ तक आपको भी तो अटेंशन चाहिए। इसलिए आप अपने काम को भी पूरा अटेंशन दें। हमारे आस–पास बहुत सारे डिस्ट्रैक्शंस हैं और इन्हीं की वजह से हम जरूरी चीज़ों पर फ़ोकस नहीं कर पाते हैं। इसलिए, हमें इन सभी चीज़ों से बाहर निकलना है और ध्यान रखना है कि दोबारा इनमें न फसें और आपने काम पर फ़ोकस करें। अगर आप इन डिस्ट्रैक्शंस से बाहर निकलना चाहते हैं तो आपको सिंसियर होना पड़ेगा और खुद के लिए जैम सेशंन निर्धारित करने पड़ेंगे।

अब आपके पास आपका सबसे इम्पोर्टेन्ट प्रोजेक्ट है। आप उसका टाइम डिसाइड कर लें कि आपको वो काम कितनी देर में करना है। अगर आपको लगता है कि इस बुक के 5 चैप्टर्स आप 1 घंटे में पढ़ लेंगे तो आप 30 मिनट का टाइम सेट करें। और अगर आपको लगता है कि आप 30 मिनट में कर लेंगे तो 15 मिनट का टाइम सेट करें। आपने माइंड को स्ट्रेस में रखें जिससे वो ज्यादा काम करे और कम समय में जितनी हो सके उतनी इन्फॉर्मेशन निकाल लें। ऐसा करने से आपको ही फायदा होगा।

अब आप एक स्टॉप वाच लीजिये और उसमें 30 मिनट का टाइम सेट कर दीजिए जिसमें आप इस बुक के 5 चैप्टर्स खत्म कर लेंगें। अगर आपका फोन भी आपका ध्यान भंग कर रहा है" तो उसे भी एयरप्लेन मोड में रख दें। दूसरी किसी तरह की भी डिस्ट्रैक्शन अपने पास न आने दें। अब आप जैम सेशन के लिए तैयार हैं। लेकिन इस सेशन के शुरू होने के 5 मिनट के अंदर ही आप डिस्ट्रैक्ट होने लग जायेंगे। तो कोशिश करें कि उन 30 मिनट तक सभी ऐसी चीजें अपने से दूर कर दें˙ जो आपका ध्यान भटका सकती हैं। एक बार आपने जैम सेशन शुरू कर दिया तो आपका माइंड डिस्ट्रैक्ट होगा। कुछ देर बाद ही आपका हाथ अपने आप आपके फ़ोन पर जाएगा। आपको इन्हीं चीजों से बचना है। आपको सिर्फ उसी चीज के ऊपर ध्यान लगाना है जो आपका काम है। उसके अलावा आपको कुछ नहीं करना है।

अगर पूरे कंसन्ट्रेशन के साथ जैम सेशन को पूरा किया तो आप खुद ही

चौंक जायेंगे कि आपने ये कर कैसे लिया। आप सिर्फ़ 12 मिनट में 2 चैप्टर्स पढ़ चुके होंगे। अगर आप ऐसा करने में सफल हो गए तो यकीन मानिये कि आप कम समय में ज्यादा काम कर पायेंगें। आपको ऐसा लगेगा कि समय ने अपनी चाल धीमी कर दी है क्योंकि कम समय में आप वो अचीव कर लेंगे जो आपने सोचा भी नहीं होगा कि आप कर पायेंगे। आपने ऐसा इसलिए किया क्योंकि आपके पास सिर्फ उस काम और फ़ोकस के अलावा और कुछ नहीं था। जो भी रिजल्ट आपको मिलेगा वो एक्सेप्शनल होगा यानी अपवादस्वरूप होगा। ऐसा इसलिए क्योंकि काम करते वक्त सिर्फ आप और आपका काम था। बाकी चीज़ों के लिए आप दोनों के बीच जगह नहीं थी।

मैं आज जहाँ भी हूँ, वो सिर्फ इसलिए क्योंकि मैं ये काम रोज़ 3–4 बार करता हूँ। अब आप ही सोचें कि अगर आप भी रोज़ ऐसा करेंगे तो क्या होगा। ऐसा दिन में 3 बार भी किया तो आप भी उन सीईओ के बराबर हो जाएंगे और अगर दिन में 4 बार कर रहे हैं तो आप पहले से ही उनसे आगे निकल रहे हैं ।

वर्कशीट

1. आज ही आप एक जैम सेशन प्लान कीजिये जो 39 मिनट्स का हो।

2. एक दूसरा जैम सेशन प्लान कीजिये जो किसी काम के प्लानिंग के लिए हो।

अध्याय – 15

टाइम मैनेजमेंट

इनसेन प्रोडक्टिविटी के बारे में हम नई–नई चीजें सीखते जा रहे हैं और उस पर अमल भी करते जा रहे हैं। और मुझे यकीन है कि आपको मज़ा भी बहुत आ रहा होगा। अब मैं आपको ऐसी चीज या यूं कहें कि प्रॉब्लम के बारे में बताने जा रहा हूँ जिसका लगभग हर कोई सामना करता है।

लोग अक्सर मुझसे पूछते हैं कि, "हम अपने टाइम को कैसे मैनेज करें।"

उनका कहना होता है कि उनके पास टाइम तो है लेकिन कम है। तो वो इसे कैसे मैनेज करें कि उनका काम टाइम से हो जाए। तो यहां मैं आपको टाइम मैनेज करने के सरल तरीके बताऊंगा, जिससे आप अपना टाइम अच्छी तरह से मैनेज कर पायेंगे।

वैसे देखा जाये तो टाइम कभी मैनेज नहीं होता बल्कि आपकी एक्टिविटीज़ मैनेज होती हैं। तो आपको ऐसा क्या करना चाहिए जिससे आप अपने समय का सदुपयोग कर सकें।

इस बारे में हम नीचे दिए हुए 'IU' चार्ट से सीख सकते हैं जिसमें 'I' का मतलब है– इम्पोर्टेन्ट और 'U' का मतलब है– अर्जेंट।

Not Important Not Urgent	Not Important Urgent
Important Not Urgent	Important Urgent

i- न इम्पोर्टेंट और न ही अर्जेन्ट

ऊपर के डायग्राम में आप देख सकते हैं कि 4 कैटेगरी दी हुई हैं। ये वो कैटेगरी हैं जिनके हिसाब से हम दिन में काम करते हैं। इनमें सबसे पहली कैटेगरी ऐसी है जिसमें हम अपना 80: से भी ज्यादा टाइम बिता देते हैं और वो ऐसे काम हैं जो न ही इम्पॉर्टेंट हैं और न ही अर्जेंट हैं। जैसे कि हम टीवी देखते हैं। क्या टीवी देखना इम्पोर्टेन्ट काम है? कि अगर आपने नहीं देखा तो प्रॉब्लम हो जाएगी। बिल्कुल नहीं।

टीवी देखना बिल्कुल भी इम्पोर्टेन्ट नहीं है लेकिन फिर भी हम यह काम करते रहते हैं। अच्छा आप मुझे बताएं कि फेसबुक को स्क्रॉल करना कितना इम्पॉर्टेंट है? इसलिए जो बड़े लोग हैं वो अपनी फेसबुक प्रोफ़ाइल या ट्विटर प्रोफ़ाइल खुद नहीं देखते हैं क्योंकि न तो ये इम्पॉर्टेंट है और न ही अर्जेंट। इसलिए वे लोग ये काम करते ही नहीं हैं। लेकिन हम करते हैं और इसीलिए हम उन 99% लोगों में आते हैं जो अपने दिन का 80% टाइम खराब करते हैं। अब से हमें भी ये काम नहीं करना है क्योंकि यहाँ आपका ढेर सारा वक्त बचता है और आप इसी समय में दूसरे काम भी कर सकते हैं।

ii- इम्पोर्टेंट नहीं लेकिन अर्जेन्ट

दूसरे काम जो होते हैं वो अर्जेंट होते हैं लेकिन इम्पॉर्टेंट नहीं। ऐसे काम दिन में केवल 5: ही होते हैं। मान लीजिये कि आपके पास किसी रिलेटिव की कॉल आ गयी। उन्होंने कहा कि उनका ऐक्सिडेंट हो गया है। आपको लगता है कि जाना ज़रूरी है तो आप ज़रूर जायें वर्ना मत जाएँ। जैसे अगर आप बीमार हैं तो आपको डॉक्टर को दिखाना ही है क्योंकि वो अर्जेन्ट है। अब ये देखिये कि आपके पास दिन के जो भी काम हैं उनमें से क्या अर्जेंट है। जो काम अर्जेंट होते हैं वो आपको स्ट्रेस दे सकते हैं। ज्यादातर लोग अपनी लाइफ़ में उपरोक्त टेबल के पहले दो कॉलम्स के ऊपर ही काम करते हैं। और पूरे दिन में ये क्वाडरैन्ट्स केवल 5% काम ही करते हैं।

iii- इम्पोर्टेंट लेकिन अर्जेन्ट नहीं

टेबल के तीसरे कॉलम में आपको ऐसे काम के बारे में बताया गया है जो अर्जेंट तो है पर इम्पॉर्टेंट नहीं है। उदाहरण के लिए–

आपको एक ऐसे एग्जाम की तैयारी करनी है जो कुछ महीनों बाद है। आपके लिए इसकी तैयारी करना इम्पॉर्टेंट है क्योंकि आपको अच्छे मार्क्स लाने हैं। लेकिन क्या आप अपने एग्जाम की तैयारी पहले से ही शुरू कर देते हैं? ऐसा लगता है कि एग्जाम की तैयारी ज़रूरी है लेकिन क्या हम इन्हें अर्जेंट मानते हैं? इसलिए, आपको अपने एग्ज़ाम मकी तैयारी अभी से शुरू कर देनी है। अगर आपको एक हफ़्ते बाद कोई प्रोजेक्ट सबमिट करना है तो आप आज से ही उसके ऊपर काम शुरू कर दीजिये। इस काम के लिए हम दिन का सिर्फ 5% समय ही इस्तेमाल कर पाते हैं। तो अगर आपको अपनी लाइफ़ और ऐक्शन्स पर कंट्रोल चाहिए तो ऐसा बिल्कुल नहीं होना चाहिए।

iv- इम्पोर्टेंट भी और अर्जेन्ट भी

टेबल में चौथा कॉलम उन चीज़ों का है जो इम्पॉर्टेंट होने के साथ–साथ अर्जेंट भी हैं। मान लीजिये कि आपके एग्ज़ाम में केवल दो दिन ही रह गए हैं। अब यहाँ पर पढाई करना इम्पॉर्टेंट भी है और अर्जेंट भी। अगर आपने दो दिनों में पढाई नहीं की तो आप फेल भी हो सकते हैं। आपका स्ट्रेस बहुत अधिक बढ़ गया है कि आपको अब तो ये काम करना ही है। इसलिए काम को तभी खत्म कर लें जब आपको लगे कि ये आपके लिए इम्पॉर्टेंट है, भले ही उस समय वो अर्जेंट हो न हो। ऐसा करने से आपको ही फायदा होगा।

हम लोग अधिकतर वही काम करते हैं जो न तो इम्पॉर्टेंट है और न ही अर्जेंट। हमें टेबल के तीसरे कॉलम के ऊपर कम से कम 80% टाइम देना चाहिए जहाँ हम सिर्फ 5% ही दे पाते हैं। हम अपना सबसे ज्यादा टाइम, टेबल के पहले कॉलम में दर्ज कामों के ऊपर वेस्ट करते हैं। हमें उसे ही चेंज करना है।

सक्सेस के लिए हमें तीसरे कॉलम पर फ़ोकस करना चाहिए। लेकिन आप ऐसा कैसे कर सकते हैं? सबसे पहले तो अपने फोन को क्लीन कीजिये। उन सभी ऐप्स को आपने फोन से हटा दीजिए जो ज़रूरी नहीं हैं। सिर्फ वही ऐप रखें जो आपकी पर्सनलिटी में वैल्यू ऐड करते हैं। अपने इम्पॉर्टेंट कामों की लिस्ट बनाकर अपने पास रखिये और उनको मैनेज कीजिये।

वर्कशीट

1. आपके लिए अभी सबसे जरूरी टास्क क्या है?

2. वो कौन से ऐसे काम हैं जो आपको लगता है कि वो न तो आपके लिए इम्पोर्टेंट हैं और न ही अर्जेन्ट?

अध्याय – 16

प्रायोरिटाइज़िंग एंड बिल्डिंग मोमेंटम

क्या आपने मोमेंटम शब्द, फ़िज़िक्स को छोड़कर कहीं और सुना है?

– नहीं!

चलिए मैं आपको बताता हूँ। अभी आप प्रोडक्टिविटी सीरीज़ के बारे में सीख रहे हैं, इसी फैक्टर के बारे में बात कर रहे हैं। आप अपनी प्रोडक्टिविटी बढ़ाने को लेकर पहले भी कई सारी चीजें सीख चुके हैं। अभी हमें दो चीजें और सीखनी हैं जो हैं–

- प्रायोरिटाइजिंग थिंग्स और
- बिल्डिंग मोमेंटम।

हमारे साथ क्या होता है कि हमारे पास करने के लिए बहुत सारे इम्पॉर्टेंट काम होते हैं और उसके बावजूद कई सारे ऐसे काम होते हैं जो छूट भी जाते हैं। हम उन्हें करना तो चाहते हैं लेकिन कर नहीं पाते। इसीलिए प्रोडक्टिविटी कम हो जाती है। हमें कहीं न कहीं लिख लेना चाहिए कि इम्पॉर्टेंट कामों में भी क्या काम हमें पहले करना है और क्या बाद में। आप पेन और पेपर लेकर बैठ सकते हैं और आपने कामों को प्रायोरिटाइज़ करने के लिए नीचे लिखे स्टेप्स फॉलो कर सकते हैं–

1. एक ऐसी लिस्ट बनाएं जिसमें लिखा हो कि आपको क्या करना है

आपको अपनी एक लिस्ट बनानी है जिसमें लिखा हो कि आपको क्या काम करना है। आपको पता होना चाहिए कि आपको आज क्या करना है या एक हफ्ते में क्या करना है या फिर एक महीने में क्या करना है? हर चीज लिखें और कोशिश करें कि वो दिन के हिसाब से हों। उन चीजों की प्रायोरिटी भी लिखें।

2. कैटेगरी बनाएं

जो भी टास्क आपने लिखें हैं उन्हें 4 कैटेगरी में बांट दें –

– न इम्पॉर्टेंट और न ही अर्जेंट

– इम्पॉर्टेंट नहीं है लेकिन अर्जेंट है

– इम्पॉर्टेंट है लेकिन अर्जेंट नहीं है

– इम्पॉर्टेंट भी है और अर्जेंट भी है

3. इम्पॉर्टेंट और अर्जेंट चीज़ों की रैंकिंग करें

जितने भी काम आपकी लिस्ट में हैं उन्हें अर्जेंट और इम्पॉर्टेंट के टर्म में रेटिंग दें। याद रखें कि 99: लोग ऐसा नहीं करते हैं। अगर आपने ऐसा किया तो आप खुद के अंदर पॉजिटिव चेंजेस देखने लगेंगें।

4. एक समय में एक ही काम करें

जब तक आप अपने हाथों में लिया हुआ एक काम खत्म नहीं कर देते, दूसरे काम को मत शुरू कीजिए। मल्टी टस्किंग यानी एक साथ कई सारे काम करने की कोई ज़रूरत नहीं है। मल्टी टास्किंग मशीनों के लिए है, इंसानों के लिए नहीं। हम कई बार एक काम के बीच में ही दूसरा काम शुरू कर देते हैं जो गलत है। कई बार हम चाय रखकर दूसरे काम करने लग जाते हैं। किसी भी काम को पूरा अटेंशन दें। जब आप अपने काम पर पूरा फ़ोकस करेंगे तो वो उसी तरह पूरा होगा जैसे आप चाहते हैं।

5. दूसरों को क्या काम देना है वो काम डिसाइड करें

हमेशा ये डिसाइड कीजिये कि वो कौन से काम हैं जो आपके बिना भी किये जा सकते हैं? हो सकता है कि जितने काम आपके पास हैं वो सभी आप न कर पाएं, इसलिए अपने कुछ काम को दूसरों के लिए रखें। आपको वही काम करने हैं जो आपके लिए इम्पॉर्टेंट और अर्जेंट हैं।

6. सबसे कठिन काम से शुरुआत करें

जब आप सुबह सोकर उठते हैं तो आपके अंदर काफी सारी एनर्जी

होती है और आपकी विल पावर भी काफी मजबूत होती है। उस समय ऐसे काम करें जो आप सबसे बाद में करना पसंद करते हैं। आप देखेंगें कि जो रिज़ल्ट्स आपको मिल रहे हैं वो एक्स्ट्रा आर्डिनरी हैं। इसलिए, दिन की शुरुआत सबसे कठिन काम से करें। ऐसा करने से आपकी विल पावर भी स्ट्रांग होगी और आपका कॉन्फिडेंस लेवल भी बढ़ेगा।

7. आगे बढ़ते रहें

जब आप अपनी कार ड्राइव करते हैं और एक स्पीड पर पहुँचने के बाद अपने पैर एक्सेलेरेटर से हटाते हैं तो आप देखते हैं कि आपकी कार अभी भी चल रही है। आप देखेंगें कि आप मोमेंटम में हैं। आपने क्रिकेट में भी देखा होगा कि जब एक बॉलर बॉलिंग करता है तो उससे पहले वो थोड़ी दूर दौड़ कर आता है। जब वो दौड़ता है तो उसके अंदर मोमेंटम पैदा होता है और वही मोमेंटम या संवेग उसके हाथ में पकड़ी बॉल में आ जाता है। और जब बॉल उसके हाथ से छूटती है तो तेज गति से बैट्समैन की ओर जाती है। आप भी आपने काम के लिए मोमेंटम बनाइये और एक बार आप मोमेंटम में आ गए तो आप देखेंगे कि आप जो भी काम करेंगें उसमें आपको लगातार सफलता मिल रही है।

तो रुके नहीं, आगे बढ़ते रहें।

वर्कशीट

1. अपनी प्रायोरिटी के हिसाब से "टू डु" लिस्ट बनाएं।

2. आप मोमेंटम कैसे बिल्ड कर सकते हैं?

अध्याय – 17

अपनी कुल्हाड़ी पर धार लगाएं

इस अध्याय की शुरुआत करने से पहले मैं आपको एक कहानी सुनाना चाहता हूँ, जो एक लकड़हारे की कहानी है। ये लकड़हारा एक फैक्ट्री में लकड़ियां काटने का काम करता था। वो लकड़ियां काटकर फैक्ट्री में लाता था और इस काम के बदले उसे पैसे मिलते थे। उसकी ज़िन्दगी आराम में कट रही थी। एक दिन उस कंपनी ने एक दूसरे लकड़ी काटने वाले को रख लिया और उसे भी लकड़ी काटने के उतने ही पैसे मिलने लगे जितने इसे मिलते थे। कंपनी ने जिस नए आदमी को काम पर रखा था उसे एक ही महीने में इन्क्रीमेंट भी मिल गया। पुराने वाले को बुरा लगा कि 'मैं इतने दिनों से काम कर रहा हूँ और नए वाले को इतनी जल्दी प्रमोशन भी मिल गया'।

इस बात से दुखी लकड़हारा कंपनी के सुपरवायज़र के पास गया और शिकायत की–

"मैं तो आपके यहाँ पहले से ही काम कर रहा हूँ तो नयी भर्ती से पहले मुझे प्रोमोशन मिलनी चाहिए थी।"

कंपनी के सुपरवायज़र ने कहा, "नया वाला लकड़हारा तुमसे तीन गुना ज्यादा लकड़ियां काट कर लाता है।"

लकड़हारा कहता है, "ऐसा संभव ही नहीं है।"

अब ये सोच में पड़ जाता है कि नया वाला लकड़हारा ऐसा क्या करता है जो एक दिन में वो मुझसे ज्यादा लकड़ियां काट कर ले आता है। एक दिन पुराना लकड़हारा नए वाले का पीछा करता है और देखता है कि वह एक के बाद एक पेड़ काटे जा रहा है और वो भी बड़ी आसानी के साथ। कुछ ही देर में उसने ढेर सारी लकड़ियां इकठ्ठा कर लीं। अब ये उससे पूछता है कि आपके पास इन लकड़ियों को इतनी आसानी से काटने की

नॉलेज कहाँ से आयी। पुराना लकड़हारा कहता है कि एक काम करते हैं हम दोनों साथ में मिलकर पेड़ काटते हैं। नया लकड़हारा देखता है कि पुराना वाला पेड़ धीरे–धीरे काट रहा है।

ऐसा देखकर नया लकड़हारा पुराने वाले से पूछता है कि आपने अपनी कुल्हाड़ी पर आखरी बार धार कब लगाई थी? पुराना लकड़हारा बोलता है कि कुछ 5 साल पहले। नया लकड़हारा बोलता है कि 'आपने यही गलती कर दी। मैं हर रोज़ अपनी कुल्हाड़ी पर आधे घंटे तक धार लगता हूँ। अब से आप भी अपनी कुल्हाड़ी पर धार लगाएं, पेड़ काटने के कम से कम आधे घंटे पहले तो लगाएं ही।'

हम में से कई लोग ऐसे हैं जो हर दिन अपनी कुल्हाड़ी पर धार नहीं लगाते। यहाँ कुल्हाड़ी से तात्पर्य हमारे स्किल्स से है। जिसे हमें हर दिन अपग्रेड करना चाहिए। हम सालों साल तक एक ही फील्ड में काम करते हैं और खुद को कभी अपग्रेड नहीं करते। फिर कोई और आता है और हमसे आगे निकल जाता है। ऐसा इसलिए होता है क्योंकि वो अपने ऊपर अपना टाइम इन्वेस्ट करते हैं और हर दिन खुद को अपग्रेड करते रहते हैं। उनके रिज़ल्ट्स भी हमसे बेहतर होते हैं।

अब आप मुझे बताइये कि आपने अपनी कुल्हाड़ी पर धार कब लगाई थी?

इस बुक को पढ़ते हुए आप वही कर रहे हैं। अपनी स्किल्स को इमप्रूव करने के लिए आपको कुछ स्टेप्स फॉलो करने की जरूरत है।

1. हर दिन खुद में 1% इम्प्रूवमेंट लाएं

हमेशा इस माइंडसेट के साथ रहें कि आपको हर सुबह जल्दी सोकर उठना है। जब भी आप सोकर उठते हैं तो आप पहले दिन से बेटर होते हैं। ऐसा कहा जाता है कि अगर पौधा बढ़ नहीं रहा है इसका मतलब वो खत्म हो रहा है। आप पौधे न बनें। अगर आप अपने नॉलेज में इन्वेस्ट नहीं कर रहे हैं तो समझ ले कि आप डीग्रेड हो रहे हैं। आपने देखा होगा कि आपके मोबाइल में या कंप्यूटर में सॉफ्टवेयर अपडेट आता है और हम अपडेट करते भी हैं। अगर आप ऐसा नहीं करेंगे तो आपको मोबाइल का अडवांस्ड वर्ज़न नहीं मिलेगा।

लेकिन क्या हम अपने आपको अपग्रेड करते हैं?

जब भी हम पढ़ाई करते हैं तो हमें फ़ोकस के साथ करनी चाहिए। अगर हम बिज़नेस में भी हैं तो हमें हर दिन कुछ नया सीखना चाहिए। आप ऐसी आदत बनाएं कि आप हर दिन अपने आपको 1% इम्प्रूव करें । अगर मैं कस्टमर्स के साथ डील कर रहा हूँ तो मैं उन्हें और उनकी जरूरतों को समझने के लिए थोड़ा टाइम और दूंगा। ऐसा करने से मैं उन्हें और बेहतर समझ पाऊँगा और उनके लिए और अच्छा सजेशन दे पाऊंगा। ठीक वैसे ही अगर आप ज़िम में थोड़ा और टाइम देंगें और थोड़ा और वर्कआउट कर लेंगें तो वो आपकी बॉडी के लिए बेहतर होगा। अगर आपने ऐसा किया तो एक साल में आप खुद से ही तीन गुना। बेहतर होकर निकलेंगें।

2. खुद के कोच बनें

दूसरे बड़े लोगों से कोचिंग लेना इतना आसान नहीं है। उन तक पहुँचने के लिए आपको खुद को बेहतर बनाना होगा। जब तक आप ऐसा करेंगे तब तक आप खुद के कोच बन चुके होंगे। आपको इस बात को देखना है कि आप क्या कर रहे हैं। आपको खुद को मॉनिटर करना है। अगर आपको दारू पीने की आदत है तो आप इसे भी आधा कर दें। अगर आप ऐसा करते हैं तो ये भी एक इमप्रूवमेंट ही है। अगर आप मार्केट में खड़े होकर जंक फूड खा रहे हैं तो आपको पता होना ही चाहिए कि ये आपकी सेहत के लिए अच्छा नहीं है।

यकीन मानिये कि यह आपके अंदर इमप्रूवमेंट लाने की तरफ पहला स्टेप है। अगर आप अपने अंदर ऐसे छोटे छोटे बदलाव लाते हैं तो एक साल के अंदर आप खुद से ही तीन गुना बेहतर हो जायेंगें। जो भी बदलाव आपके अंदर आ रहे हैं उन पर ध्यान दें क्योंकि अंत में वो आप ही हैं जो आगे बढ़ रहे हैं। अगर आप ये किताब पढ़ रहे हैं, तब भी आप बेहतर बन रहे हैं। तो अपनी प्रोग्रेस को मॉनिटर करें क्योंकि अंत में वो आप ही हैं जो प्रोग्रेस करेंगे और बेटरमेंट की तरफ बढ़ेंगे। तो अपने कोच खुद बनें और खुद को इमप्रूव करें।

3. हर दिन इमप्रूवमेंट की आदत बनाओ

ध्यान रखें कि आपको खुद को हर दिन इमप्रूव करना है। एक बार

मुझसे किसी ने पूछा कि जब हम ट्रेवल करते हैं उस टाइम को कैसे यूटिलाइज़ करें? तो मैं आपको बताता हूँ, यात्रा के दौरान हम दो काम कर सकते हैं। एक तो हम अपने फोन पर रेडियो या गाने सुन सकते हैं और दूसरा ब्लूटूथ का इस्तेमाल कर सेल्फ इमप्रूवमेंट के ऊपर ऑडियो बुक सुन सकते हैं। ये काम आप पब्लिक ट्रांसपोर्ट और प्राइवेट ट्रांसपोर्ट दोनों में कर सकते हैं। जैसे मैं अगर अपनी गाड़ी चला रहा हूँ तो मेरे दोनों हाथ बिज़ी हैं लेकिन मेरा माइंड एकदम खाली है। मैं अपने माइंड को हर दिन पौष्टिक खुराक देता हूँ और इमप्रूव करता हूँ। अगर मैं ऐसा नहीं करता हूँ तो समझो मेरे पास जो भी है मैं उसे भी खत्म कर रहा हूँ। ऐसा सिर्फ मेरे साथ ही नहीं है बल्कि हर किसी के साथ होता है। अब ये आप देखिये कि आपको क्या करना है।

4. चाहे आपको पसंद हो या न हो आपको करना है

एक सफल और असफल व्यक्ति के बीच एक चीज समान होती है। और वो है कि उन दोनों को काम करना पसंद नहीं होता। जैसे मैं सुबह 4 बजे सोकर उठता हूँ, मुझे ये पसंद नहीं है लेकिन फिर भी मैं उठता हूँ। तो आप भी ऐसी आदतें अपनाएं फिर चाहें आपको पसंद हों या न हों इससे कोई फर्क नहीं पड़ता। मुझे अगर कोई चीज मैटर करती है तो वो है– रिज़ल्ट।

मोहम्मद अली ने एक बार कहा था कि उन्हें ट्रेनिंग करना कभी पसंद नहीं था पर जो रिज़ल्ट उन्हें ट्रेनिंग के बाद मिला वो बहुत ही बढ़िया था। क्योंकि ट्रेनिंग के बाद वो चैम्पियन बन गए थे।

5. अगर अपने आपको हर दिन 1% भी इमप्रूव करते हैं तो आपको रिज़ल्ट जरूर मिलेगा। अपने सपनों के साथ कभी भी समझौता न करें। हर कोई अपनी ज़िन्दगी में बेहतर बनना चाहता है लेकिन कई बार उसे समझाने वाला कोई नहीं मिलता है। इसलिए वो आगे नहीं बढ़ पाता। तो आपको मोटिवेशन और इंस्पिरेशन का ऐसा स्रोत बनना है जिसे देखकर लोग आगे बढ़ें।

अगले चैप्टर में हम यह देखेंगें कि ये 1% इमप्रूवमेंट आपकी लाइफ़ कैसे बदल सकता है।

वर्कशीट

1. आप खुद को रोज 1% इमप्रूव करने के लिए क्या कर सकते है?

अध्याय – 18

कम्पाउंडिंग इफेक्ट

इस चैप्टर में मैं आपको जो बताने वाला हूँ वो आपके लिए काफी मददगार साबित हो सकता है। अभी हम फैक्टर इनसेन प्रोडक्टिविटी के ऊपर काम कर रहे हैं। मैं चाहता हूँ कि आपको कम काम करके ज्यादा रिज़ल्ट्स मिलें। इसके लिए आपने अभी तक जो भी सीखा है आप वो अप्लाई कर रहे हैं। बहुत अच्छी बात है, लेकिन जो मैं आपको इस चैप्टर में बताऊंगा वो आपके लिए लाइफ़ चेंजर साबित हो सकता है।

अब आप अपने सारे डिट्रैक्शंस यानी ध्यान भटकाने वाले साधनों को एक तरफ रख दें और इस चैप्टर को ध्यान से पढ़ें। इसमें आप जो भी सीखेंगें वो आपकी ज़िन्दगी बदल के रख देने वाला है। मैं जो आपको बताने वाला हूँ इसको डिस्कवर करने के लिए मैंने बहुत ज्यादा समय खपाया है। इसलिए इसे आप समझें , देखें और हो सके तो कहीं लिख लें ।

आज का टॉपिक है– "कम्पाउंडिंग इफेक्ट"।

महान साइंटिस्ट अल्बर्ट आइंस्टाइन के अनुसार, "कम्पाउंडिंग इफेक्ट दुनिया का आठवां अजूबा है।"

अब मुझे आपको ये बताने की जरूरत नहीं है कि आपको ये कितने फ़ोकस के साथ पढ़ना है।

1. चॉइसेस

इस चैप्टर में हम जिस चीज की बात सबसे पहले करने वाले हैं वो है– आपके चॉइसेस यानी आपकी पसंद। आगे बढ़ने से पहले मैं आपको एक बात बता दूँ कि हम सभी लोग जो इस दुनिया में आते हैं वो सभी एक जैसे होते हैं। हम सभी खाली हाथ आते हैं, हम सभी रो रहे होते हैं। और ढेर सारी समानताएं हैं। बाद में ऐसा क्या हो जाता है कि कुछ लोग

तो बड़े और फेमस बन जाते हैं और वहीं कुछ लोग उसी जगह रह जाते हैं जहाँ वो होते हैं।

जो भी चीजें आपके साथ होती हैं वो आपके चॉइसेस पर डिपेंड करती है। हम हर दिन कोई न कोई चॉइस बनाते ही हैं और यही हमारी पावर होती है। चॉइसेस से यहाँ मतलब हमारे डिसीजन्स से है कि हम क्या करते हैं और क्या नहीं। मान लीजिये कि सुबह जल्दी उठना और हेल्थी खाना आपकी चॉइस है। हम कोई काम करना चाहते हैं या टीवी देखना चाहते हैं वो भी हमारी चॉइस है। हमें हमारी लाइफ में जो भी मिलता है या फिर हम जो कुछ भी बनते हैं वो अपनी चॉइसेस की वजह से बनते हैं। आपकी छोटी–छोटी चॉइसेस भी आपको लाइफ गें बड़ा अचीव करा सकती हैं।

2. बिलीफ़ सिस्टम

हर किसी को अपनी मोरल और एथिकल वैल्यू पता होती है। फिर चाहे कोई सही डिसीजन ले या गलत। आपकी हर बात का उत्तर आपको आपके बिलीफ़ सिस्टम से मिलाता है। आपका बिलीफ़ सिस्टम इतना स्ट्रांग होता है, उसके पास इतनी पावर होती है कि वो आपको बना भी सकती है और तबाह भी कर सकती है। अगर आप इन चैप्टर्स को पढ़ने के बाद भी वही करते हैं जो आप करते आ रहे हैं, तो इसका मतलब है कि आपका बिलीफ़ सिस्टम आपको तबाह कर देगा।

अगर किसी को लगता है कि छोला–भटूरा खाना सही है, तो अगले दिन वो समोसे खा सकता है। और उसके बाद पाव भाजी और फिर पिज्ज़ा और फिर ऐसे ही चलता रहेगा। वो अपने बिलीफ़ सिस्टम की वजह से गलत चॉइसेस लेते हैं। सबसे पहले आपको अपना बिलीफ़ सिस्टम सही करना है और इसके बाद आपको कम्पाउंडिंग इफेक्ट दिखना शुरू होगा। चॉइसेस लेना या डिसीजन लेना आपके हाथ में है। और अपनी चॉइसेस और कंडीशन के लिए आप ही जिम्मेदार हैं।

यहाँ मैं आपको तीन दोस्तों की कहानी सुनाऊंगा जिनके नाम है– राम, श्याम और घनश्याम। वे एक ही ऑफिस के एक ही डिपार्टमेंट में काम करते हैं। वो सभी एक ही उम्र के हैं और तीनों की शादी हो गयी है। उन तीनों ने एक साथ ही अपनी नौकरी की शुरुआत की। तीनों दोस्तों में से

राम ने मेरी ये किताब पढ़ी। ऑफिस में सब कुछ सही चल रहा था, तीनों की लाइफ काफी कम्फर्टेबल थी। लेकिन इस बुक को पढ़ने के बाद राम ने सुबह के 7 बजे की बजाय 5 बजे ही ऑफिस आना शुरू कर दिया और उसका काम समय पर होने लगा। श्याम अपने उसी समय पर उठता था, उसी समय पर ऑफिस आता था। जबकि घनश्याम देर से उठकर लास्ट मिनट में सारे काम करके ऑफिस भागता था।

बुक पढ़ने के बाद राम ने सुबह एक्सरसाइज़ करना शुरू किया, मेडिटेशन शुरू किया। ऑफिस में भी राम ने सेल्स के लिए एक्स्ट्रा कॉल्स करने भी शुरू कर दिये। जबकि श्याम की आदतें पहले जैसे ही रहीं और वो वहीं रहा। घनश्याम की अप्रोच वही कैजुअल रही और उसने अपने बारे में ज्यादा चिंता नहीं की। लंच के समय श्याम और घनश्याम खाने पर टूट पड़ते थे, वहीं राम आराम से फ्राईड खाने की जगह हेल्थी खाना खाता था। शाम के समय भी राम अपना काम खत्म करके ही घर वापस जाता था। वहीं श्याम एकदम टाइम पर निकलता था और घनश्याम कुछ समय पहले ही। शाम को घर जाने के बाद भी राम अपने ऊपर अपना टाइम इन्वेस्ट करता था और पार्ट टाइम काम करता था। अपनी वाईफ को हर वीकेंड पर बाहर भी ले जाता था। श्याम घर वापस आने के बाद अपनी फैमिली के साथ टाइम स्पेंड करता था, टीवी देखता था और फिर सोने चला जाता था। घनश्याम ऑफिस से निकलकर अपने दोस्तों से मिलता था और पार्टी करने के बाद घर जाता था और खाना खाकर टीवी देखकर सो जाता था।

राम ने इस किताब को पढ़ने के बाद ऑफिस में ऊपर नीचे आने जाने के लिए सीढ़ियों का इस्तेमाल करने की सोची। वहीं श्याम या तो लिफ्ट का उपयोग करता था या सीढ़ियों का और घनश्याम तो सिर्फ लिफ्ट से ही ऑफिस में ऊपर नीचे आता जाता। अगले दो महीनों में उन तीनों की लाइफ में बहुत ज्यादा कोई अंतर नहीं आया था। 6 महीने बाद भी चीजें लगभग समान ही थीं। पर 8 महीनों बाद राम के हेल्थ में सुधार हुआ, श्याम वैसा ही रहा वहीं घनश्याम थोड़ा मोटा हो गया। 10 महीनों के बाद बॉस की नज़रों में राम की इमेज़ अच्छी हो गयी, श्याम का काम ठीक–ठाक रहा, वहीं घनश्याम को उसके काम के लिए वॉर्निंग दी जाने लगी।

एक साल के बाद राम को प्रोमोशन मिल जाता है और उसकी सैलरी भी

बढ़ जाती है और वह टीम लीडर बन जाता है। वहीं श्याम उसी पोज़िशन पर रहता है और राम को देखकर सोचता है कि ऐसा कैसे हो गया। घनश्याम को हार्ट अटैक आता है और उसकी वाईफ उसे तलाक की धमकी देती है। ऑफिस में भी उसका काम अच्छे से नहीं होता है और मैनेजमेंट भी उसे काम से निकालने की सोचने लगता है। घनश्याम सोच में पड़ जाता है कि ऐसा क्यों हुआ।

इन तीनों के साथ जो भी हुआ वो इनकी चॉइसेस की वजह से हुआ। आपकी लाइफ़ आपको वहीं लेकर जाती है जहाँ आप जाना चाहते हैं। मेरी लाइफ का ग्राफ हमेशा से ऊपर ही रहा है और वो इसलिए क्योंकि मैंने सही डिसीजन लिये , मैंने अपने बिलीफ़ सिस्टम को दुरुस्त किया। अब आपके ऊपर डिपेंड करता है कि आप कौन से चॉइसेस ले रहे हैं। जीवन में जो भी चॉइस लें सही लें। अपने आपको बदलने के लिए समय दें और मैदान छोड़ने की कभी न सोचें। हर चीज आपके माइंडसेट के ऊपर है।

आपने स्कूल में पढ़ा होगा कि अगर आप लोन नहीं चुकाते हैं तो आपको इंटरेस्ट के ऊपर भी इंटरेस्ट देना पड़ता है। उसी तरह जब हम म्यूच्यूअल फंड या एसआईपी में इन्वेस्ट करते हैं तो जो भी हमारी कमाई होती है हमें उसके ऊपर ब्याज यानी इंटरेस्ट मिलता है। इसलिए, आपको अपने ऊपर काम करना है और सही चॉइसेस लेनी है। अगर हमें हमारी आदतों में सुधार करना है तो हमें उनके ऊपर काम करना सीखना पड़ेगा। याद रखिये कि जो डिसीजन आज आप लेंगे उनका असर आपके कल पर भी पड़ेगा। लेकिन आप चिंता मत कीजिये आपके कल को बेहतर बनाने में मैं आपकी मदद करूंगा।

आज ही आप अपनी 5 चॉइसेस के बारे में लिखें जो आप लेना चाहते हैं और जो आपकी लाइफ़ बदल दें। अगर हम अपने अंदर बदलाव ले आये तो दूसरों की ज़िन्दगियों को भी बदल सकेंगे ।

वर्कशीट

1. आप उन 5 चॉइसेस के बारे में लिखिए जो लेने से आपकी ज़िन्दगी अच्छे के लिए बदल सकती है।

ए

बी.

सी.

डी.

ई.

अध्याय – 19

पावर ऑफ़ फ़ोकस

क्या आपको पता है कि आपकी इनकम, नॉलेज या कोई और चीज 100 गुना बढ़ जाएगी लेकिन इसके लिए आपको कुछ करना पड़ेगा, वो है– फ़ोकस। फ़ोकस आपकी पूरी लाइफ बदल सकता है। मैं कहता हूँ कि फ़ोकस में बहुत पावर है और अगर कोई मुझसे पूछता है कि ज़िन्दगी बदलने में कितना समय लगता है तो मैं कहता हूँ कि– सिर्फ एक सेकेंड। अगर आप किसी चीज पर फ़ोकस करते हैं तो इसका मतलब है कि आप उस पर ध्यान देते हैं। फ़ोकस चेंज करने में कुछ ही समय लगता है लेकिन अगर आपने अपना फ़ोकस सही काम पर शिफ्ट कर लिया तो आपकी पूरी ज़िन्दगी बदल सकती है।

जैसे किसी औरत के सर में दर्द हो रहा हो और अचानक कोई आकर उसे कह दे कि, 'अरे सड़क पर ऐक्सिडेंट हुआ है' और वो बाहर जाकर देखे तो उसी के परिवार का कोई सदस्य है। अब वो उसे घर लाकर उसकी दवाई पट्टी करती है। और बाद में उसे याद आता है कि उसका तो सर दुख रहा था लेकिन अब दर्द गायब है। जब उराका रार दुख रहा था तो उसका ध्यान सिर्फ उसके सर में हो रहे दर्द पर था। लेकिन ऐक्सिडेंट की बात सुनकर उसका ध्यान शिफ्ट हो गया। वो औरत किसी बात के बारे में ज्यादा सोच रही थी, बिना बात का स्ट्रेस ले रही थी इसलिए उसका सर दुख रहा था। अब इसके बाद जब उसे ऐक्सिडेंट के बारे में मालूम चला तो उसका फ़ोकस दूसरी तरफ़ शिफ्ट हो गया और उसकी बॉडी में साइकोलॉजिकल चेंजेस आ गए।

यहाँ पर कहने का यही मतलब है कि एक छोटे से फ़ोकस को चेंज करके आपका थॉट प्रोसेस तक बदल सकता है और इससे आपकी पूरी लाइफ़ बदल सकती है।

आपका ब्रेन एक कैमरे तरह है जो एक समय में एक ही ऐंगल से रिकॉर्ड करता है। उदाहरण के लिए आप एक पार्टी में गए हैं, तो वहां से जो भी मेमोरीज़ आप अपने साथ लेकर वापस आते हैं वो इस बात पर डिपेंड करती है कि वहां आपने क्या क्या देखा है और किन चीजों पर फ़ोकस किया है। अगर वहां दो लोग लड़ाई कर रहे हों और आपने उस चीज पर फ़ोकस किया होगा तो आप कहेंगें कि पार्टी अच्छी नहीं थी। लेकिन उसी पार्टी में आप छोटे–छोटे बच्चों को स्टेज पर डांस करते देखते हैं और लोग उन्हें एप्रिशिएट करते हैं, वहां पर एक बच्ची थी जो अपना लहंगा पकड़ के बॉलीवुड के गानों पर डांस कर रही है और बाकी लोग तालियां बजा रहे हैं। आपको याद आता है कि कितनी अच्छी फैमिली थी या कितने अच्छे लोग थे पार्टी में, कितना प्यार था सभी के बीच में। सब लोग पार्टी एन्जॉय कर रहे हैं। तो फिर आप भी कहेगें कि पार्टी अच्छी थी। इसके बाद आपका फ़ोकस खाने की तरफ जाता है और आपको वहां का खाना भी अच्छा लगा तो पार्टी को लेकर आपकी मेमोरीज़ भी अच्छी होंगी क्योंकि आपका फ़ोकस अच्छी चीजों पर था।

चलिए मैं आपको दूसरा उदाहरण देता हूँ –

मान लीजिये कि आप एक ट्रैफिक सिग्नल पर हैं और ऑडियो सुन रहे हैं। आपका फ़ोकस लोगों पर नहीं है और न ही बाहर के मौसम पर। लेकिन बहुत लोगों का फ़ोकस बाहरी दुनिया के ऊपर ज्यादा होता है। तो आपको अपना फ़ोकस बना कर रखना है।

चलिए मैं आपको एक ऐक्टिविटी देता हूँ। आपको ज़ल्दी से 10 सेकंड के अंदर अपने आस–पास की चीजें देखनी हैं और उन सभी चीजों के बारे में याद करना है जिनका कलर रेड है। एक बार आपने देख लिया तो आँखें बंद करके उन सभी चीजों को याद कीजिये जिनका कलर ग्रीन था। आप कुछ चीजों को तो याद कर लेंगें लेकिन हर चीज नहीं कर पायेंगे क्योंकि शुरुआत में आपका फ़ोकस ग्रीन पर नहीं रेड पर था। आपका फ़ोकस बिल्कुल कैमरे की तरह है क्योंकि ये वही करता है जो आप चाहते हैं। आपको किस चीज पर फ़ोकस करना है ये पूरी तरह से आपके ऊपर निर्भर करता है।

आपको अपने अंदर एक और चीज लानी है और वो है कि आपको 'ना' बोलना सीखना है। आपको सक्सेसफुल होने के लिए एक ही चीज पर फ़ोकस करना है और अपना फ़ोकस बढ़ाने के लिए आपको सवाल पूछना

सीखना पड़ेगा और ये बहुत इम्पोर्टेन्ट भी है। हमारे सवाल ही हैं जो हमारा फ़ोकस वापस ले आते हैं। हम सभी के आस–पास ध्यान भटकाने की ढ़ेर सारी चीजें हैं और धीरे–धीरे हम उनके आदी हो जाते हैं। हमने पहले भी पढ़ा है कि डिस्ट्रैक्ट होने के लिए हमें सिर्फ 3 मिनट लगते हैं, लेकिन फ़ोकस वापस लाने में 30 मिनट तक लग जाते हैं। हम हर दिन कम से कम 2 घंटे तो डिस्ट्रैक्टेड रहते ही हैं जो कि गलत बात है।

सवाल पूछ कर आप अपना फ़ोकस वापस ला सकते हैं। आप खुद से ही सवाल पूछें कि आज आपने क्या प्रोडक्टिव किया है? जो भी काम आपने किये क्या वो आपको आपके गोल्स की तरफ लेकर जा रहे हैं या भटका कर फिर उससे दूर ले जा रहे हैं? आपको खुद से सवाल करने हैं।

इस चैप्टर में हम थॉट एक्स्पेरिमेंटिंग प्रोसेस के बारे में चर्चा कर रहे हैं।

ज्यादा चीजों पर फ़ोकस करने से अच्छा है कम चीजों पर फ़ोकस करना । हम लोगों के लिए एक साथ कई चीजों पर फ़ोकस करना आसान नहीं है। हम सोचते हैं कि हम दो या दो से ज्यादा काम एक साथ कर सकते हैं लेकिन ऐसा होता नहीं है बल्कि हम एक काम को बीच में छोड़कर दूसरा करने लगते हैं और ऐसा करने से हम अपनी एनर्जी भी नष्ट करते हैं। तो आपको आपकी एनर्जी सेव करने की जरूरत है क्योंकि ये सीमित है। अपनी एनर्जी वहीं पर लगाएं जहाँ पर इसकी जरूरत है। फ़ोकस करने के लिए भी आपको फ़ोकस करने की ज़रूरत है। जिस चीज पर भी आप फ़ोकस करते हैं वो एक्सपैंड करती है। अगर आप किसी चीज की निगेटिव साइड देखते हैं तो वो आदमी आपके लिए निगेटिव ही हो जाएगा। लेकिन अगर आपने उसकी पॉजिटिव साइड देखना शुरू कर दिया तो वो आपके लिए पर्फ़ेक्ट हो जाएगा।

आप सिर्फ अच्छी चीजों पर फ़ोकस करें। आपको विक्टिम माइंडसेट के साथ नहीं जीना है। कहते हैं कि ख़ूबसूरती देखने वाले की आंखों में होती है। इसलिए, अपना फ़ोकस वहीं शिफ्ट करें जहाँ से आपको रिटर्न में फ़ायदा मिले।

मैं चाहता हूँ कि आपके रिज़ल्ट्स और प्रोडक्टिविटी दोनों इमप्रूव हों। ये नॉलेज आपको बहुत कम लोगों से मिलेगी। मुझे भरोसा है कि आप सभी अपने सपनों के साथ कोई समझौता नहीं करेंगें और कुछ बड़ा करके दिखाएंगे।

वर्कशीट

1. आप अपना फ़ोकस कैसे इमप्रूव कर सकते हैं?

2. आप अपनी प्रोडक्टिविटी को बढ़ाने के लिए कौन से स्टेप्स लेने वाले हैं?

अध्याय – 20

अपने हीरो आप खुद हैं

आगे बढ़ते हुए मैं आपको बताना चाहता हूँ कि अपनी लाइफ के हीरो आप खुद ही हैं। मेरी नज़रों में आप ही हीरो हैं और इस चैप्टर के बाद आप भी अपने आपको हीरो समझने लगेंगे। आप जब मूवी देखते हैं तो आपने देखा होगा कि पूरी मूवी एक ही हीरो के आस–पास ही घूमती है क्योंकि सब कुछ उसे ही करना होता है। सारे बड़े काम एक हीरो ही करता है। इसलिए अगर आपको अपनी ज़िन्दगी में हीरो बनना है तो ज़िम्मेदारी भी लेनी पड़ेगी। चाहे वो आपकी पर्सनल लाइफ़ हो या प्रोफ़ेशनल । आपको हीरो की तरह काम करना पड़ेगा और आपने अंदर वो लीडरशिप डेवलप करनी पड़ेगी।

कई लोग मुझसे पूछते हैं कि सक्सेस का सीक्रेट क्या है?

मैंने भी कई बार बोला होगा कि ये सक्सेस का सीक्रेट ये है या वो है। लेकिन अगर मैं आपको दिल से सच्चाई बोलूँ तो सक्सेस का कोई सीक्रेट नहीं होता है। अब आप मुझे बताइये कि सीक्रेट क्या होता है? वही न जो किसी एक को या कुछ लोगों को मालूम हो और बाकियों से छुपा हो।

कभी मुझे कोई ऐसी चीज पता चल जाए जो मुझे पता ही नहीं थी और मैं बोलूं कि क्या बात कर रहे हो? ऐसा भी होता है? मुझे तो पता ही नहीं था। लेकिन अगर मैं सक्सेस की बात करूँ तो इसका कोई सीक्रेट ही नहीं है। सक्सेसफुल होने के लिए सिर्फ मेहनत करनी है और लगातार करनी है और ये तो हम सभी को पता है। मैं अगर आज यहाँ हूँ तो मैंने इसके पीछे बहुत मेहनत की है और कभी हार नहीं मानी और यहाँ तक पहुँचने का जो भी प्रोसेस था मैंने उसे काफी एन्जॉय किया। सक्सेसफुल होने के लिए एक ही चीज ज़रूरी है और वो है– आपकी मेहनत।

ये बात जितनी जल्दी हम समझ लें कि कामयाब होने के लिए बहुत

मेहनत करनी पड़ती है हमारे लिए उतना ही अच्छा होगा। फ़िर भी आज मैं आपको कुछ बातें बताऊंगा जो सक्सेसफुल होने में और हीरो बनने में आपकी मदद करेंगी। इसके लिए आप नीचे लिखे हुए स्टेप्स फॉलो कर सकते हैं–

1. पागलों की तरह काम करें

जैसा मैंने आपको पहले भी बताया है कि सक्सेसफुल होने के लिए आपको हार्ड वर्क की ज़रूरत है और यही सच है। आपको पागलों की तरह काम करना है। मुझे मेरा सिनेमैटोग्राफर फोन करता है कि 'सर, आप शूटिंग के लिए आ जाओ।' तो मैं तुरंत जाता हूँ और ये भी मेहनत ही है। आपको सक्सेसफुल होने के लिए सिर्फ हार्ड वर्क करने की जरूरत है और इसका कोई सीक्रेट नहीं है। अगर आप मेहनत से भाग रहे हैं और सोचते हैं कि है कोई जो आपको कामयाब बना देगा तो आप गलत सोच रहे हैं।

मान लीजिये, आप सोच रहे हैं कि मैं आपको कामयाब बना सकता हूँ तो आप पूरी तरह से गलत नहीं हैं क्योंकि मैं आपको ये जरूर बता सकता हूँ कि कामयाब होने के लिए आप क्या कदम उठा सकते हैं। मैं आपको सिर्फ मोटिवेट कर सकता हूँ। लेकिन अंत में वही बात कि मेहनत आपको ही करनी है। मान लीजिये कि आपका पेपर है और मैं आपका टीचर हूँ। आप कहते हैं कि सर मुझे पास होना है और कैसे भी पास होना है। मैं आपको ये बोल सकता हूँ कि 4 चैप्टर्स अच्छे से पढ़ लोगे तो पक्का पास हो जाओगे। लेकिन मैं आपके लिए न तो पढ़ सकता हूँ और न ही आपका एग्जाम दे सकता हूँ।

यहां पर आपको लीड लेनी है और खुद का हीरो खुद बनना है। मैं अगर नरेन्द्र मोदी जी की बात करूँ तो वो हीरो हैं लेकिन पूरे देश के, आपके नहीं। ख़ास आपके लिए वो कुछ नहीं करने आ रहे हैं। लोगों को भरोसा ही नहीं होता कि मैं जहाँ हूँ वहां पहुँचने के लिए मैंने कितनी मेहनत की है। यहाँ तक पहुंचना आसान नहीं था लेकिन मुझे बहुत मज़ा आया। मैं आपको मोटिवेट कर सकता हूँ लेकिन कोशिशें आपको करनी ही हैं। आपको पता होना चाहिए कि आप ही हीरो हो और वो सब कर सकते हो जो आप चाहते हो। तो जितने जल्दी हो सके समझ लें कि सक्सेसफुल होने के लिए आपको हार्ड वर्क की जरूरत है।

एक बार मेरे मेंटर ने मुझे पूछा था कि मेरे वर्क प्लेस पर मेरे साथ सबसे बुरा क्या हो सकता है? उन्होंने कहा कि मान लो कि कुछ ऐसा हो जाये। तो मैंने कहा कि मैं उस सिचुएशन को एक्सेप्ट करूंगा। तो उन्होंने कहा कि ये तो गलत है और इससे बाहर निकलने के लिए आपको ऊपर उठना पड़ेगा। चीजों को सही दिशा में लेकर जाएँ। आपको एक लेवल पर पहुँचने के लिए हार्ड वर्क करना पड़ेगा। आप हार्ड वर्क से दूर नहीं भाग सकते। अगर आप पढ़ाई में अच्छा करना चाहते हैं तो आपको पढ़ना ही होगा और इसका दूसरा कोई विकल्प नहीं है। इसलिए, मेहनत करते रहिये और आपको आपके कम्पाउंडेड रिज़ल्ट मिलते रहेंगे।

2. अपने काम को मास्टरपीस की तरह करें

मैं आपको एक बहुत ही पावरफुल स्टोरी सुनाना चाहता हूं। एक देश के प्रमुख ने ये डिसाइड किया कि वो खुद जाकर देखेंगे कि उनका देश कैसा चल रहा है। एक दिन वो सुबह–सुबह एक मार्केट में गए और घूमने लगे। उन्होंने देखा कि एक स्वीपर सड़कों को साफ कर रहा था। प्रेजिडेंट ने देखा कि वो अपना काम बहुत ही ईमानदारी और सफाई से कर रहा था। वो हर एक चीज पर ध्यान देकर अपना काम कर रहा था।

प्रेजिडेंट उसके पास जाता है और पूछता है कि– 'क्या तू पागल है जो इतने धीरे–धीरे अच्छे से काम कर रहा है? बाकी लोगों को देख, वो फटाफट अपना काम खत्म करके अपने घर की तरफ भाग जाते हैं और एक तू है जो उसी काम में लगा हुआ है। इतना टाइम लगाएगा तू तो बाकी की सड़क कब साफ होगी?'

फिर वो स्वीपर बोलता है कि– 'सर, मैं ऐसे ही काम करता हूँ।'

प्रेजिडेंट ने कहा – 'तू पागल है क्या? इतना टाइम लगाएगा तो बाकी का काम कब होगा?'

फिर स्वीपर कहता है कि– 'सर' मैं अपने लिए काम करता हूँ। मैं ऐसे काम करता हूँ कि ऊपर वाला जब मेरा काम देखे तो खुश हो जाए। वो अगर इस दुनिया में आना चाहे तो कहीं और जाए न जाए, यहाँ जरूर आए जहाँ मैं सफाई कर रहा हूँ।'

हम में से ज्यादातर लोग काम खत्म करने के लिए काम करते हैं, इसलिए नहीं कि वो काम करना चाहते हैं। आप कोई भी काम करें तो ऐसे करें जैसे मास्टरपीस बनाना हो। इस तरह से करें जिस तरह से शायद ही कोई कर पाए। काम ऐसा करें कि लोग आपको काम के लिए याद करें। अगर मैं आपको ये ज्ञान दे रहा हूँ तो मेरी ये कोशिश है कि अपना बेस्ट दूँ और अगर आप मुझसे कुछ सीख रहे हैं तो आप भी उसी तरह सीखें। मैं यही चाहता हूँ कि आप जो भी कुछ करें उसे इस तरह से करें कि कोई और उससे अच्छा कर ही न पाए।

उदाहरण के लिए–

मान लीजिये कि मुझे एक बिल्डिंग पेंट करवानी है। कई सारे पेंटर मेरे पास आये और सभी ने मुझे अपने बेस्ट पॉसिबल रेट्स बताये। तो जो दूसरा पेंटर मुझे मिला मैंने उसे कहा कि मैं तुमसे पहले जिससे मिला उसने मुझे तुमसे कम प्राइस कोट किया। तो पेंटर ने कहा कि मेरे पास सालों का तजुर्बा है और मुझे पता है कि एक बिना तजुर्बे का आदमी जो काम करता है उसे दोबारा करना ही पड़ता है।

फिर भी मैं सस्ते वाले ऑफर के साथ गया लेकिन मुझे वैसा काम नहीं मिला जैसा मुझे चाहिए था। मैंने उसे पैसे भी दिए पर मेरा काम भी ठीक से नहीं हुआ। जो दूसरा पेंटर था वो सही था। मुझे उसी काम के लिए किसी और को बुलाना पड़ा।

इसलिए, आप भी ऐसा काम करें जो पर्फ़ेक्ट हो और उसमें किसी और को सुधार न करना पड़े। आपको हमेशा ही अपना काम मास्टरपीस की तरह करना है।

3. एग्जिक्यूशन और इम्प्लीमेंटेशन

जो कुछ भी आप सीखते हैं वो आपको एग्जिक्यूट करना है। आप लीडरशिप रेस्पॉनबिलिटी लेना शुरू कर दें। आपकी ज़िन्दगी की लगाम आपके हाथों में है और आप इसे जिधर चाहें घुमा सकते हैं। आपको सक्सेसफुल होने के लिए इंटेलिजेंट होने की जरूरत नहीं है लेकिन ऐक्शन्स लेने हैं। बहुत सारे लोग ऐसे हैं जो इंटेलिजेंट तो बहुत होते हैं पर अपना सारा समय इसी में उधेड़बुन में निकाल देते हैं कि उन्हें करना क्या है और

वो कुछ भी नहीं कर पाते हैं।

मैंने कहीं पढ़ा था कि रोड ऐक्सिडेंट्स में बिल्लियों की जगह कुत्ते ज्यादा मरते हैं। ऐसा इसलिए क्योंकि बिल्लियां झट से रोड क्रॉस कर लेती हैं और कुत्ते सोचते ही रह जाते हैं।

इसलिए, अपने ऐक्शन्स माइंड में ही न रखें बल्कि इम्प्लीमेंट करें। आप जो सोच रहे हैं अगर वैसा करेंग तो ज्यादा से ज्यादा क्या होगा? हो सकता है वो चीज न हो पाए जो आप करना चाहते हों। लेकिन आपको एक एक्सपीरियंस तो मिलेगा। और वैसे भी हमने पढ़ा कि फेल होने से कुछ खत्म नहीं होता बल्कि हम नयी चीजें ही सीखते हैं। जो लोग क्विट कर देते है वो लाइफ में कहीं नहीं पहुँच पाते। मेरा काम यही है कि मैं आपको आपके बारे में बताऊँ कि आप क्या कर सकते हैं। मैं आपको मोटिवेट कर सकता हूँ लेकिन इम्प्लीमेंट आपको ही करना है। इसलिए जो भी आपने सीखा है उसे पूरी एनर्जी और इंटेलिजेंस के साथ इम्प्लीमेंट करें और फिर आपको वही मिलेगा जो आपको चाहिए था।

4. ब्लेम गेम न खेलें

मैंने लोगों को देखा है कि लोग अपने फेलियर के लिए दूसरों को ब्लेम करते हैं। कई लोग ऐसे होते हैं जिनको हमेशा ही ब्लेम गेम खेलने में मजा आता है। उनके पास हर चीज के लिए बहाना रहता है। उनसे अगर पूछा जाए कि ये क्यों नहीं हुआ तो उनके पारा तुरंत उत्तर मौजूद होगा। जो भी है आप उसे एक्सेप्ट करें। अगर कुछ नहीं हुआ है तो उसे एक्सेप्ट कीजिए कि 'हाँ, इसमें मेरी गलती है। मैं नहीं कर पाया या कर पायी'। अपनी गलती मान लीजिये और बात को वहीं खत्म कीजिये। मगर ब्लेम गेम मत खेलिए। किसी की शिकायत मत कीजिये क्योंकि जो शिकायत करते हैं वो विक्टिम होते हैं और जो लीडर्स होते हैं वो कभी शिकायत नहीं करते हैं, वो जिम्मेदारी लेते हैं। दूसरों को ब्लेम करके आप चीजें और भी ख़राब कर सकते हैं।

इसलिए जब आप सक्सेफुल हों तो क्रेडिट दूसरों को दें और फेल हों तो जिम्मेदारी खुद लें।

5. अनशासन

किसी की भी ज़िन्दगी में अनुशासन या डिसिपलिन बहुत ही जरूरी है। क्योंकि अगर आप डिसिपलिन में नहीं रहते हैं तो आप कोई भी काम नहीं कर पाएंगे। अगर हम डिसिपलिन में नहीं आते हैं तो हमारी लाइफ़ खराब होनी शुरू हो जाएगी। आप हीरो हैं और आप डिसिपलिन में हैं। इसलिए जो भी हीरो वाले काम हैं आप उन्हें करना शुरू कर दें। जो भी आपने अब तक सीखा है उसे इम्प्लीमेंट करना शुरू कर दें। यकीन मानिये कि आप कामयाब होंगे और अगर आप कामयाब होना शुरू हो गए तो इस किताब को लिखने का मेरा उद्देश्य सफल हो जाएगा।

वर्कशीट

1. आप हीरो कैसे बन सकते हैं?

लीडरशिप

अध्याय – 21

अपने अंदर के लीडर को पहचानें

इस चैप्टर में हम जिस टॉपिक की बात करने वाले हैं वो बहुत ही महत्वपूर्ण है। मैं आपको बता दूँ कि हमारी सोसाइटी में लीडर्स की बहुत ही ज्यादा जरूरत है। पूरी दुनिया में करीब 700 करोड़ लोग हैं और हर किसी के होने के पीछे कोई न कोई कारण तो है ही। दुनिया का हर इंसान किसी न किसी रूप में इस समाज या दुनिया में अपना योगदान दे रहा है। हर कोई यहाँ पर कुछ न कुछ देने आया है। इसलिए आप ये मत सोचिये कि आप इस दुनिया में आये हैं और चले जायेंगे। आप यहाँ कुछ न कुछ देकर ही जायेंगे।

कई लोगों ने मुझसे यह सवाल किया है कि उन्हें कैसे पता चलेगा कि उनकी डेस्टिनी क्या है? तो मैं कहता हूँ कि आपको इसकी चिंता करने की जरूरत नहीं है। आपकी डेस्टिनी आपको खुद ढूंढ लेगी। आपको इस बात की चिंता करने की ज़रुरत नहीं है कि आपकी डेस्टिनी क्या है। आप बस काम करते रहो और डेस्टिनी खुद ही आपको ढूंढ लेगी। आप बस मेहनत करते रहें और आपको पता चल जायेगा कि लाइफ़ में आपका पर्पज़ क्या है।

कई लोग महज़ 10 साल की उम्र में समझ जाते हैं कि वो इस दुनिया में क्यों आये हैं। वहीं कई लोगों को ये बात समझने में 50 साल लग जाते हैं। आज की तारीख़ में हमको लीडर्स की जरूरत है न कि फॉलोवर्स की। लीडर्स भी हमें सिर्फ नाम मात्र का नहीं बनना है बल्कि अपने काम से बनना है। आपके अंदर वो समझ होनी चाहिए कि आप एक लीडर हैं और आपको लोगों के लिए कुछ न कुछ तो करना ही है। लीडरशिप लेना मतलब कोई पदवी या पद लेना भर नहीं है बल्कि जिम्मेदारी लेना है। जब आपके अंदर समाज के लिए, परिवार के लिए या किसी के लिए भी कुछ करने की भावना आ जाती है तभी आप लीडरशिप डेवलप करने लगते हैं।

लीडरशिप की भी कुछ अवस्थाएं होती हैं। मैं अब आपको उनके बारे में बताऊंगा।

लीडरशिप की 3 अवस्थाएं–

1. थॉटफुल लीडरशिप

किसी लीडर का अपना एक अलग बिलीफ़ सिस्टम होता है। उसे वो सब कुछ पता होता है जो उसके फॉलोवर्स भी नहीं जानते हैं। लीडर को पता होता है कि लोगों को अपनी तारीफ सुनने की आदत है। मान लीजिये कि आपकी मम्मी ने खाना बनाया है और वो आपसे पूछती हैं कि खाना कैसा बना है। वो आपसे सुनना चाहती हैं कि 'खाना अच्छा बना है'। वो दो बार पूछती हैं। और तब तक पूछती रहती हैं जब तक कि आप ये नहीं कह देते कि 'खाना अच्छा बना है'।

कई बार ऐसा होता ही कि हम उन्हें बोल देते हैं कि अच्छा नहीं बना है। लेकिन लीडर्स ऐसा नहीं करते। उनका थॉट प्रोसेस थोड़ा अलग होता है। उन्हें पता होता है कि मम्मी अपनी तारीफ़ सुनना चाहती हैं और वो कहते हैं कि 'बहुत अच्छा बना है, मम्मी'। मम्मी की ही नहीं, वो सबकी तारीफ़ करते हैं क्योंकि उन्हें पता होता है कि तारीफ़ करने से सामने वाला मोटिवेटेड होता है।

हम सभी को अच्छा लगता है जब कोई हमारी तारीफ़ करता है। एक लीडर हमेशा यही चाहता है कि लोग अपने विज़न को फॉलो करें। अगर आप किसी कंपनी के मालिक हैं और आपके एम्प्लॉई वो नहीं कर रहे जो आप चाहते हैं तो आप समझ लीजिये कि आप में उन्हें वो चीज नहीं दिखाई दे रही है जिससे वो इंस्पायर हो सकें। आपको उन्हें विज़न देना होगा। आप जब कोई फंक्शन अटेंड करते हैं तो आपको वो इंसान नहीं अच्छा लगता जिसने सबसे अच्छे कपड़े पहने हैं, बल्कि वो इंसान अच्छा लगता है जो आपकी तारीफ़ करता है।

एक लीडर के तौर पर आपको समझना है कि लोगों को क्रेडिट चाहिए। जब कोई अपना फोटो फेसबुक पर पोस्ट करता है तो एक दूसरा इंसान कमेंट करता है कि 'भाई, फोटो तो मैंने खींची है, इतनी अच्छी फोटो के लिए मुझे क्रेडिट तो दे देता।' लेकिन एक लीडर कभी ऐसा नहीं करेगा।

हमारे पूर्व राष्ट्रपति डॉक्टर ए.पी.जे. अब्दुल कलाम को एक बार इसरो के एक प्रोजेक्ट का लीडर बनाया गया था। उन्हें एक सैटेलाइट स्पेस में भेजना था। प्रोजेक्ट ठीक ठाक जा रहा था और वो दिन भी आ गया था जब वो सैटेलाइट स्पेस में भेजी जानी थी। लेकिन लांच फेल हो गया। अब सबका यही सवाल था कि गलती किसकी है और ऐसा क्यों हुआ। बात सैटेलाइट लांच की थी तो मीडिया वाले भी इकठ्ठा हुए। क्योंकि कलाम प्रोजेक्ट डायरेक्टर तो मीडिया को जवाब भी उन्हें ही देना था। लेकिन उनके मैनेजर सतीश धवन ने उन्हें रोक दिया और खुद मीडिया के सामने पेश हुए और कहा कि मिशन उनकी वजह से फेल हुआ। सतीश जी ने अपनी टीम की बहुत तारीफ की और कहा कि अगली बार मिशन जरूर सफलतापूर्वक पूरा होगा। अगली बार मिशन पूरा हुआ और सतीश धवन ने मीडिया के सामने कलाम साहब को भेजा।

जो लीडर होता है वो दूसरों को क्रेडिट देने में विश्वास रखता है। लेकिन हमारे साथ समस्या क्या है कि हम खुद क्रेडिट लेने की होड़ में रहते हैं और वो भी तब जब चीजें सही हों। लेकिन जब चीजें ख़राब हों तो जिम्मेदारी लेना कोई भी नहीं चाहता।

2. एक्सप्रेशनल लीडरशिप

जब मैं इसकी बात करता हूँ तो मुझे नहीं लगता कि लोग लीडरशिप लैंग्वेज में बात कर रहे हैं। अगर मैं आपसे पूछता हूँ कि आप कैसे हैं? तो आपका जवाब होता है कि 'मैं ठीक हूँ'। आपका जो भी रिस्पॉन्स होता है वो आपकी बॉडी लैंग्वेज के ऊपर डिपेंड करता है। जैसा आप बोलेंगें, आपकी बॉडी लैंग्वेज भी वैसी ही हो जाएगी। इसलिए जब भी कोई आपसे पूछे कि 'आप कैसे हो' तो उसको एकदम एनर्जेटिक होकर जवाब दें। न कि ढीले ढाले होकर। अगर आप डल होकर जवाब देंगे तो लोग आपके बारे में और पूछेंगे। लोगों को सिम्पेथी चाहिए होती है। जब हम किसी से पूछते हैं और सामने वाला बोलता है कि 'आज तो मैं ठीक हूँ'। फिर आप पूछते हैं कि 'क्या हो गया था?' तो वो बोलता है कि 'मैं बीमार हो गया था'।

यहाँ उसे लगता है कि आप उसे अटेंशन दे रहे हैं लेकिन वो जो आपका हाल–चाल पूछ रहा होता है वो वहां से भाग जाता है। ये ह्यूमैन साइकोलॉजी है कि हम बीमार लोगों के साथ रहना पसंद नहीं करते।

इसलिए याद रखें कि जैसा आप उत्तर देंगे आपका माइंडसेट भी वैसा हो जाएगा। इसलिए कोशिश करें कि आप लोगों के सवालों का पॉजिटिविटी के साथ जवाब दें फिर आपकी बॉडी भी वैसा ही फील करेगी। अगली बार जब भी कोई आपसे पूछे कि आप कैसा फील कर रहे हैं तो आप बोलिए कि आप अमेज़िंग फील कर रहे हैं। आपको बिल्कुल भी बॉसी या अब्यूसिव नहीं होना है बल्कि आपको लीडर होना है। आप लीडर हैं और अगर आपको लगता है कि नहीं हैं तो अपने अंदर वो क्वालिटी लाईये।

3. पर्सनल लीडरशिप

एक बार मैं अपने पिताजी के पास गया। वो चाय पी रहे थे। चाय के साथ उनके पास नमकीन और बिस्किट भी थे । मैंने उसमें से थोड़ा सा उठाया और उनसे बातें करने लग गया। कुछ दिन बाद मैंने फिर से उन्हें खाते हुए देखा। मैंने उन्हें बताया कि इन चीजों को रोज खाना अच्छी बात नहीं है, हेल्थ के लिए ये चीजें बिल्कुल भी अच्छी नहीं होती हैं।

उन्होंने मुझे कहा कि तुम भी तो खाते हो। मैंने सोचा कि मैंने कब खाया। फिर मुझे याद आया कि कुछ दिनों पहले मैं अपने पिताजी के साथ खा रहा था, लेकिन वो बस थोड़ा सा था। एक बार मैं अपने भाई के साथ प्ले–स्टेशन पर गेम खेल रहा था। एक गेम खेलने के बाद मैं उठकर चला गया। तभी मेरी मम्मी उस कमरे में आईं और उन्होंने मेरे भाई को बोला कि अब पढाई कर लो। मेरे भाई ने तुरंत बोला कि भैया भी तो खेल रहा था, आपने उसे कुछ नहीं कहा।

भले मैंने थोड़े देर ही खेला लेकिन मेरे भाई के नोटिस में आ गया था। क्योंकि लोग आपको फॉलो कर रहे हैं तो यहाँ आपको लीडर बनने की जरूरत है। लीडर बनना बहुत ही चैलेंजिंग है क्योंकि आप लोगों के लिए एक इंसपिरेशन हो। जैसा आप करेंगे लोग भी वैसा ही करेंगे। इसलिए आप जो भी कुछ कर रहे हैं, उसे ऐसा करें जैसे हर कोई आपको देख रहा है। जब भी आप कुछ कर रहे हैं आपको उसे जितनी हो सके उतनी अच्छी तरह से करना है। ऐसा करना थोड़ा मुश्किल है लेकिन अगर आप ऐसा कर लेते हैं तो आप लोगों के लिए मिसाल बन जाते हैं। भले ये मुश्किल हो लेकिन हाँ, मैं चाहता हूँ कि आप ऐसा करें।

जिस दिन लोगों ने मुझे पॉइंट आउट करना शुरू कर दिया था मैंने तभी से अपने अंदर बदलाव लाना शुरू कर दिया था। मैंने चीजों का ध्यान रखना शुरू कर दिया था और अगर मैं ऐसा नहीं करता तो फिर लोग मेरा एक्सक्यूज़ लेते। जैसे मैं अपने एम्प्लॉयीज़ को कहता हूँ कि काम करो और खुद नहीं करता हूँ तो गलत हैं न? क्योंकि ये तो बॉस वाली बात हो गयी। और हमें तो लीडर बनना है। इसलिए अपने अंदर वो पर्सनल लीडरशिप लेकर आइए और लोगों के लिए मिसाल बनिए। ये थोड़ा मुश्किल तो है लेकिन मजा आयेगा। बस आपको थोड़ी सी आदत बदलनी है।

लोगों को अपने विज़न से इन्फ्लुएंस करें और जो भी आपने आज सीखा है उसे अमल में लाएं और लीडर बनें।

वर्कशीट

1) आप थॉट लीडरशिप कैसे डेवलप कर सकते हैं?

2) आप एक्सप्रेशनल लीडरशिप कैसे डेवलप कर सकते हैं?

3) आप पर्सनल लीडरशिप कैसे डेवलप कर सकते हैं?

पर्सनलिटी अपग्रेडेशन

अध्याय – 22

अपना ऑरा (AURA) बढ़ाएं

इस चैप्टर में सिक्स्थ फैक्टर की बात करने वाले हैं जो है– पर्सनलिटी अपग्रेडेशन।

पर्सनलिटी डेवलॅपमेंट के विषय पर मेरी एक दूसरी किताब भी है। आप उसे पढ़ सकते हैं। इस चैप्टर में हम पर्सनलिटी डेवलॅपमेंट पर बात करेंगे। हम इसमें पर्सनलिटी अपग्रेडेशन की बात करेंगे। पर्सनलिटी डेवलॅपमेंट के ऊपर तो कई सारे लोगों ने बात की होगी लेकिन अपग्रेडेशन के ऊपर कोई नहीं करता। एक बार आपने ये सीख लिया तो लोग आपके बारे में पॉजिटिव सोचना शुरू कर देंगे। आपको अपनी पर्सनलिटी डेवलप करने आलावा अपग्रेड भी करनी है। मैं चाहता हूं कि जब आप किसी से मिलें तो आप उसके ऊपर अपनी छाप छोड़ें। वो आपसे मिले तो इतना प्रभावित हो जाए कि आपकी बातें दोस्तों से करने लगे। वो दूसरों को आपके बारे में बताने लग जाए कि मैं उस इंसान से मिला, क्या बात थी उसमें। लोग दूसरों के सामने आपकी तारीफ़ करें।

यहाँ हम बात करेंगे आपके ऑरा (AURA) यानी आभा को सही करने की। ऑरा का मतलब आपकी एनर्जी से है। थोड़ा सा इमैजिन करके बोलें तो ये आपके आस–पास की लाइट है जो एक आवरण की तरह आपके शरीर को चारों ओर से घेरे रहती है। ऑरा वो अदृश्य शक्ति होती है जो आपके आसपास के लोगों को अपनी ऊर्जा से प्रभावित करती है। सरल शब्दों में कहूं तो जैसे कैंडल की लाइट।

आप सभी ने कैंडल तो देखी होगी, कभी आपने उसकी छोटी सी लौ को देखा है? उस लौ से ही आपको लाइट मिलती है। तो आप वो लौ हो और वो लाइट ऑरा है। हर किसी के पास अपना ऑरा होता है। लेकिन आपका ऑरा कितना स्ट्रांग है इस बात पर निर्भर करता है कि आप लोगों

को कितना इन्फ़्लुएंस कर सकते हैं। आपका ऑरा व्हाइट से ब्लैक हो सकता है जो एक घेरे जैसा होता है। कई बार आपने सीरियल्स में भगवान को देखा होगा कि उनके सर के पीछे चक्र जैसा घूमता रहता है। वो ही ऑरा है और उससे एनर्जी बाहर निकल रही होती है। इसलिए आपका ऑरा कितना बड़ा और इंफ्ल्युएंसिंग है ये बहुत मैटर करता है। ये बड़ा या छोटा कुछ भी हो सकता है। जितना बड़ा ऑरा होगा, उतना ही लोग आपसे प्रभावित होंगे।

हम सभी के अंदर एक एनर्जी फ़ील्ड होती है। मैं एक बार दलाई लामा के बारे में पढ़ रहा था। वह एक बार कहीं गए थे जहाँ वो एक ऐसे आदमी से मिले जिसके पास PIP (Polycontrast Interference Photography) मशीन थी। ये मशीन बता सकती थी कि आपका ऑरा कितना बड़ा है। जिस आदमी के पास ये मशीन थी उसने देखा कि दरवाज़े से एक सफेद रोशनी आ रही थी और फिर उसे दलाई लामा आते हुए दिखे। ऐसा आपके साथ भी हो सकता है कि आप कहीं जाओ और आपसे पहले आपका ऑरा पहुँच जाये।

बच्चों के माता–पिता जब उनकी तरफ बढ़ते हैं तो उनको मालूम चल जाता है। मैं चाहता हूँ कि आपके पास भी वो ऑरा हो या पावर हो। लेकिन आप लोगों को उनके ऑरा के हिसाब से जज मत करिएगा क्योंकि जो भी चीजें आपके आस–पास होती हैं वो मेमोरी बन जाती हैं। लेकिन हम यहाँ दूसरों के बारे में नहीं बल्कि आपके बारे में डिसकस कर रहे हैं कि आप अपने ऑरा को कैसे प्योरिफाई कर सकते हैं और अपने आस–पास के लोगों को पॉजिटिविटी दे सकते हैं। आपका ऑरा दूसरों को इफेक्ट करता है और आप भी दूसरों से इन्फ़्लुएंस होते हैं। इसलिए अपना ऑरा क्लीन करें और दूसरों को पॉजिटिवली इंफ़्ल्युएन्स करें।

तो पर्सनलिटी अपग्रेडेशन में ऑरा को क्लीन करना बहुत ही इम्पोर्टेन्ट है। आइये देखते हैं कि आप ऐसा कैसे कर सकते हैं–

1. नहाना

मैं यहाँ पर नहाने की बात कर रह हूं जो हो सकता है आपको थोड़ी अज़ीब लगे। इससे पहले मैं आपको एक दूसरी बात बताता हूँ। जिस PIP मशीन की बात मैंने अभी की थी उसी मशीन के सामने एक आदमी को

खड़ा किया गया। जब उसे खड़ा किया तो वो बहुत खुश था और उसका ऑरा कुछ 10 फीट के करीब था। अब उसे बोलते हैं कि आप ये सोचो की आपकी आखिरी बार लड़ाई कब हुई थी? वो आदमी सोचने लगता है और उसका ऑरा घटकर 4 फीट रह जाता है।

यहाँ पर आपने देखा कि उसका ऑरा थोड़े से ही समय में कम हो गया। हम सभी का जो शरीर है वह पांच तत्वों यानी 5 एलिमेंट्स से बना है– पानी, आग, पृथ्वी, हवा और आकाश। जो भी आपकी बॉडी में है वही यूनिवर्स में है और जो यूनिवर्स में है वो आपकी बॉडी में है। इसलिए जब आप नहाने जाते हैं तो आपको क्या लगता है कि सिर्फ आपकी बॉडी क्लीन हो रही है? जब भी आप गुस्सा या नाराज़ होते हैं तो हम जाकर नहा लेते हैं और एक बार नहाने के बाद हमारा मूड तुरंत ही अच्छे के लिए चेंज हो जाता है। जैसे ही मूड चेंज होता है आपका ऑरा एफेक्ट होता है। जब भी हम अपनी बॉडी के पाँचों एलिमेंट्स से मिलते हैं तो हमारा ऑरा प्रभावति होता है। कई लोग मड बाथ भी लेते हैं जिससे वो रिफ्रेश हो जाते हैं। आप जब पहाड़ों पर जाते हैं और वहां तेज हवा चल रही होती है तो आप लोग क्या करते हैं? आप अपने हाथ फैला लेते हैं और उस हवा को फील करते हैं और रिलैक्स करते हैं।

हम घर में भी देखते हैं कि जब सुबह की आरती होती है तो हम उसे आस–पास से देखते हैं। यहाँ हम फ़ायर बाथ ले रहे हैं। कभी–कभी हम सन रेज़ में खड़े हो जाते हैं, यहाँ ये रेज़ हमारे ऑरा को प्यूरीफाई कर रही होती हैं। तो ऑरा को क्लीन करने के लिए आप बाथ लेना यानी नहाना शुरू कर सकते हैं।

2. मेडिटेशन और थॉट्स

ऑरा सिर्फ बाहर से ही नहीं बल्कि अंदर से भी क्लीन होनी चाहिए। इसके लिए आप मेडिटेशन कर सकते हैं। आप जहाँ भी हैं, अगर अपने थोड़ी सी देर भी मेडिटेशन कर लिया तो आप तुरंत अपना ऑरा चेंज कर पाएंगें। जो लोग रेगुलर मेडिटेशन करते हैं उनके इंफ़्ल्युएन्स का दायरा दूसरों की तुलना में बहुत बड़ा होता है। आप जिस भी धर्म या जाति के हैं या आप मानते हैं, आप किसी न किसी चीज का जाप कर सकते हैं। आप जहाँ कहीं भी हैं प्रेयर करें।

हम अपने ऑरा को दो तरह से प्योरिफाई कर सकते हैं। आप अगर मुझसे पूछते हैं कि आप अपने ऑरा को कितने देर में प्योरिफाई कर सकते हैं तो मैं कहूंगा कि कुछ ही सेकेंड्स में। जब भी हम कुछ गलत सोचते हैं तो हमारा ऑरा इन्फ़्लुएंस होता है और कुछ अच्छा सोचते हैं तो भी होता है।

कुछ दिन पहले मैं कहीं गया था जहाँ मैंने सफ़ेद रंग के कपड़े पहने थे। क्योंकि सफ़ेद कपडे पहने थे तो मैं ज्यादा सतर्क था कि मुझे अपने कपड़ों का ध्यान रखना है। मुझे वहां बैठने के लिए जो कुर्सी मिली थी वो गंदी थी और मैं बैठ गया। जब मैं खड़ा हुआ तो मैंने देखा कि मेरे कपडे गंदे हो गए थे और वो कुर्सी साफ हो गयी थी। कई बार ऐसा होता है कि चीजें हमारे हाथ में नहीं होती हैं लेकिन हमें ये कोशिश करनी है कि हम जितनी देर हो सके ठीक–ठाक रहें। हम सभी के आस–पास कई सारी एनर्जी फ़ील्ड्स हैं जो हमको प्रभावित करती हैं। दूसरे लोग हमारे ऑरा को प्रभावित करते हैं और हम उनके ऑरा को प्रभावित करते हैं।

हमें इस बात का ध्यान रखना है कि हमारा ऑरा हमेशा क्लीन और पॉजिटिव रहे। जितना हो सके आपको आपका ऑरा अपने व्हाइट ज़ोन में यानी पॉजिटिव रखना है। हम सभी बहुत ही ज्यादा जजमेंटल होते हैं। जब भी हम किसी को देखते हैं तो उसे आसानी से जज़ कर लेते हैं और अपने आपको निगेटिव थॉट्स से घेर लेते हैं। आप भी ऊपर दिए हुए चेयर और व्हाइट ड्रेस वाले उदाहरण जैसे काम करते हैं। बार–बार उसी गंदी चेयर पर बैठते हैं और आपके कपड़े गंदे हो जाते हैं। ऐसा ही होता रहेगा तो आपका ऑरा पूरे दिन निगेटिव होता रहेगा। कहने का मतलब यही है कि अगर आप हमेशा पॉजिटिव सोचेंगे तो आपके लिए बेहतर होगा।

3. लोगों को ब्लेसिंग्स दें

कुछ दिन पहले मैंने फेसबुक पर एक स्टेटस डाला था कि–

"ब्लेसिंग क्या होती है?"

ब्लेसिंग एक थॉट है। जब आप किसी के बारे में अच्छा या पॉजिटिव सोचते हैं तो आप उनको ब्लेसिंग देते हैं। ऐसा करना हमारे लिए थोड़ा मुश्किल होता है क्योंकि हमारी तो आदत लोगों को जज करने और उनके बारे में निगेटिव सोचने की। लेकिन आप अपनी इस आदत को धीरे–धीरे

सुधार सकते हैं। हम सभी को पॉजिटिविटी की तरफ बढ़ना है। अगर आप किसी के बारे में निगेटिव सोच रहे हैं तो आपका मूड और ऑरा दोनों खराब हो रहे हैं। लेकिन आप अगर आप पॉजिटिव सोचते हैं तो दोनों चीजें अच्छी होती है और सामने वाले को भी आपकी ब्लेसिंग्स मिलती हैं। अगर हम किसी को ब्लेसिंग्स देते हैं तो हम स्वयं भी पॉजिटिव सोल बनते हैं। इसलिए हमें इसे अपनी आदत बना लेनी चाहिए कि हमें लोगों को ब्लेसिंग्स देनी हैं।

अमरीका के एक स्टेट हवाई में एक प्रजाति है। ये लोग ऐसा सोचते हैं कि आपको कुछ चाहिए हो तो आप ऐसे इंसान को ब्लेसिंग्स देना शुरू कर दें जिसके पास वो चीज पहले से ही है। मान लीजिये कि आपको स्पोर्ट्स कार चाहिए तो आप ऐसे इंसान को ब्लेसिंग्स दें जिनके पास पहले से ही स्पोर्ट्स कार है। आज नहीं तो कल आपको वो कार मिल ही जाएगी और आपके पास कार होगी तो दूसरे लोग आपको ब्लेसिंग्स देंगे।

हम सभी को ये बिलीफ़ सिस्टम अडॉप्ट करना चाहिए। आज से और अभी से आप दूसरों को ब्लेसिंग्स देना शुरू करें। शुरुआत अपने घर से ही करें। अगर आप च्ब्च मशीन के सामने खड़े हैं और आपको अपने आस–पास अँधेरा दिखाई देता है तो आप समझ लें कि आपके आस–पास बीमारी है। इसलिए हमेशा लोगों को ब्लेसिंग्स दें फिर चाहे वो कोई भी हों।

वर्कशीट

1. आप अपना ऑरा (Aura) कैसे बढ़ाएं?

2. आपको लोगों को ब्लेसिंग्स (आशीर्वाद) क्यों देना चाहिए?

अध्याय – 23

एडवांस कम्युनिकेशन के 7 मैजिकल सीक्रेट्स

मुझे पता है कि जैसे–जैसे आप इस किताब को पढ़ते जा रहें हैं, आपकी पर्सनलिटी इमप्रूव होती जा रही है। लेकिन मैं दावा करता हूँ कि इस चैप्टर को पढ़ने के बाद आपकी पर्सनलिटी अपग्रेड हो जाएगी। इस चैप्टर में हम ऐसे टॉपिक के ऊपर बात करेंगे जो बहुत इम्पोर्टेंट है और वो टॉपिक है– कम्युनिकेशन स्किल।

इसके बारे में हम कई बार अलग–अलग जगह पढ़ चुके हैं लेकिन इस चैप्टर में हम थोड़ा ज्यादा पढेंगे। हम आज "अडवांस्ड बॉडी लैंग्वेज" के बारे में पढेंगे। मैं आज आपको कम्युनिकेशन स्किल के बारे में 7 ऐसी बातें बताऊंगा जो आपको शायद ही मालूम होंगी। लेकिन एक बात अगर आपको पता चल गई तो आपकी स्किल्स नेक्स्ट लेवल पर चली जायेंगी ।

तो आइये शुरुआत करते हैं–

1. लोगों को बोलने के लिए एनकरेज़ करें

कई लोग मुझे ये बोलते हैं कि जब वो किसी से बहस करते हैं तो सामने वाला उन्हें समझता नहीं है। या यूं कहें कि दोनों लोग एक दूसरे को समझ ही नहीं पाते और न ही बात सुनने को तैयार होते हैं। सबसे बड़ी समस्या यहाँ ये होती है कि लोगों के बीच की जो अंडरस्टैंडिंग होती है वो वीक होती है।

क्या कभी आपने सोचा है कि आपके पास कान दो और मुंह एक क्यों होता है? कोई तो कारण होगा इसका भी?

इसके पहले हम आगे बढ़ें मैं आपको बताता हूँ कि कम्युनिकेशन स्किल क्या होती है? चलिए इसे मैं एक उदाहरण के साथ समझाता हूँ।

जब भी मैं किसी से बात करता हूँ या कोई दो लोग बात करते हैं तो सामने वाला आपसे क्या बोलना चाह रहा है, और आप क्या सुनना या समझना चाह रहे हैं, उसी के हिसाब से रिस्पॉन्ड करना या प्रतिक्रिया देना ही ये स्किल है। ये दोनों तरफ से होता है। यहाँ ये समझना महत्वपूर्ण है कि आप सामने वाले को कब और कैसे समझते हैं। जब आप किसी को सुनेंगे तभी समझ पायेंगे, बिना सुने किसी को समझना मुमकिन ही नहीं है।

मान लीजिये कि आपने सेल्स की नौकरी ली है या आपने कॉलेज में ऐडमिशन लिया है तो वहां का प्रोसेस या गाइडलाइन समझने के लिए आपको लोगों से बात करनी पड़ेगी। कोई सामने से आकर आपसे डिटेल्स शेयर नही करेगा। आपको लोगों से बात करनी पड़ेगी तभी वो आपको अपने बारे में और दूसरी चीजों के बारे में बताएंगें।

2. तीन प्रकार के प्रश्न

ये जो चीज है अगर आपने समझ कर मास्टरी कर ली तो आपके लिए बहुत ही फायदेमंद होगी। मैं आज आपको तीन तरह के प्रश्नों के बारे में बताने वाला हूँ। आप लोगों से ये तीनों तरह के सवाल पूछकर उनके बारे में जान सकते हैं। जब आप लोगों से सवाल करेंगें तो वो बोलेंगे और हम भी तो यही चाहते हैं। लोगों को अपने बारे में बात करना अच्छा लगता है। वो भरे हुए घड़े की तरह होते हैं। आपको सिर्फ पत्थर मारने की देरी है, फिर उसमें से पानी अपने आप निकलता रहेगा। उन्हें हमेशा कोई चाहिए होता है जिससे वो बात कर सकें और उन्हें ऐसे लोग पसंद आते हैं जिनके साथ वो कंफर्टेबल होकर बात कर सकें। जब आप लोगों को सुनेंगे तो उन्हें समझ पायेंगे। आपको उनकी डीपर अंडरस्टैंडिंग मिलेगी और सामने वाला आपको पसंद भी करेगा। इसमें कोई दो राय नहीं है कि जो लोग आपकी बात सुनते हैं वो आपके दिल के करीब होते हैं।

यहाँ मैं आपको तीन तरह के सवालों के बारे में बताता हूँ–

– क्लोज़्ड एंडेड क्वेश्चंस या सवाल

ये ऐसे सवाल होते हैं जिनका जवाब एक ही शब्द में मिल जाता है। मान लीजिये आपने किसी से पूछा कि क्या आपको सर्दियाँ पसंद हैं? इसका जवाब 'हाँ' या 'न' में दिया जा सकता है।

– ओपन एंडेड क्वेश्चंस या सवाल

ये ऐसे सवाल होते हैं जिनका उत्तर बड़ा होता है और इसमें कोई लिमिटेशन नहीं होती। मान लीजिये मैंने आपसे पूछा कि अगर आपको सर्दियाँ पसंद हैं तो क्यों पसंद हैं? अब इसका जवाब कितना भी बड़ा हो सकता है। आप ऐसा पूछेंगें तो लोग आपको बताने लगेंगे कि उन्हें सर्दियाँ क्यों पसंद हैं। अगर मुझे किसी को बोलने के लिए एनकरेज़ करना है तो मैं ओपन एंडेड क्वेश्चन पूछूंगा। याद रहे कि अगर आप किसी से बात कर रहे हैं तो आपको भी बोलना पड़ेगा क्योंकि कम्युनिकेशन दोनों तरफ से होती है।

– गाइडेड क्वेश्चंस या सवाल

अब इसके बारे में बताने से पहले मैं आपको तीसरी ट्रिक देता हूँ।

3. जिससे भी आप बात कर रहे हैं उसमें इंटरेस्टेड हों

एक आदमी से मैं हाल ही में मिला था जिसने कम्युनिकेशन के पहले दो सीक्रेट पढ़े थे और उसने सोचा कि मैं भी एक बार इसे ट्राई करके देखता हूँ। बाद में वो मेरे पास वापस आया और मुझसे बोला कि मैने सीक्रेट्स को अप्लाई करके बातचीत तो शुरू की, लेकिन मुझे मजा नहीं आया। उन्होंने एक अनजान व्यक्ति से उसका नाम पूछा कि आपका नाम क्या है? तो सामने ने सिर्फ बोला कि मेरा नाम रवि है। इन्होंने फिर पूछा कि आप करते क्या हैं? तो अनजान आदमी ने बोला कि मैं "इंजीनियरिंग" कर रहा हूँ।

यहाँ दोनों ही क्वेश्चंस क्लोज़्ड एंडेड थे। तीसरा सवाल उसने पूछा कि आप कहाँ रहते हैं? यहीं पर उन भाई साहब ने गलती कर दी क्योंकि ये गाइडेड क्वेश्चन नहीं था। यहाँ सिर्फ सवाल पूछने के लिए सवाल पूछा गया। अगर मैं इंटरेस्टेड होता तो मैं बोलता कि बहुत बढ़िया कि आप इंजीनियरिंग कर रहे हो। आप कहाँ से और किस ब्रांच से इंजीनियरिंग कर रहे हो। तो यहाँ तीसरा क्वेश्चन दूसरे के कॉन्टेस्ट में होता और यही होते हैं गाइडेड क्वेश्चंस। इसलिए अगर आप किसी से बात कर रहे हैं तो सच में इंटरेस्टेड होकर कीजिये, न कि सिर्फ फॉर्मेलिटी के लिए।

4. नॉन वर्बल कम्युनिकेशन

हर किसी को समझना चाहिए कि कम्युनिकेशन सिर्फ बोलकर नहीं होती

है। हमने स्कूल में भी पढ़ा है कि कम्युनिकेशन के दो टाइप्स होते हैं– वर्बल और नॉन–वर्बल। तो मैं आपको बता दूँ कि नॉन–वर्बल कम्युनिकेशन वर्बल से ज्यादा इफेक्टिव होती है। अभी हाल ही में मैं स्पेन गया था और वहां जो लोकल लोग थे वो इंग्लिश नहीं बोलते थे और मुझे स्पैनिश नहीं आती थी। तो ऐसे में वर्बल कम्युनिकेशन मुमकिन नहीं थी। और यहाँ नॉन वर्बल मेरे बहुत काम आयी। मुझे पानी चाहिए था। तो मैं ऐक्शन करके बोल देता था।

हम कह सकते हैं की नॉन–वर्बल कम्युनिकेशन बड़े काम की होती है। अगर कोई आपसे आपका हाल–चाल पूछता है तो आपकी बॉडी आपकी बातों को सपोर्ट करती है। नॉन–वर्बल कम्युनिकेशन को आप कुछ स्टेप्स फॉलो करके इमप्रूव कर सकते हैं। मान लीजिये कि आप कोर्स में अपना दाखिला लेते हैं जहाँ हमें बोलने की बिल्कुल भी इजाज़त नहीं है। आप सिर्फ लिखकर या बॉडी जेस्चर से ही बात कर पाते हैं। पहला दिन तो बहुत ही मुश्किल भरा होगा, दूसरे दिन से आप थोड़ा–थोड़ा एडजस्ट करना शुरू करेंगे, तीसरा दिन ठीक–ठाक हो जायेगा, चौथा दिन आते–आते आपको सब समझ आ जाएगा, पांचवे दिन आपको मजा आने लगेगा और छठे दिन लगेगा कि बोलकर बात करनी ही क्यों। ऐसा लगेगा की बात करने से एनर्जी वेस्ट हो रही है। आप इसे एक दिन के लिए ट्राई करें और यकीन मानिए कि आपकी नॉन–वर्बल कम्युनिकेशन अमेज़िंग हो जाएगी।

5. 2 किलिंग जेस्चर

ज्यादातर ये होता है कि जब हम किसी से बात करते हैं तो हमारे हाथ का भी मूवमेंट होता है। लेकिन ज्यादातर हम एक ही हाथ से बात करते हैं। मैं आज आपको दोनों हाथों से बात करने के बारे में बताऊंगा। हम इनको किलिंग जेस्चर क्यों कह रहे हैं? क्योंकि ये अपना ऐसा इम्पैक्ट छोड़ता है कि हर कोई इम्प्रेस हो जाता है। मैं आपको बताऊंगा कि आपको ये जेस्चर कहाँ अप्लाई करना है। अगर आपने ये चीज एक बार सीख ली तो आपको किसी भी चीज की ज़रूरत नहीं पड़ेगी।

पहला तो ये कि आप अपने दोनों हाथ सामने रखें और हथेलियों को ऊपर की तरफ करें और दोनों एक दूसरे से थोड़ी सी दूर हों। दूसरी ये कि जिसमें हाथ की हथेलियां नीचे की तरफ हों और थोड़ी सी दूरी पर हों। जब आप हथेलियों को ऊपर की तरफ ले जाकर बात करते हैं तो मतलब आप

किसी को इन्वाइट कर रहें हैं या समझा रहें हैं। लेकिन जब आप किसी को किसी बात के लिए कनविंस करना कहते हैं तो हाथ नीचे करके बात करें।

6. ऑप्शन वर्सेज़ प्रोसीज़र

अगर आपने ये समझ लिया तो आप अपने आस–पास के लोगों को आसानी से समझ पायेंगे। तो पहले हम समझते हैं कि ऑप्शन क्या है? एक बार मैं अपने एक रिलेटिव को मिला और उन्होंने मुझसे कहा कि मैं कितना अच्छा मोटिवेशनल स्पीकर हूँ, लोगों की मदद करता हूँ, और भी बहुत कुछ बोला और मेरी तारीफ़ की।

उन्हें कहा कि मैं एक बच्चे से बात करूँ क्योंकि वो बच्चा घर में किसी की बात नहीं सुनता। मैं भी उनकी हेल्प करने के लिए तैयार हो गया और मैंने उस बच्चे से बात करनी शुरू कर दी जिसकी उम्र महज 6 साल की होगी। तभी दरवाज़े पर कोई आया और मेरे रिलेटिव ने बच्चे से कहा कि वो जाकर देखे कि कौन है। जब वो बता दे तभी दरवाजा खोलना और उन्हें नमस्ते बोलना है। बच्चे ने साफ मना कर दिया। बच्चे को लगा कि वो बड़ा हो चुका है और अपने डिसीजन खुद ले सकता है।

अब यहाँ इस बात का क्या सॉल्यूशन है? फिर मैंने बच्चे से पूछा कि क्या वो यहाँ किसी और रिलेटिव से बात करेगा या ग्रीट करेगा? यहाँ मैंने बच्चे को एक ऑप्शन दिया और उसे खुद का डिसीज़न लेने की पावर दी। पहले तो उसने अपना सर न में हिलाया लेकिन फिर उसने स्वीकार कर लिया। शाम को फिर एक गेस्ट आये और मैंने बच्चे से पूछा कि आप इन गेस्ट को पहले हाथ पर किस करना चाहोगे या इनसे हाथ मिलाना चाहोगे।

ध्यान रखिये कि पहले केस में मैंने बच्चे को ऑप्शन दिया कि वो करना चाहता है या नहीं लेकिन दूसरे केस में मैंने बच्चे को पूछा कि वो पहले क्या करना चाहता है। मतलब कि उसे वो काम करना ही है लेकिन वो पहले कौन–सा करेगा वो उस बच्चे मर्ज़ी है।

7. जो भी है वो बोल दो

कई ऐसे लोग होते हैं जिन्हें अपनी बात बोलने के लिए टेली प्रॉम्प्टर की जरूरत होती है। लेकिन मैं वही बोलता हूँ जो मेरे दिमाग में होता है। जो

भी आपके दिमाग में आए आप बोल दो। जब मैं कॉलेज स्टूडेंट हुआ करता था तब मैं कुछ भी बोलने से पहले कई बार सोचा करता था और यहाँ मुझे बड़ी दिक्कत आती थी। लेकिन अब ऐसा नहीं है। अगर किसी को दूसरों को हँसाना होता है तो वो सिर्फ जोक बोल देता है न कि बार–बार सोचता है कि उसे क्या बोलना है। बहुत ही इम्पोर्टेन्ट स्किल है जो आपके अंदर समय के साथ डेवलप होगी।

जो भी बातें मैंने आपको बताईं, अगर आप इन्हें प्रैक्टिस करते हैं तो आप बिल्कुल सक्सेस अचीव कर पायेंगे। मैं चाहता हूँ कि आप लोगों को मैं जो भी सिखा रहा हूँ आप उसका भरपूर फायदा उठायें और दूसरों को भी पहुंचाएं क्योंकि ज्ञान बांटने से बढ़ता है।

वर्कशीट

1. आप सच में किसी में इंटरेस्टेड कैसे हो सकते हैं?

2. आप नॉन वर्बल कम्युनिकेशन कैसे इमप्रूव कर सकते हैं?

अध्याय – 24

आर्ट ऑफ़ सेलिंग

कई बार जब हम इंटरव्यू के लिए जाते हैं तो हमसे कहा जाता है कि, "ये पेन आप मुझे बेचिये।" क्या वो सच में चाहते हैं कि आप उन्हें पेन बेचें या वो कुछ और चाहते हैं?

आज के जमाने में सेलिंग एक आर्ट है, एक स्किल है और जिसे भी ये आ जाए वो किसी भी कीमत पर भूखा नहीं रहेगा। जिस किसी में भी सेल्स की स्किल्स है वो कुछ भी बेच सकता है और अगर आपने इस स्किल को मास्टर नहीं किया तो आप एक अच्छी लाइफ नहीं जी सकते।

आज इस चैप्टर में हम "आर्ट ऑफ़ सेलिंग" के बारे में चर्चा करेंगे।

ये बेचने की कला इतनी इम्पोर्टेंट क्यों है?

आज मैं आपको सेल्स की सही डेफिनिशन बताऊंगा। असल में सेल्स क्या है? सबसे सरल शब्दों में, अगर आपके पास कुछ है जो मुझे चाहिए और मेरे पास कुछ है जो आपको चाहिए तो हमारे बीच जो भी लेन–देन होता है उसे हम सेल्स कहते हैं। हम हर दिन सेल्स में लिप्त होते हैं।

नौकरी के लिए इंटरव्यू में कोई कैंडिडेट, खुद को कंपनी के हाथों बेचता है। उस कैंडिडेट के पास ऐसी स्किल है जिसे वह कंपनी को बेचता है और उसके बदले में पैसे लेता है। वो कैंडिडेट बोलता है कि मैं आपको वो दूंगा जो आपको चाहिए, ये भी सेल ही है। ऐसा जरूरी नहीं है कि सेल्स में हमेशा पैसों का लेन देन हो। अगर कोई इंसान किसी को प्रपोज़ करता है और दूसरा एक्सेप्ट कर लेता है तो ये भी सेल्स ही है। क्योंकि दोनों को जो चाहिए वो मिल रहा है। अगर प्रोडक्ट्स बिकेंगे नहीं तो बिज़नेस नहीं होगा, क्योंकि यहाँ सेल नहीं हो रही है।

आपको क्या लगता है कि कोई प्रोडक्ट अपने आप बिक जाता है या

सेल हो जाता है?

—नहीं,

इसे बेचने के उपक्रम करने पड़तें हैं और वो आप करते हैं। सेलिंग एक आर्ट है और अगर ये आपके अंदर नहीं है तो समय के साथ धीरे–धीरे अपने आप आ जाती है। लेकिन मैं आपको आपके स्किल्स को इमप्रूव करने के लिए कुछ टिप्स दूंगा।

सेलिंग एक ऐसी स्किल है जिसे डेवलप किया जा सकता है। मान लीजिये कि आप किसी भी प्रोफेशन में हैं, तो आप बेच रहे हैं। चाहे आप इंश्यूरेंस में हो; नेटवर्क मार्केटिंग में या फिर किसी स्टार्टअप में, आपको हर जगह सेल्स का सामना करना होगा। बेचने में जो इंसान जितना माहिर है वो उतना ही ज्यादा पैसा कमायेगा और उतनी ही रेस्पेक्ट कमायेगा। विश्व के जो भी बड़े बिज़नेसमैन हैं सभी लोग सेल्स में मास्टर है। जिस इंसान को बेचना नहीं आता वो ज्यादा बड़ी कामयाबी नहीं हासिल कर सकता। आप जो चाहें वो सेल कर सकते हैं लेकिन ऐसी चीज कभी भी न सेल करें जो आप खुद कभी पर्चेज़ नहीं करेंगे।

अगर कोई प्रोडक्ट है जिसकी वैल्यू नहीं है तो आप उसकी वैल्यू बढ़ाएं। जब भी आप इंटरव्यू देने जाते हैं तो अपने आपको इंटरव्यूर की जगह रख के देखें और अगर आपको लगता है कि आप खुद को हायर नहीं कर सकते तो सामने वाले से भी उम्मीद न करें। अगर आप अपना प्रोडक्ट खुद नहीं खरीदते तो किसी और को भी मत बेचिये क्योंकि ये सेल्स के नियमों के ख़िलाफ है। मुझे और आपको सभी को पता है कि हर चीज बिक ही जाती है। लेकिन अगर आपके प्रोडक्ट से किसी को फायदा नहीं पहुँचता तो उसे न बेचें।

जब मैं ये किताब लिख रहा था तो मैंने भी खुद से पूछा कि क्या मैं खुद इस किताब को पढूंगा? अगर मुझे सेल्स में मास्टरी करनी है तो क्या मैं इस किताब की हेल्प से वो स्किल डेवलप कर पाऊंगा? अगर इसका उत्तर 'नहीं' होता तो मैं ये किताब लिखता ही नहीं। तो अपने प्रोडक्ट के वर्थ पर फ़ोकस करें।

मान लीजिये कि आप फ़ोटोग्राफर हैं और आप चाहते हैं कि कोई

आपको शूट के लिए बुलाए लेकिन आपको पता है कि आप उतना अच्छा काम नहीं कर सकते जितना आपके क्लाइंट को चाहिए। आप अपने आप से हमेशा ये सवाल पूछिए कि क्या आपमें वो स्किल है कि कोई आपको किसी काम के लिए बुलाये या आपका प्रोडक्ट खरीदे? अगर उत्तर 'हाँ' है तो आपके अंदर वो कॉन्फिडेंस है कि आप सेल कर सकें हैं।

कुछ भी बेचने या सेल करने से पहले आप ये समझ लें कि आप वही प्रोडक्ट सेल करेंगे जो आप पर्चेज़ करेंगे और अगर आपका प्रोडक्ट बेचने लायक नहीं है या किसी काम का नहीं है तो आप इसकी वर्थ वैल्यू के ऊपर काम करेंगे। लोग कोई चीज तभी खरीदते हैं जब उस चीज की वैल्यू या उपयोगिता उसके टैग प्राइस या अंकित मूल्य से भी ज्यादा होती है। अगर आप किसी को कुछ देते हैं और उसकी वैल्यू उसके प्राइस से ज्यादा होती है तो ही सामने वाला वो चीज लेगा । कई बार लोग अपनी या अपने प्रोडक्ट की वैल्यू नहीं समझ पाते तो इसके लिए आपको समझना पड़ेगा। जैसे मैं लोगों को कई सारी चीजों के ऊपर ट्रेनिंग देता हूँ और मुझे अपनी और अपनी ट्रेनिंग की वैल्यू पता है। मेरे ट्रेनिंग प्रोग्राम की फीस कितनी भी हो लेकिन फिर भी लोग आते हैं। क्योंकि उन्हें उस प्रोग्राम की वैल्यू पता होती है। हम जितनी बड़ी प्रॉब्लम सॉल्व करते हैं हमें उतना ही अधिक पैसा मिलता है। सेल वही है जो किसी दूसरे को आपसे चाहिए। सेल्स में प्रोडक्ट या सर्विसेस की प्राइस मैटर नहीं करती बल्कि वैल्यू मैटर करती है। और अगर आपके सामान या सेवा की कोई वैल्यू नहीं है, तो इसे बनाएं। अगर हम इंसान की बात करें तो सिर्फ डिग्री लेने से उसकी वैल्यू नहीं बढ़ जाती बल्कि अपने ऊपर काम करके और अपनी स्किल्स पॉलिश करके वैल्यू बढ़ती है।

मैं यहाँ आपको एक सीक्रेट बताता हूँ, अगर आपको सेल्स का मास्टर होना है तो आपको फॉलो–अप में मास्टरी करनी पड़ेगी। मान लीजिये कि आप एक प्रोडक्ट बेच रहे हैं और चाहते हैं कि कोई उसे खरीदे। तो आप उस इंसान से मिलते हैं और उसे अपनी प्रेजेंटेशन देते हैं। अब यहाँ से आपको फॉलो–अप करना पड़ेगा। क्योंकि पहली बार में कोई आपका प्रोडक्ट नहीं खरीदेगा। सेल्स में लोग सेल करके ही अपना भविष्य बनाते हैं। सेल्समैन का जो फॉर्च्यून है वो फॉलो–अप में है। बिना फॉलो–अप के

सेल्समैन कुछ भी नहीं है। बेचने की कला के साथ आपके अंदर फॉलो–अप का भी टैलेंट होना चाहिए। एक अच्छी सेल का ऐवरेज निकालें तो आपको कम से कम 5 बार फॉलो–अप करना पड़ता है। अगर आपको लगता है कि आपके प्रोडक्ट्स या सर्विसेस सामने वाले को फायदा पहुँचाने वाली हैं तो आप तब तक फॉलो–अप लेते रहे जब तक कि वो पुलिस को न बुला ले।

आपको यहाँ अटेंशन लेनी है। बड़ी–बड़ी कंपनियां अपने प्रोडक्ट के प्रोमोशन के ऊपर करोड़ों रुपये खर्च करती हैं, क्योंकि उन्हें अटेंशन चाहिए होता है और अटेन्शन का मतलब ही सेल है। अगर आपको मैक्सिम सेल चाहिए तो आपको लोगों की अटेंशन लेनी होगी। आज से ही अटेंशन लेनी शुरू कर दें।

मैने भी सेल्स के ज़रिये करोड़ों की कमाई की है और इसलिए आज मैं आपको ये समझा रहा हूँ और ये नॉलेज दे रहा हूँ। सेल्स को क्लोज़ करने का सबसे बड़ा सीक्रेट है कन्विक्शन जिसके बारे में हम अगले चैप्टर में बात करेंगे।

वर्कशीट

1. अपनी सेलिंग स्किल्स को इमप्रूव करने के लिए आज आप क्या कर सकते हैं?

अध्याय – 25

लोगों को कन्विंस कैसे करें

कई बार आपको लगता है कि सामने वाले के लिए ये चीज अच्छी है, बेहतर है और उसे यह खरीद ही लेनी चाहिए। लेकिन आप उसे खरीदने करने के लिए कैसे मनाएंगे? आप लोगों को कैसे कहेंगे या क्या ऐसा कहेंगे कि वो आपका प्रोडक्ट ले लें। जब हम किसी चीज के लिए कोशिश करते हैं और हमें रिजेक्शन मिलता है तो बहुत बुरा लगता है। क्योंकि हमने इसके पीछे बहुत मेहनत की होती है और लोग मना कर देते हैं। लेकिन आपको उन्हें कन्विंस करना है कि वो आपका प्रोडक्ट ले लें।

मैं आपको मैजिकल टिप्स दूंगा जिससे आप लोगों को अप्रोच करके कन्विंस कर पायेंगे। मैं इन्हें मैजिकल इसलिए कहता हूँ क्योंकि ये काम करती हैं और लोगों की सेल बेहतर होती है। आप भी नीचे इन टिप्स के बारे में पढ़ सकते हैं–

1. रिसर्च

आप जब भी कोई प्रोडक्ट सेल करते हैं तो आप उसके ऊपर अच्छे से रिसर्च कर लें। जो भी आप कस्टमर को बोलेंगे आपके पास उसे सपोर्ट करने के लिए प्रूफ होना चाहिए। आप जो भी कह रहे हों सच हो, न कि हवा में हो। आज कल कस्टमर्स बहुत समझदार हो रहे हैं और आपकी बातों पर ऐसे ही भरोसा नहीं कर लेते, इसलिए अपनी बातों को सपोर्ट करने के लिए स्ट्रांग रीजंस और फैक्ट्स इकट्ठा कजिए। अगर आप एक कॉमन प्रोडक्ट बेच रहे हैं तो आप रिसर्च कर लीजिये कि बाज़ार में इसका कम्पिटीटर कौन है। उसके प्रोडक्ट की क्या ख़ासियत है या फिर आपका प्रोडक्ट कैसे बेहतर है।

आपको अगर किसी के सामने अपने प्रोडक्ट को रिप्रेजेंट करना है तो आपके पास रिसर्च होनी चाहिए। आपके पास अपने सामान के बारे में पूरी

नॉलेज होनी चाहिए। एक सेल्सपर्सन होने के नाते आपको सब कुछ पता होना चाहिए। आपसे कोई भी कुछ भी पूछ ले तो आप फटाफट बता सकें। आपको लोगों को बताना होगा कि आपका प्रोडक्ट क्यों बेहतर है, उसकी ख़ास बात क्या है या वो कैसे बाकियों से अलग है। ऐसा करने से आप अपने कस्टमर को कन्विंस कर पायेंगे। जब भी कुछ सेल करते हैं तो आपको उसकी पूरी नॉलेज होनी चाहिए।

2. पहले खुद इस्तेमाल करके देखें :

मान लीजिये कि आप कोई वैक्यूम क्लीनर बेच रहे हैं। तो क्या आपने इसे कभी अपने लिए इस्तेमाल किया है? आप अपनी कार बेच रहे हैं, तो आपको पता है कि वो कैसी है और आप सामने वाले को उसके बारे में सारी बातें बता सकते हैं? क्योंकि आप इसे इस्तेमाल कर चुके हैं तो आपको इसकी सारी खूबियां पता हैं। आपको पता है कि जब आप इसे ड्राइव करते थे तो आपको कितना मज़ा आता था।

मैं एक बार BMW के शोरूम में गया था। वहां मुझे वो सेल्समैन बताता है कि ये कार कितनी अच्छी है और इसे चलाकर कैसा लगता है। जब मुझे सेल्समैन बता रहा था तो मुझे पता था कि इसने इसे ट्राई किया हुआ है। इसलिए जब आप किसी को कुछ बेचते हैं तो आपको भी उसे अच्छे से ट्राई कर लेना है। बिना ट्राई किये बिल्कुल भी नहीं बेचना है। कोई भी प्रोडक्ट बेचने से पहले आपको उसे फ़ील करना चाहिए। अगर आपने ट्राई नहीं किया तो आप वो फीलिंग वाला फैक्टर नही ला पायेंगे और अगर वो फीलिंग नहीं आएगी तो आप बेच भी नहीं पायेंगे।

3. पेन (pain) एंड प्लेज़र

लोग जब भी कुछ खरीदते हैं, वो दो कंडीशंस में खरीदते हैं। उदाहरण के लिए–

एक कस्टमर कार पर्चेज़ करने आता है तो पहले आप प्लेज़र प्रिंसिपल का उपयोग करें। आप ये समझिए कि उसे वो कार क्यों चाहिए और फिर बेचने की कोशिश करें । आप बोल सकते हैं कि जब आप नयी गाड़ी चलाएँगे तो लोग आपको नोटिस करेंगे। आज उनके पास बाइक है तो वो कार खरीद सकते हैं और उन्हें ऐसा करना चाहिए। एक डीलर के तौर पर

आपको दोनों तरीके से कन्विंस करना है। आप उन्हें एक कार खरीदने के फायदे बता सकते हैं और बाइक या स्कूटी के नुक्सान भी। आप उन्हें बता सकते हैं कि कार खरीदने से वो पूरी फैमिली को एक साथ घुमाने ले जा सकते हैं। लेकिन बाइक पर ऐसा मुमकिन नहीं है। जब वो कस्टमर कार को देखेगा तो उसका दिमाग इमोशनल होकर चीजों को देखेगा। सेल्स में आपको समझना है कि जो भी डिसीजन हैं इमोशन के ऊपर होते हैं। जब भी आप कस्टमर को कन्विंस करेंगे तो कोशिश करें कि आप उससे इमोशनली कनेक्ट कर पाएं। कार के केस में आपको बताना है कि कार खरीदने से उन्हें कितना प्लेज़र मिलेगा वहीं स्कूटी शायद अब उनके काम की नहीं।

4. कॉन्फिडेंस ही "की" (चाबी) है :

मैं सेल्स में सालों साल तक रहा हूँ। मुझे पता है कि आपका कॉन्फिडेंस ही है जो आपको सक्सेसफुल बनता है। अगर आपके अंदर कॉन्फिडेंस है तो आप डील क्लोज़ कर सकते हैं। अगर आपने ऊपर के 3 पॉइंट्स अच्छे से पढ़ लिये हैं तो आप अपने अंदर कॉन्फिडेंस डेवलप कर सकते हैं। आप मुझे अपना बिज़नेस आईडिया देंगे जो मैं किसी और को बेचूंगा। तो मैं बोल सकता हूँ कि–

"जो भी बड़ी चीजें हैं उन पर इंटरनेट का असर है। इस बिज़नेस के लिए मुझे इतना इन्वेस्टमेंट चाहिए जिसमें इतना रिटर्न मिलेगा। हमारा प्रोडक्ट मार्केट में छा जायेगा। हमने ये स्टेप्स लिये तो हम ग्लोबली भी अच्छा कर पायेंगे।"

मैं जो भी बोलूंगा उसमें कॉन्फिडेंस होगा। आप बस एक बात समझ लीजिये कि जब भी आप मिड सेशन में हों तो अपना कॉन्फिडेंस बरकरार रखें।

5. अपनी वैल्यू जानें :

अपने प्रोडक्ट की वैल्यू या प्राइस कम न होने दें। जब भी आप किसी से बात कर रहे हैं तो अपने प्रोडक्ट की वैल्यू को अच्छे से एक्सप्लेन करें। अगर आप एक इंसान को अपना प्रोडक्ट बेचना चाहते हैं और आप उसे कन्विंस भी कर रहे हैं। ये अच्छी बात है। पर इसके साथ आपको ये भी देखना है कि क्या वो इंसान आपका प्रोडक्ट खरीद भी सकता है। क्योंकि

अगर वो नहीं खरीद सकता तो आप अपना और उसका दोनों का टाइम वेस्ट कर रहे हैं। अगर आप किसी जॉब के लिए जाते हैं और 1 लाख की सैलरी मांगते हैं तो सुनिश्चित करें कि वो आपको मिले। अपने टाइम की वैल्यू करें। लोग आपसे तभी कन्विंस होंगे जब आपको अपने प्रोडक्ट और टाइम की सही वैल्यू पता होगी।

6. मुझ पर भरोसा कीजिये :

एक ऐसी चीज जो लोगों को आपकी तरफ लाएगी। जब आपको सेल करनी है तो आपको बस एक बात बोलनी है। जब भी कोई आपका प्रोडक्ट खरीद रहा है तो इसका मतलब उसके पास पैसे हैं। अगर उसे कोई समस्या है तो वो ये है कि वो आपके प्रोडक्ट पर भरोसा कैसे कर ले। आप अपना प्रोडक्ट सेल कर रहे हैं और आपने अपने प्रोडक्ट की वैल्यू क्रिएट की हुई है, तो आपको बस इतना बोलना है कि–

"मुझ पर भरोसा कर लीजिये।"

आपको पता होना चाहिए कि आपका प्रोडक्ट सामने वाले की कैसे मदद कर रहा है और कैसे वो हेल्प करेगा। कस्टमर को आपके ऊपर भरोसा होना चाहिए। आप इंटरव्यू के लिए गए हैं तो एकदम कॉन्फिडेंस से कहें कि वो आप ही हैं जिसे कंपनी को रिक्रूट करना चाहिए।

वर्कशीट

1) ज्यादा लोगों को कन्विंस करने के लिए आप क्या स्टेप्स लेने वाले हैं?

अध्याय – 26

गुस्से पर काबू

गुस्सा इंसान के अंदर एक ऐसा स्ट्रांग इमोशन है कि अगर इसपर कंट्रोल न किया जाये तो ये आपके अंदर तबाही ला सकती है। अगर आप भी ऐसे लोगों में हैं जिन्हें खूब गुस्सा आता है तो ये चैप्टर आपके लिए है।

चलिए मैं इस बात को आपको एक कहानी के ज़रिये समझाता हूँ।

बाप और बेटे एक साथ रहते हैं। बेटे को बहुत गुस्सा आता था। वो किसी को कुछ भी बोल देता था। बाप को बेटे के इस बर्ताव के कारण बहुत दिक्कत होती थी। एक दिन उसने सोचा कि वो अपने बेटे से इस बारे में बात करेगा। वो अपने बेटे को बुलाता है और बोलता है कि 'मैं तुम्हारे बर्ताव से बहुत परेशान हूँ।' वो अपने बेटे से कहता है 'मैं चाहता हूँ कि तुम मेरी एक बात मानो' और अपने बेटे को कीलों से भरा हुआ एक बॉक्स देता है और बोलता है कि जब भी तुम्हें गुस्सा आए तुम एक कील दीवार में ठोंक देना।

बेटा बोलता है कि 'ठीक है पिता जी, मैं ऐसा ही करूंगा।' अब होता ये है कि बेटे को बात बात पर गुस्सा आता है और वो एक ही दिन में 15–20 कीलें दीवार में ठोंक देता है। ऐसा लगातार कई दिनों तक चलता रहता है। एक दिन ऐसा आता है कि बेटे को लगता है कि वो कुछ तो गलत कर रहा है और वो अपने गुस्से पर काबू करेगा। आने वाले दिनों में दीवार पर कीलों की संख्या काम हो जाती है। जो पहले दिन 15–20 हुआ करती थीं, वो अब 7–8 हो गयीं। धीरे–धीरे ये संख्या कम होती रही और एक दिन ऐसा आया जिस दिन दीवार पर एक भी कील नहीं ठोकी गयी ।

जब बेटे को ये समझ आया कि उसका गुस्सा काफी हद तक शांत हो गया है तो उसने अपने पिता जी को धन्यवाद दिया।

अब पिता जी बेटे से दूसरी विनती करते हैं और कहते हैं कि 'बेटा, जब भी तुम्हें गुस्सा आए तब तुम एक कील दीवार से निकलना और उस बॉक्स में वापस डाल देना। बेटे ने वही किया और एक दिन ऐसा आया जब दीवार पर कोई भी कील नहीं बची। बेटे ने अपने पिता जी को बहुत धन्यवाद दिया और सोचा कि वो बेटे की तारीफ करेंगे।

पिता ने बेटे से कहा कि 'बेटा, मैं आज बहुत खुश हूँ' और कहा कि 'बेटा, मैं तुम्हें कुछ दिखाना चाहता हूँ।' वो बेटे को दीवार के पास ले गए और दीवार की तरफ इशारा किया कि देखो इसमें कितने छोटे–छोटे छेद हो गए हैं। पिता जी ने कहा कि 'हमारी ज़िन्दगी भी इसी दीवार की तरह है और जब भी तुमने गुस्सा किया है, किसी न किसी की ज़िन्दगी में ऐसे ही छेद किये हैं। जिसके ऊपर तुमने जितना गुस्सा किया है उसकी लाइफ़ उतनी ही ख़राब हुई है। जैसे आपने ये कील दीवार से निकल ली, लेकिन छेद रह गए वैसे ही अगर किसी से माफी भी मांगी है तो उसके दिल में कड़वाहट तो रहेगी ही।'

हम अपनी असल ज़िन्दगी में ऐसे हालातों का सामना करते ही रहते हैं। हम इरिटेट होकर गुस्सा करते हैं और सामने वाले को कुछ भी ऐसा बोल जाते हैं जो हमें नहीं बोलना चाहिए । फिर चाहे वो हमारे पेरेंट्स हों, फ्रेंड्स हों या कोई और। अगर किसी ने भी हमारे साथ पास्ट में बुरा किया है और आज वो अच्छा हो गया है फिर भी हमें उसकी पुरानी बातें याद रहती हैं। हमेशा यही होता है कि हमें सामने वाले की अच्छाई नहीं दिखती है। तो आप ही सोचें कि अगर आप किसी के साथ ऐसा करेंगे तो उसे कैसा लगेगा। आपकी कड़वी बातें उस इंसान के साथ हमेशा रहती हैं। तो जब भी आपको गुस्सा आता है तो ये कील और दीवार वाली कहानी याद कर लें।

मेरे पापा ने मुझे यही सिखाया है कि जब भी आप किसी से नाराज़ है या गुस्सा हैं तो आप उससे कहें कि आप उनसे कल बात करेंगें। क्योंकि अगले दिन आपका गुस्सा शांत हो जाएगा और आपका लॉजिक काम करेगा।

वर्कशीट

1) अपने गुस्से पर काबू करने के लिए आज से आप क्या करने वाले हैं?

अध्याय – 27

अपने आपको क्लासी कैसे बनाएं?

इस चैप्टर में मैं आपको ऐसी बात बताने वाला हूँ जिससे आप लोगों से थोड़ा हटकर दिखेंगे। मैं आपको 10 ऐसे आईडियाज़ देने वाला हूँ जिनसे आप सबसे बढ़िया दिखेंगे। आपको एक बढ़िया पर्सनलिटी चाहिए तो मैं आपको आज नेक्स्ट लेवल पर लेकर चलता हूँ। ऐसे बहुत कम लोग होते हैं जो अपने स्टेटस या क्लास को मेंटेन करते हैं और मैं चाहता हूँ कि आप भी उनमें से एक हों। तो इस चैप्टर में मैं आपके साथ ऐसे आइडियाज़ शेयर करने वाला हूँ जिससे आप लोगों से थोड़ा अलग दिखेंगे–

1. पीठ पीछे लोगों की सराहना करें

मैंने कई सारे ऐसे लोगों को देखा है जो पीठ पीछे बुराई करते हैं। मैं नहीं चाहता कि आप भी वैसे ही हों। मैं चाहता हूँ कि अगर आपके किसी के पीठ पीछे उसके बारे में बात करें तो उसकी बड़ाई करें । आपको वो लोग पसंद होते हैं जो आपकी बड़ाई करते हैं। मैंने लोगों को दूसरों के मुंह पर उनकी तारीफ करते हुए बहुत सुना है और वही लोग पीठ पीछे उनकी बुराई करते हैं। आपको ऐसा नहीं करना है। आपको लोगों के पीठ पीछे भी उनकी तारीफ ही करनी है। अगर राहुल मुझे अंकित के बारे में कुछ बता रहा है तो अंकित से ज्यादा मुझे राहुल के बारे में मालूम चलेगा। ठीक उसी तरह अगर आप किसी के बारे में बात कर रहे हैं तो दूसरों से ज्यादा आपके बारे में मालूम चलेगा। और यही वो क्लास या स्टेटस है जो आप मेंटेन कर रहे हैं।

2. अपनी बड़ाई न करें

जैसा कि आपने '3 इडियट्स' पिक्चर में देखा होगा कि करीना कपूर की शादी एक ऐसे इंसान से होने वाली होती है जो हर चीज पर प्राइस

टैग लगा कर घूमता है और दिखावा करता है। क्लासी लोग दिखावा नहीं करते हैं। लोगों को देखने दें कि आप कैसे हैं और उन्हें खुद ही आपको डिस्कवर करने दें। एक लोग वो होते हैं जो दिखावा करते हैं और दूसरे वो जो फ़िज़ूल की बड़ाई करते हैं और दूसरों को नीचा भी दिखाते हैं। लोग कभी–कभी दूसरों के साथ कमपैरिज़न भी करते हैं। जब भी आप दो लोगों के बीच तुलना करते हैं तो एक को आप नीचा ही दिखा ही रहे होते हैं। अगर कोई इंसान किसी गाड़ी को मर्सिडीज़ से कम्पेयर करता है तो आप पहले से ही मर्सिडीज़ को बेहतर बता रहे हैं। अगर आप कह रहे हैं कि आईफोन, सैमसंग से अच्छा है तो इसका सीधा मतलब है कि आपने सैमसंग की वैल्यू कम कर दी है।

3. अपनी फैमिली और पर्सनल प्रॉब्लम्स दूसरों से न शेयर करें

आपको ये समझना होगा कि लोगों को सिर्फ अटेंशन चाहिए होती है। आपकी परेशानियों से लोगों को मजा आता है। आप भी लोगों को अटेंशन देते हैं और अपनी प्रॉब्लम्स उनसे शेयर करते हैं, ये सही नहीं है। आपकी फैमिली की प्रॉब्लम्स से लोगों को फर्क नहीं पड़ता। वो बस मजे लेना चाहते हैं। किसी को इस चीज से मतलब नहीं है कि आपकी फैमिली में क्या हो रहा है, बल्कि वो चाहता है, आप सुनो कि उसकी फैमिली में क्या हो रहा है। अगर आप अपनी कोई भी प्रॉब्लम दूसरों के साथ शेयर कर रहे हैं तो आप अपना इम्प्रेशन खराब कर रहे हैं।

4. ऐसे बने कि लोग आप पर भरोसा करें

आप वैसे ही रहें जैसे आप हैं। जब मैं कॉलेज में था तो मैं किसी और की तरह होना चाहता था। लेकिन जब ऐसा करते हैं तो हम वो नहीं रह जाते जो हम वास्तव में होते हैं। हम सभी एक अलग पर्सनलिटी हैं और दो लोग कभी एक जैसे नहीं हो सकते। आपका नेचर आपको दूसरों से अलग बनाता है और आप ही अपने में बेस्ट हैं। इसलिए अपने आपको खुद जैसा ही रखें और दूसरों की तरह बनने की कोशिश न करें, बल्कि ये कोशिश करें कि आप खुद पर भरोसा करें जिससे दूसरे भी आप पर भरोसा करें।

5. दूसरों के साथ वैसा बर्ताव करें जैसा आप खुद के लिए चाहते हैं

मैंने देखा है कि लोग अपने नौकरों या मातहतों से बेरुखी से बात करते हैं। अगर आप अपने नौकर को नौकर कहते हैं तो आप अपना ही स्तर गिराते हैं। आप अपने नौकरों की तारीफ कर उन्हें स्पेशल फ़ील करा सकते हैं। उन्हें आप उनके नाम के साथ इज्ज़त देकर बुला सकते हैं। ऐसा करने से उन्हें अच्छा लगेगा और आपको भी। तो आप सभी के साथ अच्छे से उस तरह से बर्ताव करें जैसा आप चाहते हैं कि लोग आपसे करें।

6. दोस्तों का चयन ध्यान से करें

एक कहावत आपने सुनी होगी कि–

"संगत से गुण आत हैं, संगत से गुण जात "

आप जिस तरह के लोगों के साथ रहते हैं वो आपकी क्लास दिखता है। आप ऐसे दोस्तों या लोगों के साथ रहें जो आपकी तरह या आपसे बेहतर सोचते हैं। अगर आपके दोस्त बीड़ी सिगरेट या दारू पीते हैं तो वो लोग अच्छे नहीं हैं। अगर आप ऐसे लोगों के साथ रहते हैं तो आपको भी ऐसा ही समझा जाता है फिर चाहें आप कितने भी अच्छे क्यों न हों।

7. अपने से बेहतर लोगों से सीखने को हमेशा तैयार रहें

इसमें कोई दो राय नहीं है कि इस दुनिया में आपसे बेहतर लोग भी मौजूद हैं। ऐसा कभी मत सोचिये कि आप बेस्ट हैं क्योंकि कोई न कोई तो होगा ही जो आपसे बेहतर हो। आपको ये बात समझनी है और उनसे सीखना भी है। मैं एक अंकल जी को जनता हूँ जिन्होंने एक बार किसी के बार में ये कहा कि उन्हें उस आदमी की कमाई के बारे में संदेह है और वो इसलिए क्योंकि उस आदमी ने कार खरीद ली थी। वो इस बात को हजम नहीं कर पाए कि उसने कार खरीद ली है। हमें ऐसा नहीं करना चाहिए। हमें हमेशा दूसरों की सफलता से खुश होना चाहिए। आपके आस–पास के लोग जैसे भी हैं उन्हें वैसे ही एक्सेप्ट करें। कोई आपसे बेहतर हो तो उसकी प्रशंसा करें और उनसे कुछ सीख सकते हैं तो बेशक और बेझिझक सीखें।

8. अपनी नॉलेज अप टू डेट रखें

अपनी नॉलेज हमेशा अपग्रेड करते रहें और अपने इमप्रूवमेंट के ऊपर काम करत रहें। ऐसा करने से आप भीड़ से अलग होंगे और बेहतर इंसान

बनेगे।

9. हर किसी को अपने करीब न आने दें

हम सभी का एक सर्कल यानी दायरा होता है जिसमें सारी चीजें आ जाती हैं। अगर आप हर किसी को अपने दायरे में आने देंगे तो आप अपनी क्लास खो देंगे। आप सभी की रेस्पेक्ट करें लेकिन लोगों से थोड़ी दूरी बना के रखें। आप चाहें लड़की हो या लड़का, अपना स्टैण्डर्ड बना कर ही रखें। आपको हर किसी से दोस्ती नहीं करनी है। कोई अच्छा है तो अच्छी बात है लेकिन आपका खुद का एक स्टैण्डर्ड होना ही चाहिए और आपको उसे मेंटेन करना ही है।

10. लोगों की भलाई के लिए छोटे–छोटे काम करते रहें

लाइफ में आपको कई ऐसे मौके मिलेंगे जब आप लोगों के लिए काम कर सकें जिससे उनका भला होगा। ऐसा कोई भी अवसर हाथ से जाने न दें। आप लोगों को सड़क पार करवा सकते हैं या फिर किसी का सामान उठा कर उसकी मदद कर सकते हैं। ऐसे काम करते रहें जहाँ आप लोगों की मदद कर सकते हों, फिर वो मदद चाहे छोटी हो या बड़ी।

जब मैंने अपने सफर की शुरुआत की थी तब मुझे लगा था कि कई लोगों को सफल होने के लिए एक मार्गदर्शन की जरूरत है। मैंने लोगों के साथ अपने अनुभव, अपने कोर्स, बुक्स और ट्रेनिंग सेशंस के जरिये बांटने शुरू किये। आज मुझे उस सभी के फ़ीडबैक्स पढ़ना और जानना बहुत ही अच्छा लगता है। मुझे उनसे जो प्यार मिलता है उससे मैं एनर्जेटिक फील करता हूँ और मुझे बहुत ही अच्छा लगता है।

वर्कशीट

1. अपना क्लास मेंटेन करने के लिए आज से आप कौन से स्टेप्स लेने वाले हैं?

2. कम से कम आज आप पीठ पीछे लोगों की बड़ाई कीजिये।

3. आज आप लोगों की भलाई के लिए क्या करने वाले हैं?

अध्याय – 28

अल्फा होने के 6 टिप्स

इस चैप्टर में हम अल्फा होने के 6 टिप्स के बारे में पढेंगे। इस दुनिया में 3 तरह के लोग होते हैं।

पहली कैटेगरी उन लोगों की होती है जो बहुत ही अच्छे होते हैं। 70: लोग इसी कैटेगरी में आते हैं जो दूसरों के बारे में अच्छा सोचते हैं और अच्छा करते हैं। उन्हें हमेशा यही लगता है कि 'मैं ऐसा कुछ न कर दूँ जिससे दूसरों का दिल दुख जाए।

दूसरी कैटेगरी होती है खुदगर्ज़ या मतलबी लोगों की। ये ऐसे लोग होते हैं जो सिर्फ अपने बारे में ही सोचते हैं। उन्हें लगता है कि जो कुछ भी अच्छा हो सबसे पहले मेरे लिए हो। भगवान सबका भला करे पर शुरुआत मुझसे करे। वो दूसरों की बिल्कुल भी परवाह नहीं करते।

तीसरी कैटेगरी होती है अल्फा लोगों की। ये लोग लीडर्स होते हैं जो अन्य लोगों को डोमिनेट करते हैं। अल्फा शब्द एनिमल किंगडम से आया है, जहाँ एक ऐसा जानवर है जो एक्सपीरियंस्ड है स्ट्रांग है। इंसानों में अल्फा होने के लिए स्ट्रांग होना जरूरी नहीं है। अल्फा बड़ा, छोटा, मोटा कैसा भी हो सकता है। इंसानों में अल्फा का मतलब है – कॉन्फिडेंस। अगर आप अल्फा होना चाहते हैं तो जरूरी है कि आपको लोगों द्वारा नोटिस किया जाए। । तो आइये अल्फा होने के 6 टिप्स पर ध्यान देते हैं–

1. ऐसे दिखें जैसे आप कितने कॉफिडेंट हैं

अगर आप कहीं पर हैं और आप चाहते हैं कि जो भी आप बोल रहे हैं वो सही मान लिया जाये। तो ऐसे में आप अपनी बात पर अड़े रहें। आपको अल्फा बनना है तो आपको डोमिनेंट बनना पड़ेगा। आपको ऐसा कुछ करना पड़ेगा कि आप लोगों को नज़र आएं । आपको पूरे आत्मविश्वास के साथ बर्ताव करना है और आपको यही सीखना है। अगर आप लोगों के सामने

नहीं आयेंगे तो आप डोमिनेंट नहीं बन पायेंगे। अगर आपको ये नहीं आता है तो आपको सीखना पड़ेगा। आपको अलग बिहेव करना पड़ेगा।

मान लीजिये कि आप एक स्टूडेंट हैं और आपका टीचर आपसे कोई सवाल पूछता है तो आप क्या करेंगे? कई बार कई बच्चे ऐसे होते हैं जिन्हें जवाब मालूम होता है फिर भी वो हाथ नहीं उठाते। आपको ऐसा नहीं करना है। आपको हाथ भी उठाना है और जवाब भी देना है। इसके आलावा कुछ और बोलना है तो वो भी बोलिये। यही छोटी–छोटी चीजें हैं जो आपको अल्फा बनाती हैं।

2. दूसरों के अप्रूवल न लें

हमारी सोसाइटी में रहने वाले 70: लोग चीजों के लिए दूसरों की अप्रूवल जरूर लेते हैं। वो कोई फंक्शन इसलिए अटेंड करते हैं ताकि लोग उनकी तारीफ करें। लेकिन अगर आप कोई कपड़ा पहन रहे हैं, लोग उसे नापसंद कर दें तो क्या होगा? आपका कॉन्फिडेंस नीचे गिर जाएगा। वहां उनका पूरा मूड खराब हो जाता है और उन्हें लगता है कि यही इंसान सही बोल रहा है। वो हमेशा ही दूसरों के अप्रूवल पर भरोसा करते हैं।

अगर आप भी ऐसे ही हैं तो अपने आपको बदलिए। मान लीजिये आप एक पार्टी में झक सफ़ेद कपड़े पहन कर गए हैं और सामने से कोई इंसान सूप लेकर आ रहा है। वो आपसे टकराता है और सूप आपके शर्ट पर गिर जाता है। अब आप सोचते हैं कि लोग आपकी शर्ट और आपके बारे में क्या सोचेंगें। पर अगर आप अल्फा मैन है तो आपको फर्क ही नहीं पड़ेगा। अगर आपसे कोई पूछेगा कि ये सूप कैसे गिरा, तो आप बोलेंगें कि कुछ नहीं, आपका सूप में नहाने का मन था। यहाँ पर आपको अपना ह्यूमर दिखाना है न कि एक्सप्लेन करना है। बिल्कुल नहीं, आप अल्फ़ा हैं और वैसे ही दिखेंगे। क्योंकि सबको पता है कि ये इंसान पार्टी में आया है तो घर से ही ऐसी शर्ट नहीं पहनकर आया होगा। आपको भी फर्क नहीं पड़ना चाहिए।

3. स्ट्रेट फॉरवर्ड बनें

अगर आप कुछ कहना कहते हैं या पूछना चाहते हैं तो जैसे है वैसे ही कह दें। आपको शब्दों से खेलने की जरूरत नहीं है। आपको बिना घुमाये फिराए सीधे तौर पर अपनी बात सामने वाले के सामने रख देनी है। अगर आपको लगता है कि किसी के बारे में आपका फीडबैक सामने वाले की

मदद करेगा तो आप वो दे दीजिये। आपको पता होना चाहिये कि आपको आपकी बात किसी के सामने कैसे रखनी है।

4. लोग क्या कहेंगे

अगर आप ये सोचेंगे कि लोग क्या कहेंगे तो आपकी इससे कोई मदद नहीं होने वाली। एक कोट है कि–

"लोग क्या सोचेंगे, अगर ये भी मैं ही सोचने लगा तो फिर लोग क्या सोचेंगे।"

मतलब ये कि मैंने भी अगर यही सोचना शुरू कर दिया कि लोग क्या सोचेंगे, तो लोगों के पास कोई काम ही नहीं बचेगा। मुझे ये कोट बहुत ही पसंद है। लोगों को जो सोचना है वो सोचने दें। आप जैसे हैं आपको वैसा ही रहना है और वैसे ही करें जैसे आप करना चाहते हैं। लोगों की सोच का असर आप पर नहीं पड़ना चाहिए। अगर आपको लगता है कि आपने अच्छे कपड़े पहने हैं तो आपको सही लगता है। अपने माइंडसेट को स्ट्रांग रखें फिर लोग आपको एप्रिशिएट करेंगे।

5. बॉडी लैंग्वेज

अल्फ़ा होने के लिए आपकी बॉडी लैंग्वेज ओपन होनी चाहिए। जब भी आप किसी के साथ बातचीत करते हैं तो अपनी बॉडी लैंग्वेज को भी सपोर्टिव बनायें। अपने हाथ के मूवमेंट्स ऐसे रखें कि वो आपकी बातों से मैच करे। आपको आपकी बॉडी लैंग्वेज से ये बताना है कि आप लीडर हैं। आपको पूरे आत्मविश्वास के साथ बात करनी है। आपकी बॉडी लैंग्वेज आपके बारे में बहुत कुछ बताती है। इसलिए आप उसका पूरा इस्तेमाल करें नहीं तो लोगों को कैसे पता लगेगा कि आप डॉमिनेंट हो।

6. कायदे से कपड़े पहनें

ऐसा हमेशा नहीं होता कि आपको अच्छा दिखने के लिए सूट ही पहनने की जरूरत है। आप शर्ट और जींस भी पहन सकते हैं। लेकिन ऐसा न हो कि आपकी शर्ट एक तरफ से बाहर निकल रही है। अगर आप अल्फा बनना है तो आपको वेल ड्रेस्ड भी होना पड़ेगा।

अगर इन बातों पर आपने ध्यान दे दिया तो आपको अल्फा बनने से कोई नहीं रोक सकता।

वर्कशीट

1. आपको अल्फ़ा क्यों होना चाहिए?

2. अल्फ़ा बनने के लिए आज से आप क्या स्टेप्स लेने वाले हैं?

अध्याय – 29

ग्रेट स्टोरी टेलर कैसे बनें?

क्या लोग आपसे इंस्पायर होते हैं? क्या आप चाहते हैं कि लोग जब आपको बोलते हुए सुनें तो उनके पास शब्द ही न हों? अगर हाँ, तो आपको अपने अंदर स्टोरी टेलिंग की स्किल डेवलप करनी पड़ेगी, जिसके बारे में ज्यादातर लोग नहीं सोचते।

जो लोग इस आर्ट को मास्टर कर लेते हैं, लोग उनके साथ रहना पसंद करते हैं और उनके साथ को भी बहुत पसंद करते हैं। स्टोरी टेलिंग स्किल्स से आप अपनी कम्युनिकेशन स्किल भी इम्प्रूव करेंगे और पर्सनालिटी भी। अगर आपके अंदर ये स्किल नहीं है तो मैं आपको इसके बारे में सिखाऊंगा ताकि आप जब भी किसी के साथ बातचीत करें तो इस स्किल को अप्लाई कर पाएं।

आगे बढ़ने से पहले मैं आपको एक स्टोरी सुनाऊंगा।

एक गाँव के बॉर्डर पर एक हवेली थी जो बंजर भूमि से घिरी थी। चिलचिलाती धूप में हवा से रेत उड़ रही है। हवेली के ठीक बाहर सफेद बालों वाला एक बूढ़ा आदमी खाट पर बैठा था। उसने सफेद कपड़े पहने हुए हैं। वह अपने चार बच्चों से बात कर रहा था। वो बूढा आदमी उनसे कहता है कि वो उन्हें एक ऐसी बात बताने वाला है जिसे सुनकर वो सभी चकित रह जायेंगे। बूढ़ा कहता है कि यह उसके जीवन का आखिरी दिन है और आधी रात को वह मर जाएगा। और उसकी मौत का कारण उन चार बच्चों में से कोई एक होगा।

फिर वह उन्हें बताता है कि चारों को क्या करने की जरूरत है। वो बोलता है कि तुम सभी को हवेली के पीछे जमीन खोदनी है और उसे वहां दफनाना है। जब बच्चों को एहसास हो कि उसकी मौत के लिए कौन

जिम्मेदार है तो फिर से उसी जगह से जमीन को खोदना है। उन्हें वहां एक खजाना मिलेगा और वो खजाना उसी बच्चे का होगा जो उसकी मौत का जिम्मेदार होगा। या फिर रात होने से पहले इस बात का पता लगा लिया जाए कि उसकी मौत का जिम्मेदर कौन है तो मैं खुद ही उसे वो खजाना दे दूंगा।

इतनी बात कहकर वो बूढ़ा आदमी वहां से उठकर चला गया।

चारो बच्चे अपने कमरों में जाते हैं और सोचते हैं कि उनके पिता की मौत का जिम्मेदार कौन होगा। हर किसी के मन में लालच आता है। सभी बच्चे यही सोचते हैं कि आधी रात से पहले अगर उन्हें वो मिल जाए जो उनके पिता की मौत का कारण होगा, तो वो उसे पकड़कर अपने पिताजी के सामने ले जाते और खुद वो ख़ज़ाना ले लेते। चारों भाई सोचते रहते हैं और इसी बीच रात के 11 बज जाते हैं। जब 11 बजते हैं तो उनमें से एक भाई उस जगह पर जाता है जहाँ उस बूढ़े आदमी को दफनाने थे। वो देखता है कि कोई पहले से ही वहां खुदाई कर रहा है।

उसने सोचा कि ऐसा हो सकता है कि किसी एक भाई को पता हो कि ख़ज़ाना वहीं छुपा होगा जहाँ पिताजी को दफनाना है। लेकिन वो ये नहीं देख पाया कि वहां खुदाई कौन कर रहा है। वो दौड़ता हुआ वहां आता है। लेकिन जब तक वो वहां पहुँचता है गड्ढा खोदने वाला जा चुका होता है और सिर्फ गड्ढा दिखता है। वहां उसको गड्ढे खोदने की मशीन दिखती है और जैसे ही वो मशीन उठाता है बाकी तीनों भाई पीछे से आ जाते हैं और पूछते हैं कि 'तुम यहाँ क्या कर रहे हो?' तीनों को यही लगता है कि यही वो भाई है जिसकी वजह से उनके पिता जी की मौत होगी। वो अपने तीनों भाइयों को ये समझाने की कोशिश करता है कि वह कोई और था जो गड्ढा खोद रहा था। लेकिन उसकी बात कोई नहीं सुनता। वो तीनों भाई फैसला लेते हैं कि वे इसे पिताजी के पास ले जायेंगे और उनको बताएंगे कि उनकी मौत का कारण यही है।

जैसे ही वो लोग अपने पिताजी की तरफ जाते हैं, तब तक घड़ी में 12 बज जाते हैं। उनके पिताजी तुरंत बेहोश हो जाते हैं और ज़मीन पर गिरकर मर जाते हैं। वो लोग अपने भाई को कोसते हैं और अपने पिता की मौत के लिए उसे जिम्मेदार मानते हैं। सबकी बातें सुनने के बाद वो भाई सबसे

बोलता है कि अगर उन्हें जवाब चाहिए तो अगली रात तक का इंतजार करना होगा। सभी लोग अगली रात का इंतजार करते हैं लेकिन उनकी नज़रें अपने भाई के ऊपर ही रहती हैं। अगले दिन वो अपने पिताजी को दफ़नाते हैं। जैसे–जैसे रात बीतती है, तीनों मिलकर अपने भाई से सवाल करते हैं कि उसने ऐसा क्यों किया। वो भाई अपने तीनों भाइओं को लेकर वहां जाता है जहाँ पिता जी को दफ़नाया गया होता है। तीनों भाई अपने हाथों में लालटेन लेकर जाते हैं।

क्या मैं स्टोरी कंटिन्यू करूँ?

क्या आपने नोटिस किया किया कि आप कितने ध्यान से मेरी बात सुन रहे थे, जब मै आपको कहानी सुना रहा था। याद रखिये कि मैं आपको कोई स्टोरी नहीं सुना रहा था, बल्कि आपको सिखा रहा था कि स्टोरी कैसे बिल्ड करें। आप मुझसे ये मत पूछना कि आगे क्या हुआ क्योंकि मैं नहीं बताऊंगा।

अभी हम इस बात पर फ़ोकस करते है कि स्टोरी कैसे बनाते हैं। मैं आपको ये बताऊंगा कि मेरी स्टोरी में क्या ऐसा था जिससे वो इंटरेस्टिंग हो गयी।

डिटेल : मैंने आपको बूढ़े आदमी के बारे में बताया, जिसमें मैंने आपको उनकी दाढ़ी से कपड़ों तक के बारे में बताया। जैसे–जैसे मैं आपको बताता गया आप इमैज़िन करते गए। आपको डिटेल्स पर फ़ोकस करना होगा ताकि जो आपको सुन रहे हैं वो उन डिटेल्स को उसी तरह इमैजिन कर सके जैसे आप खुद सुना रहे हों।

वॉइस मोड्युलेशन : जब आप लोगों को अपनी स्टोरी सुना रहे हैं, तो आपको अपनी वॉइस पर भी ध्यान देना है कि आपकी वॉइस में वो इम्पैक्ट आये जो स्टोरी के लिए ज़रूरी है। ऐसा करने से सुनने वालों के इमोशंस आपसे और कहानी से जुडेंगे। वैसे अभी तो आप इस किताब को पढ़ रहे हैं लेकिन अगर आपने मेरे वीडियो देखे होंगे तो आपको समझ आया होगा कि आवाज में उतार चढ़ाव कैसे लाना है।

बॉडी लैंग्वेज : जब मैं अपनी कहानी में आपको बूढ़े आदमी के बेहोश होने और गिरने की बात कर रहा था तो मैं इसी कोशिश में था कि मैं अपनी बॉडी लैंग्वेज से भी वो बोल सकूं। मैं ऐसी कोशिश में था जैसे कोई मूवी

चल रही है। आपको ऐसा लग रहा था कि सब कुछ सच में हो रहा था।

सीख : हर कहानी का एक मोरल यानी सीख होती है। मेरी कहानी में सस्पेंस था। सस्पेंस होने से स्टोरी और भी इंटरेस्टिंग हो जाती है। मैंने आपको ये नहीं बताया कि अंत में क्या हुआ। अगर आप किसी को कहानी सुना रहे हैं और बीच में ही छोड़ देते हैं तो लोग आपसे सुनने के लिए आपका दोबारा इंतजार करेंगे, कि आप उन्हें बताएं कि आगे क्या हुआ। हर स्टोरी का एक मोरल होता है। लोगों को भी उस मोरल के बारे में समझाएं।

अपनी पर्सनलिटी को अपग्रेड करने के लिए आपको कई सारी चीजें सीखने की जरूरत है। और मैं चाहता हूँ कि मैं आपको वो सब कुछ बताऊँ जो मैं जानता हूँ। लोग आपकी तरफ एट्रैक्ट होंगे। वो आपकी कंपनी एन्जॉय करेंगे।

वर्कशीट

1. एक अच्छा किस्सागो (स्टोरी टेलर) बनने के लिए आज से आप क्या स्टेप्स लेने वाले हैं?

2. इस किताब में दी हुई कोई भी कहानी आप अच्छे से, वॉइस मोड्युलेशन और ऐक्शन के साथ किसी को सुनाएं।

3. इस किताब में दी हुई कहानियां तब तक दूसरों को सुनाएं जब तक कि आप एक अच्छे किस्सागो नहीं बन जाते।

अध्याय – 30

सेन्स ऑफ़ ह्यूमर

जो भी चीजें हमने पर्सनलिटी अपग्रेडेशन में X फैक्टर में सीखीं, ये चैप्टर उसका आखिरी चैप्टर है। आज का टॉपिक आपकी कम्युनिकेशन स्किल को बढ़ा देगा और अगर आपके पास ये है तो लोग आपको पसंद करेंगे।

अब आप सोच रहे होंगे कि मैं किस चीज की बात कर रहा हूँ। मैं बात कर रहा हूँ–

"सेन्स ऑफ़ ह्यूमर" की।

इस टॉपिक में हम सेन्स ऑफ़ ह्यूमर को बढ़ाने के 6 तरीकों की बात करेंगे। हम सभी के 5 सेंसेस हैं लेकिन सेन्स ऑफ़ ह्यूमर किसी–किसी में ही होता है। वैसे देखा जाए तो सब में होता है लेकिन लोग इसका इस्तेमाल नहीं कर पाते। अगर आपका सेन्स ऑफ़ ह्यूमर अच्छा है तो लोग आपको बहुत पसंद करेगें। अच्छे सेन्स ऑफ़ ह्यूमर को डेवलप करने के लिए आप नीचे लिखे हुए टिप्स को फॉलो कर सकते हैं–

1. एक अच्छे ऑब्ज़र्वर बनें

मैं भी अपने आस–पास की चीजों को ऑब्ज़र्व करता हूँ। आपको भी, अपने आस–पास के लोगों को ऑब्ज़र्व करना है। और ये देखना है कि आपको जोक्स कब मारने हैं और कब क्या बोलना है। क्योंकि ये पूरा खेल ही टाइमिंग का है। अगर आपने गलत समय पर गलत बात बोल दी या कोई जोक सुना दिया तो सब मामला गड़बड़ हो सकता है। क्योंकि ये सारा खेल ही टाइमिंग का है। आप अपनी टाइमिंग अपने आस–पास की चीजों को ऑब्ज़र्व करके ठीक कर सकते हैं।

मान लीजिये, (टाइमिंग) कोई इंसान ख्यालों में खोया है और अपने पास्ट

या फ़्यूचर में जी रहा है तो उसे नहीं मालूम होगा कि क्या होने वाला है। जो इंसान खोया हुआ है वो लोगों को हँसा नहीं सकता। इसके लिए आपको प्रेजेंट में जीना पड़ेगा। आप लोगों के बीच जाकर ऑब्ज़र्व कर सकते हैं।

कुछ दिन पहले मैं शॉपिंग करने गया था और जब में पेमेंट करने के लिए अपना कार्ड निकालने की कोशिश कर रहा था तो कार्ड मुझसे निकल ही नहीं रहा था। काउंटर वाला वेट कर रहा था कि तभी मैंने बोला (टाइमिंग) – 'लगता कार्ड नहीं चाहता कि मैं पेमेंट करूँ'। मैं एकदम प्रेजेंट में था और अपने आस–पास की चीजों को ऑब्ज़र्व कर रहा था और मैंने एक छोटा सा कमेंट कर दिया जिससे लोगों को हँसी भी आई।

2. हमेशा रिलैक्स रहें

हम में से कई लोग हमेशा परेशान रहते हैं, जो गलत बात है। अगर आपने 'मुन्ना भाई एमबीबीएस' मूवी देखी होगी तो आपको याद होगा कि बोमन ईरानी अपने गुस्से को कम करने के लिए हंसता था। आपको अपने आस–पास की निगेटिव एनर्जी को हंसी के जरिये बहार निकालना है। क्या एक इंसान जो गुस्से में है, लोगों को हंसा सकता है? जब इंसान गुस्से में होगा तो लोग उसपर हँसेंगे न कि उसके साथ हँसेंगे। अगर आप रिलैक्स हैं और अपनी सभी चिंताओं से दूर हैं तभी आप लोगों को हँसा सकते हैं। आपको अपने सभी इमोशंस, सभी निगेटिव चीजें हँसी के जरिये बाहर निकालनी हैं।

3. एक्स्ट्रीम लेवल कमपैरिज़न

यहाँ पर एक्स्ट्रीम लेवल इसलिए लिखा है क्योंकि ये ज्यादातर मामलों में काम करती है। यहाँ पर आप चीजों को बढ़ा–चढ़ा कर दिखाएंगे। मान लीजिये कि आप अपने एक फ्रेंड का इंतजार कर रहे है और वो देर से आया। जब वो आता है और आपको मिलता है तो आप कहते हैं कि 'भाई, तूने तो मुझे इतना वेट करवाया कि मेरी दाढ़ी भी बढ़ गई' ।

हम सभी को पता है कि ऐसा बिल्कुल भी पॉसिबल नहीं है लेकिन इससे ये पता चलता है कि आप कितनी देर से उसका इंतजार कर रहे थे। मान लीजिये कि आप अपने एक दोस्त से किसी तीसरे के बारे में बात कर रहे हैं। आप कहते हैं कि वो तो इतना लंबा है कि उससे बात करने के लिए

तो सीढ़ियां चाहिए। ये कमपैरिज़न एक्स्ट्रीम लेवल का है। जब आप चीजों को बढ़ा–चढ़ा कर बोलते हैं तो भी आप लोगों को हँसा सकते है।

4. चल रही कन्वर्सेशन की डायरेक्शन बदल दें

कई बार आपने देखा होगा कि कई सारे लोग मिलकर एक सीरियस टॉपिक पर बात कर रहे हैं, तभी कोई एक आदमी कुछ ऐसा बोल देता है कि सबका ध्यान अचानक से उसकी तरफ चला जाता है और लोग हंस पड़ते हैं। वो इंसान पूरी बातचीत का रुख बदल देता है। अगर आप भी ह्यूमरस होना चाहते हैं तो कॉमेडी शो देखिये। आप उनको ऑब्ज़र्व करें कि वो किस लेवल के जोक क्रैक करते हैं और कब वो प्रेज़ेंट टॉपिक को चेंज करके दूसरे टॉपिक पर जंप करते हैं।

हम क्यों हँसते हैं?

हमारा जो माइंड होता है वो चीजों को एकतरफा सोचता है। जब आप कोई चीज कंटेक्स्ट के बाहर कहते हैं तो लोग हँस देते हैं। एक बार मैंने बोला कि मैं अपने लाडले पालतू जानवर के साथ कार में जा रहा था लेकिन उसके लिए कार में जगह नहीं बची क्योंकि मेरे साथ मेरी भैंस बैठी थी। इसमें कुछ ख़ास नहीं था, लेकिन फिर भी लोगों की हँसी निकल गयी। क्योंकि लोगों ने एक भैंस को कार में बैठे हुए इमैजिन किया। जब भी आप कोई जोक बोलते हैं तो दो चीजें ऐसी होती हैं जो एक्स्ट्रीम लेवल की होती हैं और एक चीज पहले से हो रही होती है, जब दूसरी आती है तो वहाँ फिट नहीं होती। जहाँ दूसरी चीज फिट नहीं होती वहाँ ह्यूमर आ जाता है। इस स्किल को डेवलप करने के लिए आपको प्रैक्सिस करने की जरूरत है।

5. सार्काज़्म या कटाक्ष

सार्काज़्म में आप ऐसी बातें बोलते हैं जो असल चीजों से एकदम अलग होती हैं। मान लीजिये कि आप किसी का इंतजार कर रहे है और जब वह आता है तो आप उसे बोलते हैं कि–

"आज आप ज़ल्दी आ गए..."

खाना इतना अच्छा था कि आप बता नहीं सकते। लेकिन जिससे आप ये बोल रहे हैं उसे पता है कि उसे आने में देर हो गयी है और खाने में

स्वाद नहीं है। कुछ लोगों को सार्काज़्म या व्यंग पसंद नहीं होता, लेकिन फिर भी आप इसका इस्तेमाल कर सकते हैं। ये काफी लोगों को पसंद भी आता है। अगर आपको लगता है कि किसी जगह पर आप सार्काज़्म का इस्तेमाल कर सकते हैं तो जरूर कीजिये।

मैंने अपने सेन्स ऑफ़ ह्यूमर में सार्काज़्म को डेवलप करने के लिए कई सारी वीडियो देखी हैं। और आपके लिए भी लेकर आया हूँ ताकि जो मैंने सीखा है उससे आपको भी फायदा हो।

6. ख़ुद भी खुश रहें और आगे बढ़ें

हमेशा ये नहीं होना चाहिये कि आप दूसरों को ही खुश रखें। आपको खुद भी खुश रहना है। कई बार ऐसा होता है कि हम सोसाइटी में जोक्स क्रैक करते हैं लेकिन कोई भी नहीं हँसता। लोग आपकी बातों पर तब तक अटेंशन नहीं देंगे जब तक आप खुद नहीं देंगे। आपके जोक पर कोई हँसा या नहीं इसके बारे में आपको ज्यादा सोचने की जरूरत नहीं है। आप अपनी स्टोरीज़ और जोक्स लाते रहिये और लोगों को सुनाते रहिये। जो कॉमेडियन होते हैं वो खुद अपने जोक्स पर नहीं हँसते। अगर आप अपने जोक्स पर खुद हँसेंगे तो लोगों को लगेगा कि आप कोशिश कर रहे हैं।

अंग्रेज़ी में एक काहवत है कि– "लॉफ्टर इस दि बेस्ट थेरेपी"।

जब आप हँसते हैं तो आपका स्ट्रेस खत्म होता है। आप ऐसे बनें जो खुद को भी खुश रखें और दूसरों को भी हंसाएं। लेकिन आपको पता होना चाहिए कि कब क्या बोलना है।

वर्कशीट

1. अपने सेन्स ऑफ़ ह्यूमर को बढ़ाने के लिए आप क्या करेंगें?

वेल्थ क्रिएशन

अध्याय – 31

वेल्थ क्रिएशन

आज जिस X फैक्टर के बारे में हम बात करने वाले हैं, वो है– वेल्थ क्रिएशन।

इस टॉपिक पर मेरे पास प्रैक्टिकल नॉलेज है और मुझे लगता है कि आपको भी सीखना चाहिए। आज मैं आपको बताऊंगा कि पैसे कैसे बना सकते हैं और इसके लिए हम आज तीन फंडामेंटल प्रिंसिपल्स के बारे में बात करेंगे कि आप किस तरह पैसे बना सकते हैं–

पैसों को इम्पोर्टेन्ट बनाएं

कई बार लोगों को बोलते हुए सुना है कि पैसा उनके लिए इम्पोर्टेन्ट नहीं है। मैं उनसे पूछता हूँ कि फ़िर क्या इम्पोर्टेन्ट है? आपको लाइफ में जो भी कुछ चाहिए फिर वो चाहे रोटी हो या कपड़ा या मकान, हर चीज के लिए पैसों की जरूरत होती है। हम जितने भी सपने देखते हैं आप खुद ही सोचिये कि उनमें से कितने, बिना पैसों के पूरे होते हैं? जब भी मुझे कोई बोलता है कि उनके लिए पैसे इम्पोर्टेन्ट नहीं है तो मैं उनसे कहता हूं, जो चीज आपके लिए ज़रूरी नहीं है वो आपके पास नहीं होनी चाहिए।

अगर किसी को कार की जरूरत नहीं है तो उसके पास कार नहीं होनी चाहिए। अगर किसी को गर्लफ्रेंड की जरूरत नहीं है तो उसके पास गर्लफ्रेंड नहीं होनी चाहिए। जिस चीज की भी आपको जरूरत नहीं है वो आपके पास नहीं होनी चाहिए।

आपके पास ये बिलीफ़ सिस्टम होना चाहिए कि पैसे इम्पोर्टेन्ट हैं। आप अपने परिवार की तरफ देखिये फिर शायद आपको समझ आ जाए कि आपको पैसों की कितनी जरूरत है। लोगों को लगता है कि पैसा सारी समस्यायों की जड़ है। लेकिन ऐसा कहना गलत है। एक चोर इसलिए पैसे

चुराता है क्योंकि उसके पास पैसे नहीं हैं। पैसों से आपके अंदर बहुत सारे पॉजिटिव चेंज आते हैं। आपको नहीं पता कि आपको कब पैसों की जरूरत पड़ जाए। मुझे कम उम्र में ही पैसों की इम्पोर्टेंस के बारे में पता चल गया था और मैंने इसके लिए काम किया और इसकी वजह से ही मेरी लाइफ में बहुत सारे अच्छे बदलाव आये।

अगर कोई मुझसे पूछता है कि पैसे कमाने के लिए मैंने क्या किया, तो मैं कहता हूँ कि जो मैंने सिखाया है उसे सीखें क्योंकि इसके ऊपर मैंने सालों साल मेहनत की है। मैं आपसे पूछता हूँ कि 10 के स्केल पर आप पैसों को कितनी इम्पोर्टेंस देंगे। यहाँ 1 सबसे कम और 10 सबसे ज्यादा है।

पैसे कमाने के लिए जो सबसे पहला पॉइंट था वो ये था कि पैसों को इम्पोर्टेंस दें। क्योंकि जब तक वो आपके लिए इम्पोर्टेन्ट नहीं होगा या तब तक आपको उसकी वैल्यू नहीं पता चलेगी। जो दूसरा प्रिंसिपल है मैंने वो मैंने रोबर्ट कियोसा से सीखा है। मैंने उनकी किताब, "रिच डैड, पुअर डैड" पढ़ी है जहाँ से मुझे दूसरे प्रिंसिपल के बारे में पता चला। पैसे कमाने का एक कॉन्सेप्ट है जिसे हम ईएसबीआई (ESBI) कहते हैं।

उन्होंने कहा है कि लोग पैसे कमाने के लिए इन चार तरीकों का इस्तेमाल करते हैं। इन चार तरीकों के बार में आप नीचे पढ़ सकते है–

एम्प्लॉईज़ (E) : ये ऐसे लोग होते है जिनकी फिक्स जॉब होती है और महीने के अंत में ये सैलरी पाते हैं। अगर आप एक एम्प्लॉई है तो आप कभी भी अमीर नहीं बन सकते। अगर आप सोचते हैं कि किसी एक जगह नौकरी करके आप पैसे कमाकर अमीर बन जायेंगे। तो ऐसा मोस्टली होता नहीं है। इसलिए अगर आप अमीर बनना चाहते हैं तो आप इन्वेस्ट करना शुरू करें।

सेल्फ एम्प्लॉयड यानी खुद का काम (S) : लोग कहते हैं कि अगर आप कोई काम ढंग से करना चाहते है तो खुद से करें। मैं एक बार अपनी कार की सर्विसिंग कराने गया था वहाँ मैनेजर ने कहा कि अगर आप कोई काम अच्छे से करना चाहते हैं तो खुद से करें। क्या हम अपने सभी काम खुद कर सकते हैं?

बिज़नेसमैन (B): आप ऐसा कोई काम करें कि लोग आपके लिए काम करें। अगर आपके बिना आपका काम हो रहा है तो आप बिज़नेसमैन हैं। अगर उस काम के लिए आपकी जरूरत है तो आप सेल्फ एम्प्लॉयड हैं।

इन्वेस्टर्स (I): आप इन्वेस्टर बन सकते हैं और दूसरों के बिज़नेस में पैसा लगाकर लाभ कमा सकते हैं। वारेन बफेट दिन के 250 करोड़ रुपये कमाता है। डॉक्टर बनने के लिए आपको मेडिकल पढ़ना पड़ेगा, इंजीनियर बनने के लिए आपको इंजीनियरिंग पढ़नी पड़ेगी और अमीर बनने के लिए आपके पास फाइनेंशियल एजुकेशन की जरूरत पड़ेगी।

दुनिया में 90% लोग E यानी एम्प्लॉयड और SE यानी सेल्फ एम्प्लॉयड कैटेगरी में आते हैं। बाकी के लोग बिज़नेसमैन यानी B हैं। लेकिन जो 90% वेल्थ B कैटेगरी के लोगों के पास है। आप अपने आपको ऐसा बनाएं कि जब आप सो रहे हों तब भी पैसे कमा रहे हों। जब बच्चे अपनी एजुकेशन पूरी करते हैं तो उनके माँ–बाप बोलते है कि 'बस बेटा, अब तू कोई अच्छी सी नौकरी कर ले'। लेकिन नौकरी से आप कभी भी निकाले जा सकते हैं। इसलिए बिज़नेस करना बेटर ऑप्शन होता है। बिज़नेस में भी रिस्क होते है लेकिन फिर भी चीजें आपके कंट्रोल में रहती हैं।

हमेशा अवसरों की तलाश में रहें

आपकी ज़िन्दगी में अवसर आते हैं और जाते हैं। लेकिन अगर आपको ऐसा लगता है कि कोई अवसर आपके लिए सही है तो उसे जाने न दें। इससे फर्क नहीं पड़ता कि जो आप आज कर रहे हैं वो 5 साल बाद भी कर सकते हैं। आप किसी काम में रिस्क भी ले रहे हैं और फेल हो रहे हैं तो भी कोई बात नहीं। क्योंकि इससे भी आप सीखेंगे ही। हो सकता है कि शुरू में चीजें सही न हों लेकिन देर–सबेर होंगी ही। जब मैंने कार चलानी शुरू की थी तो मेरे दादाजी ने मुझे कहा था कि 'बेटा, मुझे पता है कि तुम कार चलाओगे और तुम स्पीड में भी चलाओगे। रात में भी चलाओगे और दिन में भी चलाओगे। लेकिन तुम कार उतनी ही स्पीड में चलाना जितनी में तुम्हें सामने की रोड एकदम साफ दिखाई दे।' ठीक वैसे ही आप भी वहां तक चलिये, जहाँ तक आपको दिख रहा है। हो सकता है कि आपका नुकसान हो लेकिन आपको इससे सीख भी मिलेगी।

आपको आपके कॉन्सेप्ट को ठीक करना पड़ेगा क्योंकि वो इम्पोर्टेन्ट होने के साथ नीड भी है। इससे फर्क नहीं पड़ता कि चीजें कैसे होंगी और आपको ज्यादा सोचना भी नहीं है। आपको ये नहीं पता कि आपको अमीर कैसे बनना है, लेकिन आपको ये पता होना चाहिये कि आपको अमीर बनना है।

वर्कशीट

1. अगर हम 10 के स्केल पर रेट करने की बात करें तो आप पैसों को कितनी रेटिंग देंगें?

2. आप कौन से क्वाड्रेंट में होना चाहेंगे और क्यों?

3. आपको नए मौके कैसे मिल सकते हैं?

अध्याय – 32

पैसे कैसे बनायें

अब जिस टॉपिक के ऊपर हम बात करेंगे वो है– पैसे कैसे कमाएं?

लोग सुबह शाम इंटरनेट पर सर्च करते रहते हैं कि पैसे कैसे कमाएं। जो लोग भी इंटरनेट पर ये सर्च करते हैं या जानना चाहते हैं, वो इस बुक को पर्चेज़ करके और इस चैप्टर को पढ़ कर जान जायेंगे कि इसे कैसे कमाएं। उन सभी की तलाश इस चैप्टर पर आकर खत्म हो जाएगी। आज मैं आपको बताऊंगा कि कैसे आम पैसे कमा सकते हैं। तो आइये शुरुआत करते हैं–

1. अपनी सेलिंग स्किल इमप्रूव करें

आपने शायद ध्यान दिया होगा कि मैं ज्यादातर सेलिंग की बात करता हूँ। अगर आप किसी भी कंपनी की बैलेंस शीट को देखे तो आपको पता चलेगा कि पैसे कहाँ जा रहे हैं और कहाँ से आ रहे हैं। आप देखेंगे कि पैसे सेल्स के जरिये आ रहे हैं। सेल्स हर कंपनी की बैकबोन होती है। किसी कंपनी में किसी को भी कभी भी फ़ायर किया जा सकता है लेकिन सेल्स वालों के साथ ऐसा नहीं होता है क्योंकि ये वही लोग हैं जिनसे कंपनी को पैसा आता है। अगर कोई कंपनी प्रॉफिट कमाती है तो वो सेल्स की वज़ह से । अब अगर आपको भी पैसे कमाने हैं तो आपको इस हुनर में माहिर होना ही पड़ेगा। आप लड्डू से लेकर मर्सिडीज़ तक बेच सकते हैं अगर आपको सेल करना आता है। इस स्किल को डेवलप करने के लिए आप यूट्यूब पर जाकर मेरी एक वीडियो "एडवांस सेलिंग स्किल्स" देख सकते हैं इससे आपको सेल्स के बारे में अधिक जानकरी मिलेगी।

2. पैसे कमाने का आसान तरीका

– सुनने में थोड़ा अज़ीब लगेगा लेकिन मैं आपको बिना घुमाये फिराए

सीधे तौर पर बताऊंगा कि आप पैसे कमाने की शुरुआत कैसे कर सकते है। अगर आपको लगता है कि आपके अंदर कोई स्किल है और आप इसका इस्तेमाल आसानी से और बेहतर तरीके से कर सकते हैं तो उसमें आप मास्टरी कर लें। उस स्किल की जरूरत आपको कहीं भी पड़े तो आप उसका इस्तेमाल करें। जब आपको लगे कि आप अब कुछ कर सकते हैं या आपने अच्छे से सीख लिया है तो फिर उसे सेल करें।

– मान लीजिये कि मेरे घर पर कोई फंक्शन है जिसमें डांस भी होना है तो मैं कोरियोग्राफ़र को बुलाऊंगा, अब फंक्शन है तो फोटो भी क्लिक होगी तो मैं फोटोग्राफ़र को बुलाऊंगा। अब अगर आप इन दोनों में से किसी भी चीज में स्किल्ड है तो मैं आपको जरूर बुलाऊंगा। अगर आप एक ट्रेनर हैं और मैं किसी कंपनी का मालिक और मुझे लगता है कि आप मेरे एम्पलॉयीज़ को ट्रेनिंग देंगें तो वो और भी प्रोडक्टिव हों जायेंगे, तो मैं आपको ट्रेनिंग देने के लिए बुलाऊंगा और आपको इसके पैसे मिलेंगे।

– इंडिया में ऐसा बहुत है कि लोगों के पास डिग्री तो है लेकिन उनके पास स्किल नहीं हैं। हमारी सरकार ने भी स्किल इंडिया इनिशिएटिव चलाया है। कई सारी कंपनियां होती है जो अपने लिए अच्छे–अच्छे सीए यानी चार्टर्ड अकाउंट्स को हायर करती हैं। लेकिन कुछ दिनों बाद उन्हें निकाल भी देती हैं। एक बार एक कंपनी के सी.ई.ओ. (CEO) ने चार्टर्ड अकउंटैंट का कोर्स करने वाली ऑर्गेनाइजेशन को लेटर लिख दिया था कि जो भी लोग आपके यहाँ कोर्स करके सीए बनते हैं उनके पास कोई स्किल नहीं होती। उस लेटर के बाद कंपनी ने स्किल डेवलॅपमेंट पर भी काम करना शुरू किया। इसलिए, अपनी स्किल पर फोकस करें और उसे बेचें यानी सेल करें।

– **कम में खरीदें, ज्यादा में बेचें** : ऐसा बिज़नेस में होता ही रहता है कि लोग कम लागत वाली चीजों को ज्यादा में बेचते हैं। कॉलेज जाने वाले अनेक बच्चे अपनी पॉकेट मनी के लिए ऐसा करते हैं। वो लोग कम दाम में सामन खरीद कर ज्यादा में बेचते हैं और इससे फर्क नहीं पड़ता कि सामान छोटा है या बड़ा।

– **कम का बनाएं और ज्यादा का बेचे** : जो मैन्युफैक्चरर होते हैं वो जो भी चीजें होती है उन्हें कम में बनाकर ज्यादा पैसों में बेचते हैं। अगर

आप एक कंटेंट राइटर है तो अच्छा कंटेंट बनाएं और उसे ज्यादा पैसों में बेचें।

– **एक टीम बिल्ड करें** : यहाँ आपको एक बिज़नेसमैन बनना है। अंबानी एक पेट्रोल पंप पर काम करते थे। एक बार उनके पंप पर एक खिलौना बेचने वाला आया तो उन्होंने उससे खिलौने का दाम पूछा। खिलौने वाले ने बोला 100 रुपये। वो पूछते हैं कि क्या वो भी पेट्रोल पंप की ड्यूटी के बाद खिलौने बेच सकते हैं? खिलौने वाले ने बोला कि बिल्कुल। फिर उसने अंबानी को वो जगह बताई जहाँ से वो खिलौने खरीद कर लाता था। जब अंबानी ने खिलौने खरीदे तो उन्हें मालूम चला कि ये तो 30 रुपये के है जिन्हें 100 में बेचा जा रहा है। उन्होंने सोचा कि इसमें मार्जिन तो अच्छा है और मैं भी अब यही काम करूंगा। उन्होंने सेलर से 20 रुपये कीमत पर 200 खिलौने लिये । जब वो सेलर को पैसे दे रहे थे तो उन्होंने कहा कि वो अपने एक दोस्त को भी लेकर आयेंगे और भी खिलौने खरीदेंगे। लेकिन पेमेंट ट्रांजैक्शन उसके और सेलर के बीच होगी।

अंबानी फिर दूसरे पंप अटेंडेंट्स से मिले और उन्होंने उन्हें भी खिलौने बेचने के लिए कहा लेकिन उन्होंने कहा कि वो खिलौने उन्हें 30 रुपये में खरीदकर 100 रुपये में बेचने हैं। कई सारे लोग इस चीज के लिए मान गए और उन्होंने भी खिलौने खरीदे, जो कुल मिलकर 200 थे। ऐसे में अंबानी ने बिना कुछ किये 2,000 रुपये कमा लिये । जल्दी आगे बढ़ने के लिए आपको एक टीम की ज़रूरत है।

3. अपना आईडिया ऐसे इंसान को बेचें जो उसमें इन्वेस्ट करे

अगर आपको लगता है कि आपके पास आईडिया है लेकिन पैसों की कमी है, तो उसको किसी को बेच दें। अगर सामने वाले को लगेगा कि इससे उसे भी पैसे मिलेंगे तो वो आपके आईडिया को जरूर खरीदेंगे। अगर आपको अपना आईडिया सेल करना है तो आप मेरे यूट्यूब के वीडियो, "हाउ टू कन्विंस पीपुल" को देख सकते हैं। आपके आईडिया सेल करने में ये आपकी बहुत मदद करेगा।

4. अटेंशन लेना सीखें

हो सकता है कि आप अपने बिज़नेस में एक्सपर्ट हों लेकिन आपको कितने लोग जानते हैं? अगर आपको अटेंशन चाहिए तो ऑनलाइन हो जाइये। सोशल मीडिया प्लेटफॉर्म जैसे फेसबुक, इंस्टाग्राम, लिंक्डइन पर अपनी प्रोफ़ाइल बनाइये। वहाँ अपने आपको प्रेजेंट कीजिये और अपना ब्रांड बिल्ड कीजिये। क्योंकि जितने लोग आपको जानेंगे उतने लोग आपके बिज़नेस को भी जानेंगे और इसके लिए ऑनलाइन होने से बेहतर तरीका कोई नहीं है। तो ऑनलाइन आएं और अपना बिज़नेस बढ़ाएं। याद रखिये कि अटेंशन ही पैसा है।

वर्कशीट

1. ज्यादा पैसे कामने के लिए आप क्या करेंगे?

2. लोगों की अटेंशन पाने के लिए आप क्या करेंगे?

अध्याय – 33

ज्यादा पैसे कैसे बचाएँ

हम सभी को ढेर सारे पैसे चाहिए होते हैं। हम सोचते हैं कि जितना हमसे हो सके हम उतना ज्यादा पैसा कमा लें। क्योंकि पैसा हमारी जरूरत के साथ–साथ हमारा शौक भी है। पैसा हमें पावर देता है और साथ ही आत्म–संतुष्टि भी। इससे हमें सबसे ज्यादा मोटिवेशन मिलती है।

इस चैप्टर में मैं आपको यही सिखाऊंगा कि आप ज्यादा से ज्यादा पैसे कैसे बचा सकते हैं। यहाँ मेरा मतलब ये नहीं है कि आप अपने गुल्लक में पैसे बचाएँ बल्कि मैं आपको ये बताऊंगा कि आपके जरूरत के समय आपके पास इतना पैसा हो कि आप किसी भी हालात से पार निकल पाओ। पैसों की इम्पोर्टेंस सबसे ज्यादा उन्हें ही पता होती है जिनके पास पैसे नहीं होते हैं। अगर आपको भी पता करना है कि पैसे आपके लिए कितने महत्वपूर्ण हैं तो सिर्फ एक हफ्ते बिना पैसों के गुज़ार के देखिये।

ऐसा कहते है कि, "पैसा हर मुसीबत की जड़ है"।

लोग गलत बोलते हैं, अपने आस–पास देखिये तो आपको समझ आ जायेगा कि पैसे की कमी के कारण ही ज्यादातर समस्याएं आती हैं।

पैसों को बचा कर रखना, उसे खोने के बराबर है। आप शायद सोच रहे होंगे कि मैं क्या कह रहा हूँ, मैं सच कह रहा हूँ। अभी कुछ समय पहले मेरी मम्मी अपनी अलमारी साफ कर रही थीं जहाँ उन्हें 20 रुपये के नोटों की एक गड्डी मिली। उन्होंने मुझसे कहा कि 'जब मेरी शादी हुई थी तब मेरे पिताजी ने मुझसे कहा था कि ये पैसे रख लो, कभी तुम्हारे काम आ सकते हैं।' मैने वो पैसे गिने और अपनी मम्मी को कहा कि 'ये तो सिर्फ 2,000 रुपये हैं जो आपके खराब समय में काम आने के लिए बहुत ही कम हैं।'

जब मेरी मम्मी को वो पैसे मिले थे तब उनकी बहुत ज्यादा वैल्यू थी

पर आज तो एक ही नोट 2,000 का हो गया है। अगर मेरी मम्मी ने ये पैसे उसी समय गोल्ड या प्रॉपर्टी में इन्वेस्ट कर दिए होते तो आज उनकी वैल्यू बनी रहती। लेकिन क्योंकि उन्होंने उन पैसों को बचा कर रख लिया तो उनकी वैल्यू कम हो गयी।

क्या आपको पता है कि आज जितने नोट हम छाप रहे हैं उतनी संख्या में हम पेड़ नहीं लगा रहे हैं। हमारा जो पैसा है वो हर दिन अपनी वैल्यू खत्म कर रहा है। मेरी मम्मी जब छोटी थीं तब उन्हें सिखाया गया था कि 'बेटा, पैसों को ज्यादा मत खर्च मत करना, उसे संभाल कर रखना। वो तुम्हारे बुरे वक्त में कम आएगा।' और ये सीख गलत भी नहीं है। मम्मी ने पैसे बचाये भी। लेकिन क्या हुआ? उन पैसों की वैल्यू कम हो गयी। हर साल महंगाई भी आसमान छू रही है। हर साल महंगाई की दर 10% तक बढ़ रही है। अगर आपने पैसों को बैंक में रखा हुआ है तो बैंक आपको आपकी सेविंग्स पर 6% का ब्याज देती है। लेकिन आप ये भी तो ध्यान रखिये कि महंगाई कहाँ जा रही है।

अगर आप साल में 1 करोड़ रुपये बचा रहे हैं तो 4 लाख रुपये गँवा भी रहे हैं। याद रखिये कि ये सिर्फ उदाहरण के लिए कहा गया है। कुछ लोग अपने पैसों को लॉकर में रख देते हैं कि ये सेफ रहें लेकिन उनको ये नहीं पता कि हर साल उनके पैसे 10% घटते जा रहे हैं।

हम सभी पैसे कमाते ही हैं। हो सकता कि आज आपके पास पैसे न हों लेकिन कल जरूर होंगे। जब कभी भी आपकी सैलरी आती है तो आप उसका कुछ हिस्सा अपने लिए रिज़र्व करके रखें। दूसरे बिल भरने से पहले अपने आपको पे करें। जैसे ही लोगों की सैलरी आती है वो अपने बिल भरने शुरू कर देते हैं। क्योंकि आपने ये पैसे मेहनत से कमाएं हैं और इनके लिए आपको पूरे महीने का इंतज़ार करना पड़ता है तो इन पर सबसे पहले आप ही का हक है। फिर चाहे वो अमाउंट आपकी सैलरी का 5% हो या 10% , आप थोड़ा सा पैसा निकालकर अपने पास जरूर रख लें। जब भी हमारे पास पैसे आते हैं तो हम उसे फालतू की चीजों में खर्च कर देते हैं और अंत में हमारे पास कुछ नहीं बचता। हम में से ज्यादातर लोग ऐसा ही करते हैं।

अगर आप पैसे बचा सकते हैं तो सबसे पहले अपने ऊपर खर्च करें न कि कम्फर्ट और लग्ज़री के ऊपर। अपने ऊपर इन्वेस्ट करके आप अपनी

वैल्यू बढ़ा रहे हैं जो आपको फ़्यूचर में और पैसे कमाने में मदद करेगी जिसके बाद आपके पास खर्च करने के लिए ढेर सारे पैसे होंगे।

उदाहरण के लिए–

एक गांव में रह रहे दो दोस्तों के पास एक फ़र्म में काम करने का ऑफर आया। वहाँ काम करने के लिए उन्हें इंग्लिश और टाइपिंग की जानकारी चाहिए थी। अगर ये दोनों स्किल्स उनके पास हैं तो उनकी सैलरी 20,000 रुपये थी नहीं तो 10,000 रुपये मिलते। दोनों के पास कुछ पैसे थे, इस ऑफर के मिलने के बाद एक दोस्त ने सोचा कि 10,000 रुपये उसके लिए बहुत हैं और उसने काम करना शुरू कर दिया। वहीं दूसरे वाले ने अपने ऊपर थोड़े पैसे खर्च किये, टाइपिंग और इंग्लिश सीखी और फिर जॉब के लिए अप्लाई किया जहाँ उसे 25,000 रुपये मिलने लगे और वो अपने दोस्त का मैनेजर भी बन गया। इसलिए आप भी अपने ऊपर पैसे इन्वेस्ट करके अपनी वैल्यू बढ़ाएं।

खर्च करना किसी की समस्या नहीं है क्योंकि हर कोई करता है बल्कि समस्या है पैसे कमाना। लोग कहते हैं कि उनके खर्चे दिन ब दिन बढ़ते जा रहे हैं। लेकिन यहाँ पर लोगों के खर्चे नहीं बढ़ रहे हैं बल्कि इनकम कम हो रही है। अगर आपकी इनकम अच्छी है तो खर्चे की फिक्र करने की जरूरत नहीं है। हर किसी की लाइफ में पैसों की दिक्कत आती है लेकिन आप अपनी आमदनी के हिसाब से खर्च करके अपनी प्रॉब्लम सॉल्व कर सकते हैं। मान लीजिये कि आपकी कोई समस्या है जिसे सुलझाने के लिए आपको 30,000 रुपये की जरूरत है और आपकी सैलरी 50,000 है तो ये आपके लिए प्रॉब्लम है। लेकिन अगर आपकी सैलरी 3 लाख रुपये है तो आप आसानी से इस प्रॉब्लम को सॉल्व कर सकते है। याद रखिये कि खर्चे कभी भी प्रॉब्लम नहीं होते बल्कि कम इनकम प्रॉब्लम होती है।

इसलिए ज्यादा पैसे कमाएं और कमाए हुए को इन्वेस्ट करें। ऐसा करने से आपके पैसे मल्टीप्लाई होंगे। अपने पैसों को वेस्ट न करें। अभी–अभी हमने सीखा है कि महंगाई के साथ कैसे आपके पैसों की वैल्यू कम होती है तो आपको अपने पैसों का कुछ हिस्सा इन्वेस्ट करना चाहिए ताकि आपको उसका लाभ मिल सके।

वर्कशीट

1. सैलरी मिलने पर सबसे पहले आप खुद को क्यों पैसे देंगे?

2. अपनी इनकम बढ़ाने के लिए आप क्या स्टेप्स लेंगे?

3. आप अपने पैसे कहाँ पर इन्वेस्टमेंट करेंगे?

अध्याय – 34

बेहतर नेटवर्किंग के साथ आगे बढ़ें

आज जो बात मैं आपको बताने वाला हूँ वो बहुत ही इम्पोर्टेन्ट है। इस प्रिंसिपल से मुझे मेरे बिज़नेस को बढ़ाने में काफी मदद मिली है। बचपन से ही हमें सिखाया गया है कि हमें अजनबियों से बात नहीं करनी है। लेकिन असल में ऐसा नहीं है बल्कि इसका उल्टा है। अगर आपको पैसे कमाने हैं तो आपको उनसे बात करनी ही पड़ेगी। क्योंकि आपको नेटवर्क बिल्ड करने की जरूरत है, लोगों से कॉन्टैक्ट करने की जरूरत है। अगर आपने ऐसा नहीं किया तो आप आगे नहीं बढ़ पायेंगे। आपको ये बात समझनी पड़ेगी कि अपनी वेल्थ बढ़ने के लिए आपको नेटवर्किंग की बहुत जरूरत है।

मान लीजिये कि आप एक इवेंट में जाते है जहाँ आप ढेर सारे लोगों से मिलते हैं। वहाँ आप एक ऐसे इंसान को देखते हैं जो बहुत ही ज्यादा एनर्जेटिक है, सबसे बातें कर रहा है और हर तरफ पॉजिटिविटी बिखेर रहा है। आप उससे बात करना चाहते हैं लेकिन आपके अंदर इतनी हिम्मत नहीं है कि आप जाकर उससे बात कर लें । लेकिन हो सकता है कि आप थोड़ी हिम्मत दिखाएं और उनसे दोस्ती भी कर लें। अब जब आप उनसे अगली बार मिलेंगे तो वो आपको अपने दोस्तों से मिलवाएंगे और आप उनके भी दोस्त बन जायेंगे। फिर ये नए दोस्त आपको अपने दोस्तों से मिलवाएंगे और ये सिलसिला चलता रहेगा और चेन बनती रहेगी।

सोचिये ऐसा करने से क्या होगा?

ऐसा करने से आपका एवरेज बढ़ेगा। आप ही बताओ कि एक आदमी है जो कई सारे फेलियर या अनसक्सेस्फुल लोगों के बीच रह रहा है। क्या वो सक्सेसफुल हो सकता है? बिल्कुल नहीं। वहीं एक दूसरा आदमी है जो कई सारे सक्सेसफुल लोगों के साथ है तो वो हर दिन प्रोग्रेस करेगा और उसके सक्सेसफुल होने के चांस बढ़ जायेंगे।

आपने वो कहावत भी सुनी होगी कि– 'संगत से गुण होत है, संगत से गुण जात"।

इसलिए हमेशा ही अच्छे और सक्सेसफुल लोगों के साथ रहें।

आपको नेटवर्किंग की जरूरत इसलिए है क्योंकि ये आपको आपके बिज़नेस और वेल्थ को बढ़ाने में मदद करेगा। जितने ज्यादा लोग आपसे जुड़ेंगे आप उतने ज्यादा पैसे कमा पायेंगे। आपके लिंक्स या कांटेक्ट जितने ज्यादा होंगे उतना ही आपके और आपके बिज़नेस के लिए फायदेमंद होगा। आपको यहाँ अपना नेटवर्क बनाना है जो आपकी बहुत मदद करेगा। बिज़नेस हमेशा नेटवर्क्स और कनेक्शंस के ऊपर ही चलता है। आप अगर एक मैन्युफैक्चरर हैं तो जो भी प्रोडक्ट आप बना रहे हैं वो किसके लिए बना रहे हैं? कौन खरीदेगा इन्हें? आपके बारे में लोगों को कौन बताएगा?

वो कौन और कोई नहीं बल्कि आपके ही आस–पास के लोग होंगे। अगर आपको लगता है कि आपके बिज़नेस के लिए इन्वेस्टमेंट की जरूरत है तो वो कौन करेगा? –लोग करेंगे। अगर आप कहीं जॉब कर रहे हैं और अपने साथ काम करने वाले लोगों से बात नहीं करेंगे तो कैसे आपको प्रमोशन मिलेगा? और मान लीजिये कि आप दूसरी जॉब देख रहे हैं तो? यहाँ और कोई नहीं बल्कि आपका नेटवर्क ही काम आएगा। अगर आप किसी से मिलते हैं और सामने वाला आपको पसंद आता है तो आप उसका नंबर अपने फोन में सेव कर लें। मैं ऐसे ही करता हूँ और आज मेरे फोन में 10,000 नंबर्स सेव हैं जिनमें बहुतों को मैं पर्सनली जानता हूँ।

आपके आस–पास के लोग आपको पावर देते हैं। आप इस दुनिया की हर चीज के बारे में नहीं जानते हैं, लेकिन आस–पास के लोग ऐसा कुछ जरूर जानते होंगें जो आपको नहीं पता होगी । और वो लोग कभी न कभी आपकी मदद जरूर करेंगे। लेकिन अगर आप उनसे मिलेंगे ही नहीं और मेल–जोल ही नहीं बढ़ायेंगे तो वो आपकी मदद कैसे करेंगे?

यहाँ मैं आपको ऐसा बिलीफ़ सिस्टम दूंगा जो आपकी इस सीख को खत्म कर देगा कि अजनबियों से बात नहीं करनी है। जो भी लोग इस दुनिया में हैं या आस–पास हैं वो सभी बहुत अच्छे हैं क्योंकि आप उन्हें जानते नहीं है। तो आप अपना नेटवर्क बढ़ाएं। जितना बड़ा आपका नेटवर्क

होगा उतना बड़ा आदमी बनने की संभावनाएं होंगी। मैं आपको सर्कल ऑफ़ इंफ़्ल्युएन्स के बारे में बताता हूँ।

क्या आपको इसके बारे में पता है?

मान लीजिये कि मेरे पास 200 लोगों के कांटेक्ट हैं और आपके पास भी इतने ही लोगों के हैं और जब हम दोनों मिलते हैं तो मेरे कॉन्टैक्ट अब 400 हो गए और आपके भी। और अगर मैं 10,000 लोगों के कॉन्टैक्ट में होता तो मेरी लिस्ट 20,00,000 की हो जाएगी। अगर मैं मैसेज भेजना चाहूँ तो मेरा मैसेज 2 मिलियन लोगों तक पहुंचेगा। आपको सोचकर कितना अच्छा लग रहा होगा लेकिन इतना बड़ा नेटवर्क एक दिन में नहीं बनता। अगर मैं कोई प्रोडक्ट लांच करूंगा तो मैं अपने लिस्ट के 1,00,000 लोगों को इसके बारे में बताऊंगा और उन्हें मैं उनके कॉन्टैक्ट्स के साथ शेयर करने के लिए भी कहूंगा। ऐसे में कम से कम 2,000 लोग तो मेरा प्रोडक्ट ले ही लेंगे और मेरा बिज़नेस बढ़ेगा। आप आज से ही ये डिसाइड कर लें कि आपको अपना नेटवर्क बढ़ाना है। क्योंकि ये लॉन्ग टर्म इन्वेस्टमेंट है और आपको रिजल्ट भी अच्छे ही मिलेंगे।

मैं ऐसे लोगों से मिलता–जुलता हूँ जो सक्सेसफुल हैं और सोसाइटी के आइडल है। आपको भी ऐसा ही करना है। ऐसे लोगों से दूर रहे हैं जो निगेटिव हैं और आपको आपके गोल्स से भटकाते हैं। ऐसे लोगों के कॉन्टैक्ट में रहने से आपकी वैल्यू कम होती है। ऐसे लोगों के साथ रहें जो आपको आगे बढ़ने का माइंडसेट देते हैं। ऐसे कनेक्शन बनाएं जहाँ दोनों को फायदा हो। इन सारी बातों को अपने जीवन में उतार लें और फिर देखें कि आप कहाँ से कहाँ पहुँच जाते हैं।

वर्कशीट

1. आपको ज्यादा से ज्यादा लोगों से क्यों मिलना चाहिए?

2. अपने नेटवर्क को एक महीने में तीन गुना करने के लिए आप क्या स्टेप्स लेने वाले हैं?

अध्याय – 35

दुनिया का आठवां अजूबा

आज मैं आपको दुनिया के आठवें अजूबे के बारे में बताने वाला हूँ और वो है– 'कम्पाउंडिंग इफेक्ट'। हम इसके बारे में पहले भी पढ़ चुके हैं लेकिन यहाँ थोड़े विस्तार में बात करेंगे।

यहां आपकी बेहतर समझ के लिए एक और कहानी लेकर आया हूं।

एक गाँव में एक गरीब आदमी था। उनके पास सुंदर कविताएँ सुनाने की प्रतिभा थी। एक दिन, उसके पास खाने के लिए कुछ नहीं था और उसकी पत्नी कहती है कि मुझे नहीं पता कि तुम कैसे कर पाओगे, पर हमारे घर में पैसे और भोजन लाने का जुगाड़ करो। वह एक राजा के पास जाता है और राजा को बताता है कि उसके पास कविताएं सुनाने की कला है और अगर राजा ने कविताएं सुनीं तो वह उसे खुद पुरस्कृत करेगा। इसलिए राजा उसे सुनाने की अनुमति देता है।

वो राजा और उसके दरबारियों के सामने अपनी कविताएं सुनाना शुरू करता है और सभी उससे बहुत प्रभावित होते हैं। कविता सुनने के बाद राजा उस आदमी से पूछता है कि उसे क्या इनाम चाहिए। आदमी कहता है कि उसे शतरंज के पहले खाने पर सोने का सिक्का चाहिए और जैसे–जैसे वो आगे बढ़ेगा हर खाने पर उसका सोने का सिक्का दोगुना होना चाहिए।

राजा बोलता है कि– आप कुछ और मांग सकते थे फिर इतनी छोटी सी चीज क्यों माँगी?

उसने कहा कि वो गरीब आदमी है और अपने लिए जो उसने माँगा वो ही बहुत है। राजा बोलता है कि ठीक है। पहले खाने पर सोने का सिक्का रखा जाता है, दूसरे पर दो, तीसरे पर चार सिक्के और ऐसे ही आगे बढ़ता जाता है। जब वो आदमी दसवें खाने यानी स्क्वायर पर पहुँचता है तो सिक्कों

की संख्या 512 हो जाती है और 12वें खाने पर पहुँचते–पहुँचते 5,24,288। एक चेस बोर्ड में 64 बॉक्स यानी स्क्वायर होते हैं। 32वां खाना आते–आते सिक्कों की संख्या 214 करोड़ हो जाती है और राजा का पूरा खज़ाना खाली हो जाता है। राजा उस आदमी के सामने हाथ जोड़ता है और कहता है कि उसके पास इतना ही है और इसके आगे वो कुछ नहीं दे सकता।

यहाँ पर राजा को कम्पाउंडिंग इफेक्ट का कोई ज्ञान नहीं था और उसने अपना खज़ाना खो दिया। इससे कोई फर्क नहीं पड़ता कि आज आप गरीब हैं और लोग आपको अपने से कमतर समझते हैं। उन्हें ये नहीं पता कि आपको कम्पाउँडिन इफेक्ट का ज्ञान है और एक दिन आप बहुत आगे निकल जाएंगे। आपके पास जितनी बड़ी टीम होगी उतना ही लोग आपके साथ जुड़ने की कोशिश करेंगे। हमेशा खुद में विश्वास रखें फिर चाहें आप मैदान में अकेले ही क्यों न हों।

आपको इस प्रिंसिपल को सही जगह इस्तेमाल करना है। इन्वेस्ट करने के लिए हमेशा नए तरीके ढूंढ़िए। मान लीजिये आपको 10,000 रुपये इन्वेस्ट करने हैं। इस पर आपको हर साल 20% इंटरेस्ट मिलेगा और एक साल के बाद आपके 10,000 रुपये 12,000 रुपये बन जाएंगे। और ऐसे ही हर साल आपके पैसे बढ़ते रहेंगे।

अल्बर्ट आइंस्टाइन के हिसाब से रूल ऑफ़ 72, e=mc2 से ज्यादा पॉवरफुल है। ये आपको बताता है कोई इंवेस्टमेंट कितने समय में डबल हो जाएगी। अगर आपकी सेविंग्स आपको 6% इंटरेस्ट देती है। इस 6 से 72 को डिवाइड कीजिये, आपको 12 मिलेगा। इसका मतलब है कि जितना पैसा आप इन्वेस्ट कर रहे हैं उसे डबल होने में 12 साल लगेंगे। अगर रेट ऑफ़ इंटरेस्ट 20% होता तो आपके पैसे को डबल होने में 3.6 साल लगते ।

वर्कशीट

1. अपनी वेल्थ को डबल करने के लिए आप कम्पाउंड इफेक्ट का इस्तेमाल कैसे कर सकते हैं?

2. अपनी वेल्थ को आप कैसे डबल कर सकते हैं?

अध्याय – 36

मिलिनेयर माइंडसेट

इस अध्याय में हम बहुत ही महत्वपूर्ण विषय पर में चर्चा करने वाले हैं और वो है कि आप अपना माइंडसेट एक मिलेनियर जैसा बनाएं। पैसा कामना या पैसा बनाना ये सारा खेल माइंडसेट का है। आज हम इस माइंडसेट को लेकर 6 तरीकों के बारे में बात करेंगे। अब तक आपको समझ आ ही गया होगा कि हर चीज आपके माइंडसेट पर डिपेंड करती है। जिस लेवल पर आपका माइंडसेट जायेगा उसी लेवल के आप पैसे कमाएंगे। तो बिना समय बर्बाद किये मैं आपको उन 6 तरीकों के बारे में बताता हूँ जिससे आप वो माइंडसेट डेवलप कर सकते हैं। तो आइये जानते हैं इन टिप्स के बारे में–

1. आप ऐसा बिलीव करें कि आप अल्ट्रा रिच हो रहे हैं

मैने यहाँ ऐसा नहीं कहा कि आप अमीर हो गए हैं या हो जायेंगे, बल्कि मैं ये कह रहा हूँ कि आप उस प्रोसेस में हो। मैं कह रहा हूँ कि आप अमीर बनने के प्रोसेस में हैं। यहाँ आपको खुद में भरोसा रखना है। आपको हमेशा प्रेज़ेंट कंटिन्युअस टेन्स में सोचना है और ये भी फर्क नहीं पड़ना चाहिए कि लोग आपके बारे में क्या सोचते हैं। आपको बस इस बात से फर्क पड़ना चाहिए कि आप अपने बारे में क्या सोचते हैं और आपको लाइफ में कितनी सक्सेस चाहिए। आप जो कुछ भी लाइफ में चाहते हैं वो सब आपको मिलेगा, आपको बस एक काम करना है और वो है– इमैजिन। कि आप उस प्रोसेस में पहले से ही हैं।

2. बड़ा सोचें और थोड़ा पागलपन के साथ सोचें

यहाँ पागलपन का मतलब वो पागलपन नहीं है जिसमें लोग अज़ीब–अज़ीब हरकतें करते हैं बल्कि आपके अंदर जुनून होना चाहिए। जब तक लोग

आपको ये न कह दें कि जो भी आप करने जा रहे हैं वो नामुमकिन है और उस चीज के लिए आपके अंदर पागलपन नहीं है, तो समझ जाइये कि आप अमीर बनने के रास्ते पर हैं। हो सकता है कि जो आप सोच रहे हैं उसमें लोगों को विश्वास न हो लेकिन ये उनकी प्रॉब्लम है। उनका यही सोचना कि ये चीज नहीं हो सकती, उनके रास्ते में समस्या लाता है। लोग पहले से ही सोच लेते हैं कि वो आगे नहीं बढ़ सकते इसलिए न तो वो आगे बढ़ पाते हैं और न ही अमीर बन पाते हैं। कुछ भी मुमकिन करने के लिए आपको शुरू से ही बड़ा सोचना है। कोई भी सपने अगर छोटे होंगे तो पूरे ही नहीं होंगे और न ही हर कोई अमीर बन सकता है क्योंकि छोटे सपने देखने वालों को माइंडसेट ही वही होता है।

पूरी दुनिया में तकरीबन 7 अरब से अधिक लोग हैं लेकिन हर कोई अमीर नहीं है। इसलिए आपके सपने बड़े होने चाहिए कि लोग आपको पागल बुलाना शुरू कर दें। एक इंसान हैं जिनका नाम है नवीन जैन। उन्होंने एक कंपनी की शुरुआत की है और क्या आपको पता है कि ये कंपनी लोगों को चाँद पर लेकर जाती है। उनको ये आईडिया लोगों की बातों से मिला। कई बार लोग बोलते हैं कि मैं तुम्हे चाँद पर लेकर चलता हूँ। नवीन ने सोचा कि क्यों न इस बात को सच किया जाए। लोगों ने उन्हें पागल बोलना शुरू कर दिया और ये चीज उन्हें मोटिवेट करती रही। एलोन मस्क लोगों को मार्स पर लेकर जाते हैं जहाँ कोई नहीं रहता है। तो आप ऐसा सोचें जैसा किसी ने कभी न सोचा हो, लोग आपको पागल बोलना शुरू कर देंगे और समझिये कि आप सही दिशा में जा रहे हैं।

3. मैं अपना फ़्यूचर खुद चूज़ करूंगा

जो भी विकल्प हम चुनते हैं उसका हमारे जीवन पर बहुत असर पड़ता है और इसी पर निर्भर करता है कि आगे जाकर आप कितने सफल बनते हैं और कितने अमीर। अगर आप सुबह जल्दी सोकर उठ रहे हैं तो खुद से कहें कि आप सफलता की तरफ बढ़ेंगे। जो लोग सफल हैं वो इसलिए सफल हैं क्योंकि उन्होंने सही रास्ते को चुना है। जो इंसान अलग होता है वो इसलिए अलग होता है क्योंकि उसने खुद तय किया है कि वो दूसरों से अलग होगा। आपको शायद पता होगा कि छोटी–छोटी चीजें भी आपकी सफलता में बड़ा योगदान देती हैं, आप जैसा खाना खाते हैं वैसे आपका

माइंडसेट होता है और आप वैसे ही बनते हैं। आपने लोगों को देखा होगा जिनकी पर्सनलिटी ऐसी होगी कि आप सोचते होंगे कि काश आप भी वैसे ही होते। अपनी इस पर्सनलिटी के पीछे लोग काफी मेहनत करते हैं। तो आप भी ऐसे विकल्प चुनें जो आपके जीवन में बेहतर योगदान दें। आप खुद से वादा करें कि आप ऐसे डिसिजन लेंगे जो आपका भविष्य उज्ज्वल करें।

4. जैसा आप बोलते हैं वैसा ही आप सोचते हैं और बनते हैं

मैं वही बोलता हूँ जैसा मैं सोचता हूँ और जैसा मैं हूँ और आपके साथ भी ऐसा ही है। तो कुछ भी बोलने और करने से पहले कई बार सोचें। हमेशा सोचें कि पैसे इम्पोर्टेन्ट हैं और आप उन्हें कमाने के लिए कुछ भी करेंगे। अगर आपको लगता है कि पैसे इम्पोर्टेन्ट नहीं हैं तो उनके बिना एक हफ़्ते रहने की कोशिश कीजिये। मेरे जो सपने हैं उनको पूरा करना ही मेरा लक्ष्य है। और जब मैं इनको पूरा करने के लिए इनके पीछे भागता हूँ तो समझिये कि मैं ज़िन्दगी में आगे बढ़ रहा हूँ। आपको अपनी आप को लाइफ में स्टेबल होना है और अच्छी जॉब लेनी है ताकि आपकी इनकम अच्छी हो और अच्छी इनकम होना मतलब रिच बनना है।

5. करने से होने की तरफ शिफ़्ट हों

हम सभी की नीड्स और वांट्स होती है जिसे हम पूरा करना चाहते हैं। तो हमें इसे पूरा करने की तरफ बढ़ना है और इसके लिए कड़ी मेहनत करनी है। हमें वैसा इंसान होना है जैसा हम चाहते हैं। हमें ऐसा इंसान होना है जो वो सब चीजें अफोर्ड कर सके जो हम चाहते हैं। दिल्ली के पृथ्वीराज रोड पर 600 करोड़ की प्रॉपर्टी है और मैं चाहता हूँ कि मैं भी इतना अमीर हो जाऊं कि वहां प्रॉपर्टी अफोर्ड कर पाऊं। अगर मुझे प्राइवेट जेट खरीदना है तो मुझे मिलिनेयर की तरह ही सोचना होगा ।

6. पैसों को फॉलो करें

जैसा इंसान हम होना चाहते हैं और जिस सफलता की हम कामना करते है, वहां तक पहुँचने के लिए हमें पैसों के पीछे भागने की जरूरत है। एक कागज का टुकड़ा अच्छा या बुरा कैसे हो सकता है? उसकी अपनी वैल्यू है और आपको उसे कमाने की लिए हर वो चीज करनी है जो आप कर सकते हैं। लोग हमेशा उन चीजों के पीछे भागते हैं जो उन्हें भटकाती

हैं लेकिन जो मिलिनेयर होते हैं वो पैसों के पीछे भागते हैं। वो हमेशा इन्वेस्टमेंट और रिटर्न के बारे में सोचते हैं। वो हमेशा इस बारे में सोचते हैं कि अमीर बनना है तो बनना है। आपको भी ऐसे ही सोचना है। तो पैसे कमाने के लिए पैसों के पीछे भागें।

वर्कशीट

1. आपको पैसों के पीछे क्यों भागना चाहिए?

2. आप अपने माइंडसेट में क्या बदलाव लाने वाले हैं?

रिलेशनशिप मास्टरी

अध्याय – 37

लोगों को अपना बनाने के 6 तरीके

आज हम जिस चीज की बात करने वाले हैं वो भी लाइफ़ में बहुत इम्पोर्टेन्ट है और वो है रिलेशनशिप मास्टरी। हम सभी की ज़िन्दगी में रिलेशंस यानी रिश्ते बहुत ही मायने रखते हैं। अगर लोगों की रिलेशनशिप में प्रॉब्लम आती है तो वो किसी चीज पर फ़ोकस नहीं कर पाते हैं और डिस्टर्ब फील करते हैं। आप में से लगभग सभी की ज़िन्दगी में ऐसा कोई न कोई होगा जिससे आप झगड़ा करते होंगे तो आपको बुरा लगता होगा या फ़िर कोई ऐसा जिसे आप पसंद करते हैं लेकिन वो आपको नहीं करता या करती, तो यहाँ पर आपको तकलीफ होती है। आपको हर चीज के साथ रिलेशनशिप में भी मास्टरी करनी है क्योंकि बाकी चीज़ों के साथ ये भी ज़रूरी है। आपके लाइफ़ में कोई न कोई ऐसा होगा ही जिसे आप एप्रिशिएट करते होंगे फ़िर वो चाहें आपके पेरेंट्स हों, टीचर्स हों, वर्कप्लेस पे कोई हो या फ़िर कोई लवर या कोई ऐसा इंसान जिसे आप मानते हों। आप इन लोगों से बिल्कुल भी दूर नहीं रहना चाहते हैं और अगर ये आपसे नाराज़ हो जाते हैं तो लगता है कि क्या हो गया है। आपकी साइकोलॉजी आपके रिलेशन से और आपके आस पास के लोगों से भी अफेक्ट होती है। तो आज मैं आपको ऐसी 6 टिप्स दूंगा जिससे आपको लोग पसंद करेंगे ही :

1. लोगों को उनके बारे में बात करने के लिए एनकरेज करें :

भगवान जी ने हमें दो कान और एक मुंह दिया है जिससे हम ज्यादा सुनें और काम बोलें। आपको एक ऐक्टिव लिसनर होने की ज़रूरत है, आप लोगों से सवाल पूछें, उनकी बातों में इंटरेस्ट लें और उन्हें बोलने के लिए एनकरेज करें। हर किसी को बोलना पसंद होता है और उन्हें लगता है की लोग उनकी बातें सुनें। अच्छा अब आप सोचिये कि आपको सबसे ज्यादा कौन पसंद है या आपका बेस्ट फ्रेंड कौन है? वही होगा जो आपको सबसे

ज्यादा सुनता होगा। तो आप लोगों को एनकरेज कीजिये कि वो बोलते रहें। तो जब भी आप लोगों से बात करें तो उनकी बात सुनें क्योंकि जितना आप सामने वाले को बोलने का मौका देंगे उतना ही वो आपको पसंद करेंगे। वो न सिर्फ़ आपको पसंद करेंगे बल्कि आपको प्यार भी करेंगे। हो सकता है कि आप उनके सबसे अच्छे दोस्त बन जाएँ।

2. लोगों को अपना टाइम दें :

किसी को जो सबसे अच्छा गिफ़्ट आप दे सकते हैं वो है आपका टाइम। आपके पास ज्यादा समय नहीं है लेकिन फ़िर भी आप लोगों को टाइम दे रहे हैं और यही चीज है जो इसे ख़ास बनाती है। अपने टाइम को वैल्युएबल बनाएं। पैसा तो आता है और जाता है लेकिन गया हुआ समय कभी वापस नहीं आता सिर्फ़ जाता है। लोग पैसे कमाने के लिए अपना टाइम भी सेल कर देते हैं, लेकिन जो अल्ट्रा वेल्दी लोग होते हैं वो अपना समय बर्बाद नहीं करते बल्कि ज्यादा समय बचाने के लिए ज्यादा पैसे ख़र्च करते हैं। आप जो समय लोगों को दे रहे हैं वो उनके लिए वैल्युएबल है। अगर आपके रिलेशनशिप में कोई प्रॉब्लम आती है तो आप देखें कि आप इसे कितना समय दे रहे हैं। अगर किसी शादी में प्रॉब्लम आती है तो वो भी इसलिए क्योंकि लोग एक दूसरे को समय नहीं दे पाते। अगर आप किसी को अपना टाइम देते हैं तो सामने वाला अपने आपको स्पेशल समझता है।

3. लोगों को कॉम्पलिमेंट दें :

हर किसी को अपनी तारीफ़ सुनना अच्छा लगता है। हम जब पार्टियों और इवेंट में जाते हैं तो अच्छी तरह से तैयार होकर जाते हैं ताकि लोग हमारी तारीफ़ करें। हम सभी को अपने बारे में अच्छी बातें सुनना पसंद है और कोई हमें कॉम्प्लिमेंट दे दे तो उससे अच्छा कोई हो ही नहीं सकता। तो अगर आपको किसी में कुछ अच्छा लग रहा हो तो उसे ज़रूर बोलें। आप लोगों की उनके लुक्स, नॉलेज, स्किल या किसी और भी चीज के लिए भी तारीफ़ कर सकते हैं, लेकिन ध्यान रखें की वो कॉम्प्लिमेंट जेनुइन होना चाहिए। ऐसा न हो कि आप बिना बात किसी की तारीफ़ किये जा रहे हैं। अगर लोग हमें पसंद करते हैं तो हमें अच्छा लगता है और हमें भी तो यही चाहिए।

4. लोगों को अपना नाम सबसे ज्यादा पसंद है :

लोगों को अपना नाम सुनना सबसे ज्यादा पसंद है फ़िर चाहे वो किसी भी लैंग्वेज में हो। चाहें चाइनीज़ हो, जापानी हो, स्पैनिश हो या कोई भी भाषा हो लोगों को अपना नाम सुनना बहुत पसंद है। लोगों के दिमाग में उनका नाम स्टोर्ड होता है। अगर आप उन्हें उनके नाम से बुलाते हैं तो वो तुरंत रिस्पॉन्ड करते हैं और अटेंटिव होते हैं। हमारा जो नाम है आप समझ लें कि जैसे हमारे दिमाग पर उसकी खुदाई सी हो गई होती है जो मिट नहीं सकती। लोग जब किसी से मिलते हैं तो दूसरों के नाम ढंग से नहीं सुनते हैं और जब अगली बार उसी इंसान से मिलते हैं तो या तो उनका नाम भूल जाते हैं या फ़िर उन्हें गलत नाम से बुला लेते हैं। ऐसा होने से कई बार सामने वाले को बुरा भी लगता है। अगर आप किसी से बातचीत करते हैं और उनका नाम बार बार लेते हैं तो वो भी आपकी बातें ध्यान से सुनते हैं। कई बार ऑफिसों में भी देखा गया है कि अगर किसी एक एम्प्लॉई को बॉस नाम से बुलाता है तो दूसरे को लगता है कि ये तो बॉस का फेवरेट है तभी तो इसका नाम याद है। अगर आपको लोगों के नाम याद हैं तो उन्हें लगता है कि आप उन्हें वैल्यू दे रहे हैं। तो लोगों को उनके नाम से बुलाएं।

5. लोगों को इम्पोर्टेन्ट फ़ील कराएं :

आप जिससे भी मिलें उन्हें वैल्युएबल और इम्पोर्टेन्ट फ़ील कराएं। आपको दूसरों के ऊपर अच्छा इम्प्रेशन छोड़ना है। आप लोगों को रेस्पेक्ट और कॉम्पलिमेंट दें, उनकी बातें सुनें, उनकी बातों में इंटरेस्ट लें, उन्हें अपना टाइम दें, आप वो सब करें जो आप उनके लिए कर सकते हैं। आप अगर उनके लिए ये सभी चीजें करेंगें तो उन्हें लगेगा कि आप उनके लिए स्पेशल हैं और वो भी आपको पसंद करेंगे। और अगर आपके साथ भी कोई ऐसा करेगा तो आपको भी अच्छा लगेगा। आप सामने वाले के साथ वैसा ही बर्ताव करें जैसा आप अपने लिए चाहते हैं।

6. दूसरे के इंटरेस्ट के बारे में बात करें :

जब आप किसी से बात कर रहे हैं तो आप उस टॉपिक पर बात करें जिसमें आप इंटरेस्टेड हों। जैसे कि आप किसी के साथ बैठें हैं तो आप उससे स्टॉक मार्केट के बारे में बात न करें अगर उसे पसंद नही है तो।

क्योंकि ऐसा करने से आप दोनों के बीच बातचीत का कोई मतलब नहीं रह जाएगा। तो आपको कैसे पता चलेगा की सामने वाले को क्या पसंद है? इसको जानने के लिए आप इस चैप्टर में दिए गए पॉइंट नंबर 1 को रेफ़र कर सकते हैं। आप सामने वाले को सुनें और फ़िर उसे थोड़ा समझने की कोशिश करें। जब कोई बोलता है तो तो आपको उसके माइंडसेट और इंटरेस्ट के बारे में पता चलता है। अगर आप उन्हें इम्प्रेस करना चाहते हैं तो उन्हें बोलने दें और उनकी बातों को नोटिस करें और उसी हिसाब से अपनी बातचीत आगे लेकर जाएँ।

अपनी लाइफ़ में आप इन 6 पॉइंट्स को अप्लाई कीजिये और फ़िर देखिये कि लोग कैसे आपकी तरफ़ बढ़े चले आते हैं और आपको कैसे पसंद करते हैं।

वर्कशीट

आप आज से ही ऐसे कौन से स्टेप्स लेने वाले हैं जिससे लोग आपको ज्यादा से ज्यादा पसंद करें?

अध्याय – 38

कभी न झगड़ने के लिए 6 टिप्स

आज मैं आपको जो बताने वाल हूँ वह लाख रुपये की बात है। जो मैंने बोला वो तो सिर्फ कहावत है लेकिन ये सही है कि जो मैं आज आपको बताने वाल हूँ वो बहुत ही इम्पोर्टेन्ट है। आज जो पॉइंट्स या टिप्स मैं आपको देने वाला हूँ वो अप्लाई करके मैंने अपने लाइफ के सारे झगड़े खत्म कर दिए। आज मेरे साथ किसी का कोई भी आर्ग्युमेंट या निगेटिव डिस्कशन पेंडिंग नहीं है फिर चाहें वो मेरी फैमिली हो, फ्रेंड्स हों, बिज़नेस हो या कुछ और। मैं आपसे प्रॉमिस करता हूँ कि ये पॉइंट्स अगर आपने भी अपनी लाइफ में अप्लाई किया तो आप भी सभी से अपने झगड़े खत्म कर देंगे।

आइये हम उन 6 पॉइंट्स के बारे में जानते हैं जिनको आप अप्लाई करके आप दूसरों के साथ अपने सारे झगड़े और गिले–शिकवे खत्म कर सकेंगे। चलिए समझने की कोशिश करते हैं उन पॉइंट्स के बारे में–

1. दूसरों के साथ बहस को अनदेखा करें

किसी भी झगड़े की शुरुआत बहस यानी आर्ग्युमेंट्स के साथ होती है। हम हमेशा दूसरों को बातों के सामने अपनी बातें रखना पसंद करते हैं और सामने वाले की कभी नहीं सुनते हैं। आप अपनी बात बोलते हैं और सामने वाला अपनी बात बोलता है और दोनों में से कोई भी एक दूसरे की बात सुनने को नहीं तैयार होता। शुरुआत बहस से होती है और अंत झगड़े से होता है। इसलिए आप दूसरों के साथ हो रही बहस को अनदेखा करें। आप कितने भी सही क्यों हों लेकिन सामने वाले कि बात को सुनें और समझें। अपने ईगो को साइड में रखें। अगर आपको लगता है कि सामने वाले की बातों को सुनकर और मानकर आप उस बहस रोक सकते हैं या खत्म कर सकते हैं तो ऐसा ही करें। ऐसा करने से आप छोटे नहीं हो जायेंगे क्योंकि ऐसा छोटे लोग नहीं बल्कि समझदार लोग करते हैं। इससे पहले कि आपकी

बहस बढ़े और उसका परिणाम बुरा हो आप उसे वहीं खत्म कर दीजिये। एक बार अगर आपने अपनी ये आदत डाल ली कि आपको आर्ग्युमेंट नहीं करना है तो लड़ाई होना अपने आप बंद हो जाएगा। आप कुछ मत करो, बस हाथ जोड़कर अपनी गलती मान लो, यकीन मानिये झगड़ा आगे बढ़ेगा ही नहीं।

2. लोगों को कभी न कहें कि वो गलत हैं

जब हम किसी से किसी मुद्दे पर बात कर रहे होते हैं तो हम उसे गलत ही समझते हैं। हमें हमेशा ही हम खुद ही सही लगते हैं। ऐसा करने से क्या होता है? ऐसा करने से आप सामने वाले को बुरा महसूस कराते हैं और उसे गुस्सा आता है। आपको कभी भी दूसरे को गलत नहीं ठहरना है। कई बार घरों में ऐसा होता है कि तुम्हारी वजह से ऐसा हुआ है, आपने ऐसा बोला और लड़ाई शुरू। इसलिए अगर आप भी इसी तरह के इंसान हैं तो ऐसा मत कीजिये। दूसरों की गलतियां कभी मत निकालिये। अगर आप ऐसा करते हैं तो आप खुद गलत हैं। अगर सामने वाला गलत है तो इस चीज का एहसास उसे खुद होने दें जो आखिर में हो ही जायेगा।

जब दो लोग झगड़ा करते हैं तो एक दूसरे की ही गलतियां बताते हैं और खुद को सही और ज्यादातर रिश्ते इसीलिए खराब होते हैं। अगर आप किसी को गलत ठहरा रहे हैं तो आप अपने रिश्ते में दरार डाल रहे हैं। इसलिए जितना हो सके इससे दूर रहने की कोशिश करें।

3. बिना देर किये अपनी गलती स्वीकार करें

अगर आपको लगता है कि आपकी गलती है तो बिना देरी किये उसे मान लें। जैसे ही आपको पता चलता है कि इस जगह आप गलत हैं तो बिना देरी किये उसे मान लें। जितनी जल्दी आप अपनी गलती को मानेगे उतना अच्छा है क्योंकि ऐसा करने से सामने वाले को लगेगा कि अगर आपने अपनी गलती मानी है तो आपको इसका एहसास है। ऐसा करने से आपके रिश्ते बच जायेंगे। अपनी गलती को दिल से स्वीकार करें न कि सिर्फ बोलने के लिए।

मान लीजिये कि आप ड्राइव कर रहे हैं और गलती से आप अपनी सामने वाली कार का ऐक्सिडेंट कर देते हैं तो अपनी गलती मानें, सामने

वाले से माफी मांगे और जितना हो सके ठंडे दिमाग से उस सिचुएशन को हैंडल करने की कोशिश करें। ऐसा करने से सामने वाले का गुस्सा शांत हो सकता है और हो सकता है कि वो आपके ऊपर चिल्लाने या भला बुरा कहने की बजाय आपसे इज्जत से और पेशेंस के साथ बात करे। लेकिन याद रहे कि आप अपनी गलती को दिल से मानें न कि सिर्फ बोलने के लिए या फॉर्मेलिटी के लिए।

4. बातचीत को क्लोज़्ड एंडेड क्वेश्चन से शुरू करें

आप उनसे ऐसे सवाल करें जो क्लोज़्ड एंडेड हों और उनका जवाब "हाँ" में ही हो। अपने सवालों को इस तरह फ्रेम करें कि निगेटिव रिस्पॉन्स के चांसेस ही न हों। अगर आप ऐसे सवाल पूछते हैं जिसका उत्तर सामने वाला "हाँ" में दे रहा है तो उसकी नज़रों में आपकी इमेज अच्छी बन रही है और झगड़ा होने की संभावनाएं कम हो रही हैं। ऐसे क्वेश्चंस न पूछें जिसमें आपको "न" सुनने को मिले। तो आपको ऐसे सवाल स्मार्टली पूछने हैं। इसके लिए आपको प्रैक्टिस करनी पड़ेगी और तब तक करनी पड़ेगी जब तक इसमें मास्टर न हो जाएँ।

5. दूसरों के पॉइंट–ऑफ़–व्यू को समझें

हर किसी का और हर चीज का अपना तरीका होता है। जरूरी नहीं कि जैसा आप करते हैं या सोचते हैं सामने वाला भी वैसा ही हो। हर किसी का अपना पॉइंट ऑफ़ व्यू होता है। इसलिए आपको उसे समझने की जरूरत है। हो सकता है कि आप दोनों की सोच एक जैसी हो लेकिन कहने का तरीका अलग हो। जब भी हम किसी से बहस करते हैं तो हम हमेशा अपनी ही बात को सही साबित करने में लगे रहते हैं। आपने टीवी पर तो देखा ही होगा। आपको ऐसा नहीं करना है। आपको पहले सामने वाले की बात सुननी है। हो सकता है कि जो वो बोल रहा हो वो आपका ही साथ दे या आपको आपकी बात रखने के लिए या सही साबित करने के लिए एक पॉइंट मिल जाए। अगर आप सामने वाले की बात समझते हैं तो आप एक समझदार इंसान साबित होते हैं और ऐसा करने से आपका डिस्कशन भी सही दिशा में जाता है। हमें हमारी बातचीत से सामने वाले को कन्विंस और सैटिस्फाई करना है और इसके लिए हमें उसका व्यू पॉइंट समझना बेहद जरूरी है।

6. पीठ पीछे लोगों की बुराई न करें

जब लोग आपके आस पास न हों तो आप उनकी बुराई न करें। अगर आप किसी रिश्ते में हैं तो उनकी हरगिज बुराई न करें। हो सकता है कि जिससे भी आप किसी की बुराई कर रहे हैं वो आदमी जाकर बोल दे कि 'भाई, वो तो तेरी बड़ी बुराई कर रहा था'। ऐसा करने से बचें। लोगों के पीठ पीछे उनके बारे में हमेशा अच्छा ही बोलें। हर किसी के लिए अपना नज़रिया और सोच सही रखें। आपको एक ऐसा एटमॉस्फियर बनाना है जहाँ हर चीज पॉजिटिव हो और आप हमेशा ऑप्टिमिस्टिक।

आप ऐसा कर के देखिये, यकीन मानिये आपको ये दुनिया बहुत ही खूबसूरत लगेगी और आप अपनी लाइफ को एन्जॉय कर पायेंगे। हर किसी के पास उनकी लिमिटेशन होती हैं, अगर ऐसा न हो तो हर कोई भगवान बन जाएगा। तो अच्छे काम करें और सबके बारे में अच्छा सोचें।

मेरा यकीन मानिये कि अगर आपने ये सारी बातें अपने जीवन में उतार लीं, तो आप इस दुनिया के सबसे सुखी व्यक्ति होंगे और लोग आपसे इसका राज पूछेंगे।

वर्कशीट

1. बहस क्यों अनदेखी करनी चाहिए?

2. एक अच्छी रिलेशनशिप मेंटेन करने के लिए आपको कौन सी आदतें अपनानी हैं?

अध्याय – 39

नए दोस्त कैसे बनाएं

हम इस किताब के आख़िरी पड़ाव में चल रहे हैं और मुझे लगता है कि यहाँ तक आते–आते आपका एनर्जी लेवल घटने के बजाय बढ़ गया होगा। इस चैप्टर में हम जिस टॉपिक पर बात करेंगें वो है– नए दोस्त कैसे बनाएं।

मैं चाहता हूँ कि आपके कनेक्शंस इतने स्ट्रांग हों कि आपको आपकी पूरी लाइफ में सिर्फ रिवाड्र्स मिलें, लोग आपकी तारीफ करें और आपको कभी न भूलें। इस चीज के लिए आपके अंदर एक क्वालिटी ये भी जरूरी है की नए दोस्त बनाते रहें। आप जहाँ भी जाएं नए दोस्त बनाएं। आप जिस किसी से भी मिलें बस वो आपका फैन हो जाये और आपसे दोस्ती कर ले। तो अगर आपके ज्यादा दोस्त नहीं हैं तो आपको चिंता करने की जरूरत नहीं है क्योंकि आज का ये चैप्टर आपके लिए ही है।

आज मैं आपको कहीं भी नए दोस्त बनाने के 6 फंडामेंटल फैक्टर्स दूंगा जो आपकी मदद करेंगे। तो देर किस बात की, आइये उनके बारे में बात करते हैं–

ए. सही जगह का पता लगाएं

ये तो हम सभी को पता है कि घर पर बैठे–बैठे हमारे दोस्त नहीं बनने वाले। जैसे आपके दोस्त होते हैं वैसे आप बन जाते हैं। तो अगर आपको अपने आपको बदलना है तो आपको फ्रेंड सर्कल भी बदलना पड़ेगा। और इसके लिए आपको मालूम होना चाहिए कि आपको सही दोस्त कहाँ मिलेंगे। हमें दोस्त बनाने है वो भी अच्छे और वो जो हमारे माइंडसेट को मैच करते हों। इसलिए हमें ऐसी जगहों का पता लगाना है जहाँ हमें ऐसे लोग मिलें। याद रहे कि आपको सेलेक्टिव फ्रेंड्स बनाने हैं क्योंकि ये आपके फ्रेंड्स ही हैं जिनकी वजह से आपके नेचर और कैरेक्टर का पता चलता है। आप ऐसे

क्लब्स या ऑर्गेनाइजेशंस ज्वाइन करें जहाँ आपको लगता है कि आप उनसे अच्छी दोस्ती कर सकते हैं और निभा सकते हैं। अगर कोई अपना बिज़नेस एक्सपैंड करना चाहता है तो वो ऐसी जगह की तलाश करेगा जहाँ उसे वैसे ही लोग मिलें जो बिज़नेस को बढ़ाने में काम आएं। अगर आपका साथ सही है तो आपका विकास जरूर होगा।

बी. लोगों से बात करें

हमारे आस–पास लगभग 700 करोड़ लोग हैं। और अगर कोई मुझे ये कहता है कि उनके पास लोग नहीं हैं जिनसे वो दोस्ती कर सकें, तो मैं उनसे कहता हूँ कि अपने आस–पास देखो। आपके आस–पास कई सारे लोग हैं, आप उनसे मिलें और बात करें। आप इंट्रोवर्ट न बनें और लोगों से बात करें। वो कहते हैं न कि बात करने से ही बात बनती है। इसलिए आपको लोगों से बात करनी है, लेकिन किसी से बात करने से पहले आपको उसका इंटरेस्ट भी देखना है कि वो आपकी बातों में इंटरेस्टेड है कि नहीं। जब आप लोगों से बात करेंगे तो आपको उनके बारे में मालूम चलेगा और हो सकता है कि वो वैसे ही हों जैसे आप हैं और आपके दोस्त बन जाएँ। लेकिन अगर आप बात ही नहीं करेंगें तो लोग कैसे आपके दोस्त बनेंगे।

सी. लोगों से आई कांटेक्ट बनाएं और स्माइल करें

कई बार ऐसा होता है कि आप कई सारे लोगों से घिरे हुए होते हैं। और अगर आप उनमें से किसी से बात करना चाहते हैं और दोस्ती करना चाहते हैं तो उनकी तरफ देखें और मुस्कुराएं। ये बहुत ही बढ़िया साइकोलॉजिकल ट्रिक है और हर किसी पर काम करती है। स्माइल एक इंसान से दूसरे इंसान तक बहुत ही जल्दी ट्रांसफर होती है। जैसे ही आप किसी को देखकर स्माइल करते हैं तो सामने वाले के चेहरे पर अपने आप ही स्माइल आ जाती है। यह आदत शामिल करके आपको अटेंशन लेनी है। लेकिन कई लोग इस चक्कर में ओवर रिएक्ट कर देते हैं। आपको ऐसा नहीं करना है। कॉलेज में या स्कूल में हमने देखा है कि किसी लड़के को किसी लड़की की अटेंशन चाहिए होती है तो वो ओवर रिएक्ट करते हैं और उन्हें नहीं समझ आता कि वो वहां अपना इम्प्रेशन डाउन कर रहे हैं।

डी. लोगों का अटेंशन लें और कन्वर्सेशन की शुरुआत करें

लोगों से संपर्क करने के लिए आपको उनके अटेंशन लेने की जरूरत है। इसलिए पहले आप उनका अटेंशन लें लेकिन ओवर रिएक्ट न करें। क्योंकि अगर आप ओवर रिएक्ट करते हैं तो इसका मतलब है कि आप अपना पहला इम्प्रेशन खराब कर रहे हैं। उनकी अटेंशन इस तरह अपनी तरफ खींचे कि सामने वाला बस आपसे बात करने में इंटरेस्टेड हो जाए या फिर आप उसे अप्रोच करें तो वो पीछे न हटे। लोगों के अटेंशन के लिए आप अपनी स्किल को पॉलिश करें।

ई . 30–70 रेशियो मेंटेन करें

इसका मतलब ये है कि आपको 30% बोलना है और 70% सुनना है। आपको बोलना कम है और सुनना ज्यादा है। उस बोलने में भी आपको सवाल ज्यादा पूछने हैं क्योंकि सवालों में बातचीत को लम्बा खींचने की ताकत होती है। लोगों से बात करने से पहले पूछें कि क्या आप बोलना चाहते हैं, और उनके रेस्पॉन्सेस से सीखें। बातचीत की शुरुआत सवाल पूछकर करें। अपनी बातचीत को जितना हो सके आगे लेकर जाएँ। जब आप लोगों को सुन रहे हों तो उन्हें दिल से सुनें और रेस्पॉन्स दें।

एफ. दूसरी मीटिंग फिक्स करें

आपको पता होना चाहिए कि किसी के साथ आपको अगली मीटिंग कब रखनी है। आपकी पहली मीटिंग के अंत में ही आपकी नेक्स्ट मीटिंग फिक्स हो जानी चाहिए। अगर आप किसी को कॉफी पर मिल रहे हैं तो उसी टाइम फिक्स कर लें कि अगली बार कब और कहाँ मिलना है। जो भी जगह आप डिसाइड करें वो आपके या सामने वाले की पसंदीदा जगह हो। और अगर आप प्रोफेशनल लेवल की मीटिंग कर रहे हैं तो आपको इस बात का खूब ध्यान रखना है। अगली बार जब भी आप मिलें तो अपनी बातचीत आगे बढ़ाएं, ऐसा करने से आप एक दूसरे को और अच्छी तरह से जान पायेंगे।

वर्कशीट

1. किसी बातचीत के दौरान ज्यादा किसे बोलना चाहिए और क्यों?

2. ज्यादा अटेंशन पाने के लिए आप क्या करने वाले हैं?

3. नए फ्रेंड बनाने के लिए आप कौन से स्टेप्स लेने वाले हैं?

अध्याय – 40

लोगों को अपने हिसाब से बदलने के 7 तरीके

हम इस किताब के लास्ट चैप्टर में आ गए हैं और जाते–जाते मैं आपको ऐसी चीज सिखाऊंगा जो पूरी लाइफ आपके बहुत काम आने वाली है। एक इंसान होने के नाते हम कई सारे लोगों से घिरे होते हैं। आपको अपने आस–पास के लोगों के साथ अपनी रिलेशनशिप को बेहतर बनाना है। अगर आप इन लोगों को इन्फ़्लुएंस नहीं कर सकते तो इनके साथ आप अच्छे रिश्ते नहीं बना सकेंगे।

इसलिए इस लास्ट चैप्टर में मैं आपको 7 ऐसे प्रिंसिपल्स देने वाला हूँ जिससे आप किसी को भी अपने अनुसार बदल सकते हैं। इसलिए बिना देरी किये मैं आपको 7 ऐसे तरीके बताऊंगा जिसे आप लोगों को अपनी तरह से इन्फ़्लुएंस कर सकते हैं। आप इन तरीकों को नीचे पढ़ सकते हैं–

ए. बातचीत की शुरुआत सामने वाली की तारीफ़ से करें

जैसा कि मैं पहले भी कई बार चुका हूँ कि लोगों को अपनी तारीफ़ सुनना पसंद होता है। अगर किसी से कोई गलती भी होती है तो उसके ऊपर उंगली उठाने के बजाय आप उनकी सराहना करें। मुझे उसे ये नहीं बोलना है कि तुम ऐसे हो या वैसे हो, बल्कि जो भी बोलना है प्यार से बोलना है। आपने देखा होगा कि जो घर के बड़े बजुर्ग हैं वो हमारी गलतियों पर हमें कितनी शांति से समझाते हैं कि ऐसा दोबारा नहीं करना क्योंकि ऐसा करने से हमें ही नुकसान होगा। ठीक उसी तरह हो सकता है कि आपको किसी में कोई बात पसंद है तो आप उन्हें उस चीज के बारे में बताएं। लोगों के अपनी बड़ाई सुनना बहुत पसंद है। आप लोगों को बता सकते हैं कि वो कितने अच्छे हैं और अगर ये एक चीज वो सुधार लें तो उनसे अच्छा कोई नहीं।

बी. अपनी गलतियों के बारे में पहले बात करें

कभी किसी को उसकी गलतियों के बारे में बताना है तो आप उन्हें कहें कि आपने भी एक समय में ऐसा ही किया था। जब आप अपनी बात की शुरुआत इस तरह से करते हैं तो सामने वाला इंसान आपकी बात को सुनने के लिए मेंटली प्रिपेयर हो जाता है। आप बोल सकते हैं कि 'अरे, तुमसे तो कोई बड़ी गलती नहीं हुई, मैने तो एक बार ऐसा कर दिया था'। ऐसा करने से आप उसके माइंड को चेंज होने के लिए प्रिपेयर कर रहे हैं। ऐसा करने से आप दोनों के बीच की बॉन्डिंग भी अच्छी होती है। ऐसा करने से सामने वाला अपनी गलती भी मानने को तैयार हो जाता है क्योंकि आपने पहले से ही उसे तैयार कर दिया होता है।

सी. ऑर्डर देने के बजाय सवाल पूछें

"जो आपने किया वो गलत था और ये दोबारा नहीं होना चाहिए", ऐसा कहने से बचें क्योंकि ये आर्डर देने जैसा है जो गलत है। आप उनसे पूछ सकते हैं कि ये जो भी काम गलत हुआ है ये अगर हम इस तरीके से न करते हुए, किसी दूसरे तरीके से करते तो कैसा होता? ऐसा करने से आप बातचीत को अपने हिसाब से मोड़ पायेंगे और बात पॉजिटिव दिशा में जाएगी।

डी. दूसरे को सेफर साइड में रखें

आपको दूसरों को हमेशा यही फ़ील करना है कि वो सही हैं। उन्हें गलत साबित करने में न लगे रहें। उनसे आप कहें कि वो सही हैं लेकिन साथ में ये भी बताएं कि और क्या अच्छा हो सकता था। अगर लोगों को लगेगा कि आप उन्हें गलत ठहरा रहे हैं तो वो आपकी बात कभी नहीं सुनेंगे। आपको लोगों को यही बताना है कि वो सही हैं।

ई. हर बदलाव की सराहना करें

आप सामने वाले के हर इमप्रूवमेंट की तारीफ़ करें फिर चाहे वो छोटी सी ही क्यों न हो। ऐसा करने से उन्हें मोटिवेशन मिलेगा और वो फ़्यूचर में और भी अच्छा करेंगे। आपको अपनी लाइफ का ग्राफ पॉजिटिविटी की तरफ लेकर जाना है। अगर कोई बच्चा पढ़ाई नहीं करता है और कम मार्क्स लेकर आता है तो आप उसकी तारीफ कर सकते हैं और कह सकते हैं कि अगली बार और मेहनत करना और अच्छे नंबर लाना। ऐसी पूरी संभावना है कि वो

आपकी बात सुने और अगली बार अच्छा स्कोर करने के लिए मोटिवेटेड हो और ट्राई करे। मैं जब जिम जाता था तो मेरा ट्रेनर मुझे उसके रुटीन के हिसाब से ट्रेन करता था। वो मुझे पूरे वर्कआउट के दौरान मोटिवेटेड रखता था और वो मोटिवेशन मुझे मेरे दर्द और स्ट्रेस से लड़ने में मदद करता था। ऐसा ज़िन्दगी के हर पहलू में होता है। जब हम लोगों की उनकी छोटी से छोटी चीजों के लिए तारीफ़ करते हैं तो वो और भी अच्छा करने के लिए मोटिवेटेड होते हैं।

एफ. आपको दूसरों की गलतियों के बारे में बताना है कि वो सही हो सकती हैं

लोगों को बताएं कि जो गलती उनसे हुई है वो कोई बड़ी बात नहीं है और वो आसानी से सुधारी जा सकती है। लोगों से हुई गलती पर आपको ज्यादा चिल्लाने या रूड बनने की जरूरत नहीं है। आपको उनकी गलती सुधारने का मौका देना है और चीजों को बेहतर बनाने का भी।

ज़ी. लोगों को खुश रखें

लोगों को एप्रिशिएट करें और उनके काम की तारीफ़ भी करें। अगर आप उन्हें कोई सलाह दे रहे हैं तो उनके भले के लिए दें। आपको उनके लेवल पर आकर मतलब उनकी तरह सोचते हुए उनके ऐक्शन्स और रिजल्ट्स के इमप्रूवमेंट के बारे में बताना है। न कि खाली उन्हें काम खत्म करने का आर्डर दे देना है। जब बात फीलिंग्स की होती है तो आपके ऐक्शन्स भी अच्छे के लिए होते हैं। जिस भी इंसान को आप बदलना चाहते हैं आप उनके साथ इमोशनली कनेक्ट हों।

जब आप अच्छे के लिए बदलेंगे तो आपके आस–पास के लोग भी बदलने लगेंगे। आप वो बदलाव बनें जो आप सोसाइटी में देखना चाहते हैं और यही चीजें सीखने के लिए आप इस किताब को पढ़ रहे हैं। इस किताब को आप अपनी ज़िन्दगी का हिस्सा बना लें। आप जितना हो सकें उतनी बार पढ़ें। जो भी आपने अब तक पढ़ा उसकी प्रैक्टिस करें। मैं चाहता हूँ कि आप इस दुनिया के सबसे सक्सेसफुल आदमी बन जाएँ। जो सबसे अमीर हो और जिसे लोग सबसे ज्यादा पसंद करें। जो भी मैंने आपको इस किताब में सिखाया है, मैं हर दिन वही करता हूँ और चाहता हूँ कि आप भी करें ताकि आपको सफल होने से कोई भी न रोक पाए।

वर्कशीट

1. आप किसे बदलना चाहते हैं और क्यों?

2. जिन्हें आप बदलना चाहते हैं उन्हें बदलने के लिए आप कौन से स्टेप्स लेंगे?

3. अपनी ज़िन्दगी में आज से ही बदलाव के लिए आप अपने अंदर कौन सी एक चीज बदलना चाहेंगे?

4. वो एक चीज बदलिए।

5. इस किताब के अनुभव आप हमारे साथ शेयर कर सकते हैं। आप इसे हमें लिखकर, वीडियो रिकॉर्ड कर के चतज। उेंजमतल/हउंपस.बवउ पर भेज सकते हैं।

6. इस किताब के बारे में आप सोशल मीडिया पर "आख़िरी किताब जो आपकी ज़िन्दगी बदल दे" को हैशटैग करके लिख सकते हैं।

7. इस किताब को ज्यादा से ज्यादा लोगों तक पहुँचाने के लिए आप क्या करेंगे?

लेखक के बारे में

लीडरशिप सायकोलॉजी के मास्टर, पुष्कर राज ठाकुर सबसे ज्यादा प्रभावित करने वाले मोटिवेशनल स्पीकर और लीडर्स में से एक हैं। लाखों लोगों को प्रेरणा देने वाले पुष्कर "यूथ आइकॉन एंड द चेंज एक्सपर्ट" के नाम से जाने जाते हैं।

पुष्कर राज ठाकुर इंडिया के बेस्ट थॉट प्रोवोकिंग और एलेक्ट्रीफायिंग मोटिवेशनल स्पीकर और बिज़नेस ट्रेनर हैं। इन्हें इनके ट्रेनिंग कोर्सेस "नेटवर्क मार्केटिंग में धमाका कैसे करें" और "अडवांस्ड पर्सनालिटी डेवलपमेंट" के लिए लोग बहुत पसंद करते हैं और प्यार देते हैं। पुष्कर जी कई सारी बड़ी कॉर्पोरेट कंपनीज़ के सीनियर कंसल्टेंट और एडवाइज़र भी हैं और साथ ही

उनके लिए लीडरशिप ट्रेनिंग्स और मोटिवेशनल सेमिनार भी कंडक्ट करते हैं।

इनकी सफलता की कहानियां कई अख़बारों जैसे– "द टाइम्स ऑफ़ इंडिया", "हिंदुस्तान टाइम्स" इत्यादि में प्रकाशित हुई हैं। ये लोगों को उनकी ज़िन्दगी को सकारात्मक नज़रिया अपनाने के लिए मोटिवेट करते हैं। पुष्कर जी सक्सेस माइंडसेट, इन्फ्लुएंसिंग पीपुल, नेटवर्क मार्केटिंग, लीडरशिप, सेल्स, वेल्थ क्रिएशन जैसी अनेक चीजों के ऊपर लोगों को प्रशिक्षित करते हैं यानी ट्रेनिंग देते हैं।

ये पीआरटी ग्लोबल सॉलूशन्स (PRT Global Solution) के संस्थापक भी हैं। पीआरटी ग्लोबल सॉलूशन्स लोगों में लीडरशिप और उद्यमी बनने के गुणों का विकास करने में सहायता करती है, और उन्हें गो सेल्फ मेड (GoSelfMade) का मूल मंत्र देती है। गो सेल्फ मेड से मतलब है कि अपने दम पर खुद की पहचान बनाएं।

लोग पुष्कर राज ठाकुर को उनके मोटिवेशन और ज़िन्दगी बदलने वाले नजरिये के लिए बहुत प्यार देते हैं। अपने स्वभाव से ये बहुत ही हंसमुख हैं, साथ ही अपने विचारों से लोगों को मोटिवेट करते हैं। एक मोटिवेशनल स्पीकर में ये दोनों खूबियां एक साथ कम ही नज़र आती हैं।

नोटः इनके कोर्स को लेते ही आपकी मानसिकता सकारात्मक रूप से बदलेगी और सफलता की दिशा में बढ़ेगी और आप ज़िन्दगी के हर क्षेत्र में उनत्ति करेंगे।

सोशल मीडिया पर हमसे जुड़ने के लिए नीचे दिए लिंक्स का इस्तेमाल कर सकते हैं–

www.Youtube.com/PushkarRajThakurOfficial

www.Facebook.com/PushkarRajThakurOfficial

आपकी बेहतर ज़िन्दगी के लिए आख़िरी किताब

किताब के बारे में

आज तक आपने जितनी भी किताबें पढ़ी होंगी उनमें से ये किताब सबसे ज्यादा पावरफुल है। इस किताब को पढ़ने के बाद आपको अपनी ज़िन्दगी को बेहतर बनाने के लिए और जीने के लिए यहाँ वहां भटकने की जरूरत नहीं पड़ेगी।

ये किताब एक मास्टरपीस की तरह है जिसमें आपकी बेहतरीन ज़िन्दगी के लिए 8 ग्फैक्टर्स दिए हुए हैं, साथ ही उन फैक्टर्स के बारे में अच्छी तरह से बताया और समझाया गया है। इस किताब में लेखक ने ऐसी ऐसी बातें बताई और समझायी हैं जो आपकी ज़िन्दगी में एक गेम चेंजर साबित होंगी। किताब में दिए गए सफलता के सभी मंत्रों में वो ताकत है जो आपकी ज़िन्दगी को बदलने का दम रखते हैं। ये किताब आपकी ज़िन्दगी को उस दिशा में ले जाएगी जिस दिशा में आप ले जाना चाहते हैं और आपको जो चाहिए वो हासिल करने में और आपको सफलता की ऊँचाईयों तक पहुंचाने में मदद करेगी।

जैसे–जैसे इस किताब में दी गयी बातों को पढ़कर और सीखकर आप अपने जीवन में उतारते जायेंगे, वैसे–वैसे आपको लगेगा कि आप अपनी ज़िन्दगी में आगे बढ़ रहे हैं और उन्नति कर रहे हैं।

ये किताब आपको आपके अंदर के परफ़ॉर्मर को पहचानने, आपके बिलीफ़ सिस्टम को बदलने, अपने हेल्थ पर कंट्रोल करने, प्रोडक्टिविटी बढ़ाने, रिलेशशिप को बेहतर बनाने के साथ और भी कई चीजों में आपको बेहतर बनाने में मदद करेगी। साथ ही इस किताब को पढ़ने के बाद आप खुद को पहले से बेहतर पायेंगे।

अगर अभी तक आपने ये किताब नहीं पढ़ी है तो यकीन मानिये कि आपका बेहतर संस्करण (Version) आना अभी बाकी है।